다윈의 뜨락

다원의 뜨락

이영순 제3 수필집

계간문예

작가의 말

2020년은 코로나라는 역병으로 시작해 한 해가 지나도 긴 전염병이 멈추지 않는 힘든 세월 속에 전 세계가, 또 나라 전체가 위축된 마음으로 재앙 같은 날들을 보냈다. 속일 수 없는 힘든 시간 속에도 꽃은 피고 낙엽은 아름답게 제 구실들을 곧잘 하는데 사람들만이 걱정과 공포 속에 모두가 침체된 삶을 살아가고 있다.

경제 사회 문화 종교 등 모두가 아픈 시간들을 겪고 있는 이 시기지만 희망을 갖고 이럴 때일수록 우리는 마스크로 입을 막은 모습을 보면서 다시 한 번 하늘에 대한 겸손을 배운다.

이런 상황 속에서도 감사기도와 마음을 녹일 수 있는 정서적 감동을 담아낼 수 있는 마루숲 같은 문학이 있다는 것에 힘든 상황에도 너무나 고마운 마음이다.

"인생은 그날의 풀과 같으며 그 영화가 들의 꽃과 같도다. 그것은 바람이 지나가면 없어지나니 그 있던 자리도 다시 알지 못하거니와…."라는 시편 103편 15/16절, 하나님의 성경 말씀이 요즘엔 가슴에서 늘 기도로 맴돈다.

고독하면 고독한 대로 즐거우면 즐거운 대로 힘들면 힘든 대로 함께 삶을 누리는 마음으로 용기 내어 제3집 수필집 《다원의 뜨락》을 출간하게 됨을 하나님께 감사한다. 이 글이 욕심 없는 사람들과 함께 감성과 공감을 나누는 즐거운 반려이고 싶다.

2021년 이른 봄 ―동트는 불광동 자락에서

이영순

■ 목차

제2부 미술관 다녀오던 날

제3부 다원의 뜨락

제4부 파랑새

제5부 세상엔 공짜가 없다

제1부

선비 같은 소년

선비같은 소년

내가 오래전부터 아는 지인이 이상하게 오늘따라 내 머리에서 고운 까치꽃처럼 맴돈다. 늘 점잖고 선비같은 그분은 오래전 인연으로 남다르게 까치꽃처럼 고운 우정과 절친으로 맺어온 내가 늘상 존경하고 좋아하는 아주 결이 곱고 귀한 분이다. 그분은 모습도 품격도 아주 선비처럼 고상하고 해박한 지식과 실력으로 남부럽지 않은 능력을 골고루 갖추신 분이시다. 무슨 복인지 그런 분을 내 친한 지인으로 오랜 세월 함께 지내왔다는 게 나는 은근히 자랑스럽다. 누구에게라도 자상하시고 고운 인품이 늘 친정아버지같은 느낌이고 친정 오빠같은 마음으로 섬세한 그분의 고급진 사랑을 늘 받으면서 지내왔다. 실력도 능력도 있는 선비같은 그분에게 느끼는 건 한결같은 그분의 우정이 다정다감하면서 질서를 겸비하신 분이다. 나는 갑자기 오늘 티브이를 보다 옛날 어린애들의 모습들이 정겹게 나오는 연속극을 보는 동안 나도 그 옛날의 어느 소년이 생각났다.

나는 시골에서 초등학교 어린 시절을 보낼 때 우리 집 근처에 국가 기관의 관사가 있었다. 군수님 경찰서장 등등 그분들이 사는 국가에서 마련해준 관사들이 있었던 거 같았다.

그 관사에 사는 소년이 있었는데 늘 사는 건 아니고 가끔 방학 때면 내려와서 보이곤 했다. 우리 집에서 얼마 떨어지지 않는 곳이라 늘 그 집 앞에 차가 드나들 때면 보고 싶지 않아도 보이는 게 그 집 드나드는 사람들이다.

어느 날 하얀 얼굴에 말끔한 모습의 내 또래 한 소년이 차에서 내렸다. 시골 아이들 하곤 영 다르게 아주 귀공자 스타일이었다. 어린 맘에도 그 소년을 보는 순간 잘생겼다는 마음으로 유심히 눈길이 갔다. 그리고 가끔씩 보이는 그 소년이랑 한 번만 놀고 싶었다. 저 아이는 부잣집 아들에다 공부도 서울서 하다가 방학이면 내려와 그 집 비서인지 운전기사인지 늘 곁에서 함께 놀아주고 가끔씩 자가용차에서 내리는 그 소년이 나는 정말 부럽게 생각하면서 먼 발치에서 훔쳐보았다. 저 아이랑 놀았으면 하는 소원이었다.

어린 맘에도 지성이면 감천이라고 간절히 바라는 것이 이루어지는 게 인생인가 보다. 나는 가끔씩 그 아이가 나올 때마다 훔쳐보는 가련한 소녀가 어느새 되어 있었다.

그러던 어느 날 그 소년이 나와 눈이 딱 마주쳤다. 나는 어린 마음에 촌스러운 내 모습이 은근히 부끄러워 도망치듯 발걸음도 눈도 감고 뒤를 돌아섰다. 그리고 부리나케 다른 곳으로 도망치듯 그 자리를 피했다. 그러는 찰나 "얘야?" 하고 그 집 아저씨가 나를 부른다. 나는 가슴이 콩닥콩닥 죄지은 사람처럼 뛰었다. 그 아저씨가 내게 물어볼 게 있단다. 나야 집안대대 그 동네 토박이지만 그분들은 서울서 전근을 온 분들이니 동네 사정을 일일이 모르기에 그 동네 사는 아무개네 집을 물어본다. 그러면서 그 소년의 손을 잡고 내게로 바짝 다가오는 게 아닌가. 나는 어린 마음에도 무엇이 그리 부끄러운지 그 아저씨의 물음에 아는 대로 얼른 답해 드리고 옆에 서 있는 그 소년을 힐긋 옆눈으로 쏘아 보았다. 아니 어쩜 저리 잘 생겼을까? 어쩜 저리 단정한 모습에 살갗도 계집아이보다 더 하얗고 고왔다. 그런 일이 있고는 한참의 시간이 흘렀다.

그러던 중 이웃에 같이 사니까, 그 소년의 어머니와 나의 어머니가 서로 안면 정도로 조촐한 왕래가 있었다. 나도 자연스레 그 소년과 자주 만나게 되었다. 나는 그 아이를 친구들과 함께 소개하면서 시냇가로 고기를 잡으러 같이 갔다.

자그만 실개천에는 작은 버들치와 피라미 새끼들이 제법 있었다. 작은 물고기를 잡아 올 때면 빈병이나 그것마저 없으면 신고 간 옆에 리본이 달린 반 고무신에 물과 함께 담아 가지고 우리들은 맨발로 집에 온다.

그 소년과 함께 실개천에 가서 노는 재미에 어린 나는 시간 가는 줄 모르게 행복했던 적이 있었다. 어느 날 그 소년과 함께 징검다리를 건넌 적이 있었다. 나는 어릴 적에 몸도 작고 약하고 무서움도 많이 타고

운동 신경도 부족한 또래보다 약한 소녀였다.

징검다리를 건너가는데 내가 무서워 벌벌 떠니까, 그 아이가 내 손을 잡고 건네주었다. 지금도 그때 잡아주던 그 손이 어찌 그리 따듯한지, 어린 내 마음이 뭘 안다고 그렇게 수줍고 가슴이 콩닥 되었는지? 지금 생각해도 내가 너무 귀엽고 웃음이 난다.

많은 친구들이 함께 같이 있어도 나만을 챙겨주는 그 소년이 지금도 나는 잊히질 않는다. 그 아이를 생각할 때면 늘 내 마음엔 봄이면 아련하게 들풀 속에 숨어 피어나는 작고 앙증스런 보라색 까치꽃 같은 생각으로 가끔 가슴엔 고운 보랏빛 추억의 꽃이 핀다.

방학 때만 내려와서 어김없이 나와 특별히 친하게 지내고 다시 올라갈 때면 왜 그리 서운한지 그렇게 한 이 년쯤 되던 해 그 댁은 모두 다 임기가 되어 서울로 이사를 갔다. 그 담부터는 그 소년을 나는 지금껏 한 번도 만나지 못했다.

한참을 남모르게 어린 내 가슴은 그 아이가 보고 싶었지만 어린애는 역시 어린애 마음인지 곧바로 잊히고 다른 친구들과 어울리며 지금껏 까맣게 잊은 줄 알았는데 나이가 들고 무료한 시간이면 그 추억은 내 가슴에 숨겨져 곱게 피어있는 보라색 꽃이 된다.

내 가슴 어디에 숨어 있다가 이 세월이 지났는데 가끔씩 어린아이들이 나오는 연속극이라든지 이쁜 아이들이 노는 걸 보면 그때 그 소년의 잘 생긴 생각이 잊히질 않고 숨겨져 있던 필름처럼 빙빙 내 머릿속에서 돌아간다. 참 기억이라는 게 희한한 생각이 든다.

그런데 오늘 갑자기 선비같은 그 지인이 꼭 그때 그 소년의 모습으로 다가온다. 가만히 생각하니 뭔지 모르게 참 많이 닮았다.

그 소년이 지금쯤 어디서 무얼 하며 살았는지 몰라도 꼭 지금의 저 지인한테서 그때 그 소년의 향기가 난다. 그 소년이 지금까지 살아있으면 저 지인처럼 품격 있고 얌전하고 깔끔한 선비같이 훌륭한 지성인이 되어 있을 것 같다.

늘 친정 오라버니 같은 그 지인을 생각하면서 감사하고 고마운 마음에 오늘따라 어릴 적 그 소년의 추억이 갑자기 생각난다. 살면서 사람한테서 나는 향기는 아마도 내가 좋아하고 나만이 간직하면서 즐겨 쓰는 향수 같다는 생각이 든다.

누군가가 말하듯 "내가 누군가를 향해 걸어가는 그때 그 사람도 나를 향해 발걸음을 떼어놓는 것 만큼 운명적인 만남은 없습니다." 라는 말이 갑자기 생각난다. 그분과 나의 인연이 그런 인연이 아니었나 하는 생각을 그냥 해본다.

우리 동네는 그 당시 거의가 초가집이 대다수였는데 그 소년의 집은 일본식 짚으로 깔린 마루가 길고 다다미 방이 있는 관사였다.

하루는 그 집에 놀러 가 일하는 아줌마가 내어오는 단팥죽을 대접받았다. 깔끔하게 차려 나온 그때 그 단팥죽 맛을 잊을 수가 없다. 어린 나는 그 집 단팥죽을 얻어먹으면서 세상에 이렇게 맛있는 단팥죽도 있구나 하면서 처음으로 그 맛을 느꼈다. 우리 집은 동지 팥죽이나 아니면 가을에 팥 시루떡이 고작이었다. 그나마도 자주 못 먹고 때나 돼야 먹는 음식이었다. 서울서 내려온 그 집 단팥죽은 작은 옹시미에 달고 잣도 위에다 넣고 이쁜 그릇에 담긴 그 단팥죽 맛과 그 아이 엄마의 멋

있어 보이는 파마머리는 우리 동네서는 보기 드문 멋쟁이고 미인 같았다. 거기다 처음으로 먹어보는 잣을 곁들인 단팥죽까지 얻어먹고 보니 그 아이가 꼭 왕자 같았다. 그렇게 예쁘게 생긴 소년의 모습은 내가 커서도 늘 잊히지 않는 보고 싶고 갖고 싶은 내 마음의 보물이었다.

지금도 가끔 생각하면 나라 전체가 가난했던 그 옛날 우리나라에도 앞서가는 사람들은 분명히 있었구나 하는 생각이 든다.

나이를 먹은 지금도 그렇게 고고하고 지성적인 신사들을 보면 왠지 그때 생각이 나서 정겹기도 하지만 지금도 가끔 주눅이 든다. 지금이야 살기 좋은 세상이라 도시와 농촌도 구별 없이 잘 사는 시대지만 그래도 보이지 않는 빈부 차이는 아직도 있을 것이다.

그런 빈부 차이 속에서도 그 옛날 나같이 좋은 추억으로만 키우는 우리의 소중한 어린이들이 다 되었으면 하는 소망이다.

오늘 가만히 인연의 추억과 숨겨둔 감성을 살며시 꺼내 보면서 그 옛날 그 소년의 향기 닮은 고운 까치꽃을 연상시킨다. 음지에서도 양지에서도 봄이면 곱게 피는 보라색의 예쁘고 작은 까치꽃은 또 다른 인연들의 숨겨진 삶속의 아름다움이다.

오늘은 그런 지인들과 함께 하는 이 세상이 참 아름답고 감사하고 고맙고 행복하다는 생각을 해 보는 날이다.

나도 누구에게 가슴속 깊이 아무도 모르게 숨겨진 까치꽃 같은 추억의 사람으로 살아가고 싶다.

바람이 분다

오늘은 소설小雪이라고 누군가가 아침에 인사로 전해 왔다. 소설은 절기상 바람이 불고 첫눈이 온다는 날이다. 요즘은 날씨도 전과 같이 절기에 맞게 눈비가 오는 게 그다지 맞는 게 드물다.

전엔 첫눈이 내린다고 하면 공연히 가슴이 설레고 누구랑 오늘 약속을 할까 하고 고민했는데 이젠 첫눈이 와도 그런 설렘도 없어지고 가슴이 스산하고 추운 찬 바람만 인다.

나이를 먹고 나니 바람이 불면 서러운 마음이 드는 건 무슨 일인지 세상은 어제나 오늘이나 늘 같은데 가만히 생각하니 나만 달라져 있는듯한 스산하고 쓸쓸한 겨울의 초입이다.

전에는 소설小雪이라는 절기가 되면 목화솜을 타다가 따듯한 겨울 이

불을 마련하고 김장 준비를 하는 게 우리나라의 아름다운 풍습의 모습들이었다. 지금이야 김장은 몰라도 솜이불을 짓는 사람이 어디 있겠는가.

그런 아름다운 풍습 속에 내게도 아름답던 그 시절이 있었는데 첫눈이 오면 설레도록 행복하던 그 시절이 있었다.

나이가 들면 모두가 달라지나 보다. 세월 앞에 장사 없다고 마음은 늙지 않아도 역시 세월 앞에 녹슬어 있는 건 사실인 듯하다.

오늘 어느 지인이 청년 시절부터 정을 주고 사랑을 주면서 긴 세월을 함께 우정이란 틀로 이어 온 여자친구 이야기를 했다.

그 여자분이 유명세를 치르는 여류 작가가 되고부터 어쩐지 전 같지 않고 살갑게 문자를 해도 곧바로 답이 없고 마지못해 한마디 안부인지 대답인지 모르게 아주 무례할 정도로 시답잖은 답을 받곤 했단다. 얼마나 마음이 섭섭했으면 내게 그런 말을 털어놓을까 하는 생각을 해본다.

그분도 한때는 잘나가던 호시절이 있었다. 그럴 땐 그 여인이 늘 품에 안기듯 마음도 주고 서로가 좋은 관계 속에 지내 왔나 보다. 세월은 무심히 흘러 그 지인의 나이도 어느덧 노인이라는 딱지가 붙고 그 여자분은 유명세를 치르는 공인으로 둔갑했던 차였지만 여전히 오랜 세월에 깊은 정이 든 것은 어쩔 수 없는 우정이랄까. 순수하게 사랑을 이끌어 온 지인이 요즘 들어 부쩍 날라오는 문자며 멘트가 성의 없는 답에 많은 실망이었나 보다. 사람 관계란 질그릇 같아서 좋을 때는 그리도 사랑하는 척 마음을 빼앗아 놓고 나이 들어 늙고 힘이 없어지니 안부 글마저 귀찮아하는 듯한 눈치에 적지 않은 실망을 했나 보다. 사람과 사람 사이엔 항상 정을 많이 주고 더 많이 사랑한 쪽이 언제나 더 아픈 법이다.

길고 긴 세월 속에 이분은 아마도 그분한테 진심으로 오랜 세월 많이 많이 가슴으로 사랑했나 보다.

그분은 숨기려 들지만 살포시 흥분된 어조로 서운함을 토로하는 그분의 음성이 조용히 떨리고 있었다. 사람은 사람인지라 다른 동물과 달라서 상대에 대한 감정을 느낄 수 있는 촉이 있는 법이다. 그분도 마음속에서 그만 정을 끊고 싶어도 오랜 세월 공들인 우정이 마냥 아쉬운 듯 여운이 있나 보다. 나는 간접적으로 그분의 상한 마음을 훔쳐보면서 사람이 서로 정을 주면 절대로 먼저 배신하는 일은 정말 하면 안 되겠다는 마음을 다시 한번 절실히 느꼈다.

사랑하면 강한 쪽이 리드하기 마련이고 사랑한다 해도 약한 쪽이 굴종하기 십상이듯이 이분의 행동을 보면서 참 그분보다는 더 많이 그분을 믿고 사랑했었구나 하는 마음을 느꼈다.

많이 사랑하지 않았다면 섭섭할 일도 마음 아파할 일도 없지 않겠나. 얼마나 사랑했으면 그 긴 세월을 우정이라는 포장으로 엮어오다가 그마저도 이젠 홀대를 당하는 걸 보니 속으로 나도 마음이 좀 아팠다.

진정 저분이 옛날처럼 젊고 싱싱하고 잘 나가는 사람이었다 해도 과연 그 여자분이 그리했을까? 하는 짠한 마음이 든다. 진정한 우정과 사랑은 세월이 가도 변하지 않고 아름답고 평화로워야 하지 않는가?

그분의 초라하고 공허한 모습을 훔쳐보면서 무심한 세월 속에 나이를 먹고 늙는다는 게 서글퍼 보였다.

사람이 살아가면서 이성 간의 사랑은 만고의 섭리라 했다. 그럼에도 불구하고 더러는 사랑해서 안될 사람을 사랑한다는 남모르는 마음에도 이렇듯 측은 하리만큼 후회 같은 모습을 엿본다.

만약에 그 여자분이 그렇듯 유명세를 치르듯 출세를 하지 않았다면? 과연 내가 아는 지인께 어찌 행동을 했을까? 하는 마음이 드니 인간처럼 간사한 게 없다는 생각이 든다. 물론 세상 사람들이 다 그런 건 아니지만 드물게는 이런 모습을 접하다 보니 별별 생각이 다 난다. 그래서 요즘 많은 사람들이 반려견을 그토록 사랑하며 많이들 키우나 보다 하는 생각도 든다.

물론 사람은 돌고 도는 인생이라 했지만 그래도 인간이 제대로 되었다면 그 오랜 세월의 그분의 사랑을 어찌 그리 홀대할 수 있을까 하는 생각에 오늘 남의 일을 보면서 내 마음에 씁쓸한 바람이 분다.

진정한 사랑을 노래하는 사람은 많지만 진정한 사랑을 구가하는 사람은 드물다. 혈연 간의 사랑은 아무런 조건이 없어도 남녀 간의 사랑은 늘 상당한 조건이 따르는 법이다.

사람이 사랑하려면 서로 존중하는 사랑을 해야 되고 사랑하려면 서로 우대하는 사랑을 해야 한다. 내가 보기엔 그분들은 진정한 사랑이 아니라 한쪽만의 짝사랑이었던 것 같다.

나라면 그 오랜 세월 동안 한결같이 사랑해 준 사람이 늙었다고 홀대할 게 아니라 작은 거라도 마음을 담아 자주 선물은 못 드릴망정 깍쟁이 같은 마음을 보인다는 건 아무리 출세를 해도 인격이 의심스러운 사람 같았다. 사람이 살아가는 데는 최소한의 양심과 인품이 있듯이 그 사람은 아무래도 인품의 신뢰를 잃은 사람 같았다.

그래도 그분은 연실 서운하면서도 내가 혹여 모진 소리라도 할까 봐 무슨 일이 있겠지 하면서 은근히 변명으로 덮어주고 기대하는 그분의 모습에서 많은 걸 느끼게 한다.

많이 사랑해서 아파하는 지인이 빨리 회복되어 현실을 만끽했으면 좋겠다는 생각 속에 못내 아쉬워 마음 상해하면서도 이런 핑계 저런 핑계를 만들어 그 사람의 심사를 떠 보려는 그분의 행동과 모습 속에 사랑이 뭔지 정이 뭔지? 그분의 그런 모습이 또 그런 마음이 어쩐지 애처로워 보인다.

정이 무언지 오랜 세월 속에 그와의 인연을 잊지 못해 그에게 애타게 다가가려 하는 그 지인의 안타까운 모습과 가슴에도 찬바람이 지나는 듯한 게 쓸쓸함이 내 눈엔 훤이 보였다.

바람은 늘 사람들의 마음을 저렇듯 쥐고 흔든다. 어서 그 지인의 마음에도 잔잔한 솔바람이 불어서 놓을 건 빨리 놓고 현실을 직시할 줄 아는 지혜로운 마음을 찾아 편한 마음이 되길 바란다.

그래서 그의 가슴에 다시 따뜻한 바람으로 늘 행복했으면 좋겠다는 마음이 드는 날이다. 그를 보는 내 가슴에도 사람과 사람 사이의 모습 속에 어쩐지 이름 모를 스산한 바람이 분다.

친구의 얘기

나는 오늘 예배를 마치고 지인들과 점심을 먹고 후식으로 커피를 마시러 갔다. 그럭저럭 볼일이 있어 바쁜 사람들은 가고 나머지 맘 맞는 친구 두세 명이 함께 남게 되었다.

찻잔을 앞에 놓고 이런저런 우리들의 수다가 시작되고 하나하나 세상 이야기를 하다가 한 친구가 하는 말이 그 친구의 말 "자기야, 난 자기가 몹시 부럽다." 하면서 나를 보고 자기는 내가 몹시 부럽다는 말을 한다. 얼마 전에 난 남편을 하늘나라로 보내고 내가 부러울게 뭬 있냐고 생각하면서 그 친구에게 "내가 뭐가 그리 부러운데?" 하고 물었다.

그 친구는 내가 글을 쓰는 작가라 부럽고 남편과의 생전의 사랑했던 모습이 그려져서 그 또한 부럽다고 말한다.

얼마 전 남편의 부재 속에 시집 출간한 걸 한 권 선물했었는데 그 책을 읽고 감명을 받았다며 자기의 속 얘기를 털어놓는다.

그 책 속에 남편에 대한 부재 속 그리움을 몇 점 썼는데 아마도 그 친구는 그 글을 읽고 많이 생각하는 시간이었나 보다.

아무튼 내 글과 내 삶을 보면서 그런 말을 듣는다는 것은 친구끼리라도 과히 싫지 않은 소리이다. 그 친구는 모습도 단아하고 얼굴도 몸매도 나이가 들었는데도 퍽이나 곱고 얌전하고 좋은 것을 많이 지니고 사는 사람이다.

게다가 요리도 잘하고 그다지 버릴 게 없는 아주 괜찮은 여자다. 그런데 그 속에도 남이 모르는 아픈 추억이 있었다는 얘기에 처음엔 흥미가 있어 다가가서 얘기를 듣고 싶어 조용히 대화를 이끌어갔다. 친구의 남편은 하늘나라 가신지가 10여 년이 넘었다. 그래도 항상 밝고 티 나지 않는 사람이다. 친구의 남편은 살아계실 때 뭐하나 빠짐없이 인물도 영화배우처럼 잘 생기고 돈도 잘 버는 시쳇말로 나무랄 것 없는 최고의 남편이었는데 오늘 이 친구의 아픔을 듣고 나니 겉만 번드르르하니 속은 이기적인 바람기가 다분한 남편이었단다.

이젠 지난날의 회상 속에 그리 달갑지 않는 추억이지만 친구 끼리니까 담담히 지난날을 얘기하는 친구의 모습 속에 그때의 아픔이 잔잔히 흐르고 눈 속에서, 지난날을 회고하는 모습에서 또다시 저려오는 가슴이 살포시 보였다. 그 친구 남편은 함께 사는 동안 간간이 아주 거침 없는 바람기로 친구의 마음을 정말 많이도 아프게 하고 살아왔단다. 별별짓을 다 동원해 그 친구는 남편의 마음을 잡으려 애썼지만 타고난 바람기는 친구의 힘으로는 잡기가 힘들었단다.

그런 남편의 바람기로 친구의 가슴엔 씻지 못할 멍을 드리우고 아이들을 위해 힘들게 참으면서 살아온 결혼생활의 추억은 그다지 좋은 추억이 있을 리 만무하다.

지금껏 살아온 세월을 이젠 조용히 회상하며 토해놓는 친구의 주름잡힌 고운 눈가엔 아직도 숨겨져 있는 작은 이슬이 보인다.

내내 친구의 지난날의 아픈 결혼생활을 듣는 동안 참 다시 보이는 친구의 인내심에 나는 가슴으로 감탄이 저절로 나온다.

저리도 곱디고운 여자를 두고 바람을 피운 저 친구 남편의 마음이 몹시도 궁금하다. 살아계시다면 한번 물어보고 싶은 심정이다.

아름다운 꽃은 때아닌 해충이 극성을 부리고 빼어난 미색은 본의 아니게 인생이 고단하다는 말이 생각난다. 그녀는 자식들 때문에 이러지도 저러지도 못하고 어머니라는 자리를 지키기 위해 지금껏 하나님만 섬기며 자기 자리를 열심히 지키면서 힘들어도 참고 살아왔단다.

그 말에 아~ 저게 여자구나. 아니 저게 바로 엄마의 모습이구나. 하는 느낌을 받는 순간이다. 물론 엄마라고 다 엄마의 자리를 저토록 힘들게 지키는 사람이 얼마나 되겠냐만은….

시대가 바뀐 지금의 사람들이 들으면 바보라 할 수도 있겠지만 나는 그 친구의 격조있는 인품을 높이 평가하지 않을 수 없다.

그리고 여자로서 아니 어머니로서 지금껏 자녀를 위해 참고 살아온 그녀가 정말 훌륭하다는 느낌이 들었다.

사람이 참는 건 한계라는 게 있다. 그 한계가 배고픔과 내 사랑하는 사람이 그것도 당당하게 보란 듯이 나를 무시하고 배신하는 행위를 보면서 그 아픔을 참고 산다는 것은 과히 도인에 가까운 일이라 생각한다.

옛말에 시앗을 보면 부처도 돌아앉는다는 말이 있지 않았던가. 그만큼 배우자가 알게 바람을 피우면 못 참는다는 얘기다.

부부가 살아가는데 사랑이란 상호 교류며 상호 조화며 배려고 상호 만족이어야만 하고 아무리 유치할지라도 사랑의 출발점은 소유욕이고 아무리 숭고한 사람이라도 자기만족에 골몰하는 것이 사랑의 현주소라고 하지 않나. 어찌 그 아픔을 다 참고 살았단 말인가.

그럼에도 불구하고 어머니라는 이름은 정말 위대하지 않을 수 없다. 엄마들이 자식을 품는 마음은 과히 주님을 닮은 듯하다.

이제는 세월이 흘러 그렇게 속을 썩이던 남편도 하늘나라로 보내고 살다 보니 가끔은 그리움으로 남는다는 친구의 말을 들으며 부부지간과 사람의 마음에는 또 하나 아무도 모르는 바다가 하나씩 숨겨져 있는 듯하다.

어떨 땐 인간의 마음이 밴댕이속만도 못할 적이 있지만 저런 모습을 볼 땐 또 다른 가슴에 커다란 바다가 숨겨져 있는 알쏭달쏭한 알 수 없는 우리 가슴들이다.

오늘 친구의 소탈하고 담담한 지난날 아픈 추억의 얘기를 듣고 나니 나는 내 남편한테 부끄러울 만큼 감사한 마음이 든다. 살면서 그런 속은 한 번도 썩힌 일이 없었는데 철없던 내가 더 잘해주지 못했던 게 마음 아프고 미안하다. 사람이 살아가는데 저렇듯 보이지 않는 아픈 마음들이 있다는 걸 친구를 통해 배우면서 감사해 하는 하루다.

도룡용과 지인의 우정

오늘은 내가 수업을 받는 날이다. 오랫동안 사귀고 한동네서 같이 지내온 지인들이 있는데 오늘 수업을 하루 제치고 자기들과 등산이나 가자고 유혹하는데 가고 싶은 마음을 간신히 뿌리치고 나는 학원엘 왔다. 수업을 중간쯤 받는데 스마트폰 소리가 살짝 울린다. 열고 보니 카톡으로 몇 시간 전에 나와 함께 가자고 유혹하던 동네 아우들이다. 진달래꽃이 꽃망울을 터트린 사진을 곱게 찍어서 보내왔다. 며칠 전만 해도 뾰족이 싹만 보이던 끝이 봉오리를 터트리고 화려한 자태로 머리를 쑥 빼고 곱게 단장한 여인처럼 피어있는 진달래꽃을 보니 왠지 나도 산에 갈 걸? 그랬나 하는 생각도 잠시 스쳤지만 이내 나는 수업에 집중했다. 이 나이에 젊은 사람들과 함께 배워도 늘 뒤떨어지는 느낌 때문에 나름대로 열심히 배운다. 뒤늦게 배운다는 게 여간 힘들기도 하고 또 한편으론 재미도 있다.

나는 요즘 캘리그래피 글씨와 POP 글씨를 배우는 중이다. 아무래도 내가 글 쓰는 사람이니 그런 것도 배워두면 작품도 함께 내고 싶어 나름대로 재밌게 배운다.

나름대로 열심히 수업을 하는 도중 또 스마트폰이 살짝 울린다. 뚜껑을 열고 보니 문자가 왔다. 문자인즉 언니? 여기 산에 오니 계곡에서 도룡뇽 알이 있어요. 언니 무릎 아픈데 이걸 먹으면 직방 낫는데요. 잡어갈까요? 이런 문자가 와있다. 세상에 뭔 일이야?, 얘들이 미쳤나? 하면서 킥킥 웃음이 절로 난다. 한참 혼자 웃고나서 장난 고만해라, 그건 자연 파괴라 갖고 오면 큰일 나네. 잡으면 안 돼. 하고 곧바로 나는 문자로 답했다. 그런데 또다시 짓궂게 곧바로 답이 오길 언니 무릎 아프다 했잖아요? 이건 특효약이래요. 어디서 흔하지도 않고 구하기도 힘든 건데? 하고 또 답이 왔다. 나는 너무 웃음이 나서 수업이 안된다. 또다시 문자를 보냈다.

여보게, 내가 아무리 아파도 그 징그러운 것은 먹을 수도 없지만 그만 장난치게 하면서 주고받는 문자 속에 수업은 완전 농땡이다.

그렇게 소란을 떠는 아우들이 한편으론 사랑스러웠다. 그리고 전화기를 물끄러미 보면서 그 아우들의 조금은 장난기 섞인 익살스러운 우정에 친형제 같은 정감을 느끼면서 살갑고 사랑스러웠다.

아무리 농담섞인 말이지만 세상에 내가 무릎 아프단 걸 기억해 주는 것도 고맙고 말도 안 되는 도룡용알을 보고 갖고 오기도 힘들다. 갖고 와서도 안되는 것이지만 약으로 쓴다고 하면서 반농담으로 주고받던 얘기가 사랑과 예쁜 마음들로 메아리친다. 혹여 정말 문자도 없이 잡아

왔더라면 어쩔뻔했나, 그럴 일은 없겠지만…. 하는 생각속에 갑자기 자연 파괴로 그 도롱용을 지키기 위해 불과 얼마 전에 우리나라 한 여자 스님이 한때는 단식 농성까지 부리던 것을 뉴스로 통해 보지 않았던가. 그런 도롱용을 그 아우들은 나에게 약으로 주겠다고 철없이 잡아 온다는 말을 하니…. 누가 들으면 같은 나라 여인들끼리, 상식이 무너질 뻔하지 않았던가? 그 생각을 깜빡하고 그 아우들은 그저 나 같은 걸 해먹이고 싶어 잡아 온다는 농담을 하다보니 다시 우습기도 하고 너무 속으로 사랑스럽고 감격했다.

우정어린 농담 속에 억측이지만 나는 생각해 본다. 어느 여승은 그 도롱용을 지키려고 단식까지 하고 국가적으로 손해가 이만저만 날 만큼 애를 쓴 여승이 있는가 하면 사랑하는 친구 아우님들은 알고 있겠지만 우선 사람을 사랑하는 마음이 먼저 앞섰다면?

과연 어떤 것이 옳단 말인가? 말도 안되는 공상 속 생각이지만 나는 속으로 질문을 해 본다. 잠시 엇갈리는 생각을 보면서 나는 하나님께 어느 것이 맞는 건지 묻지 않을 수 없었다. 만약에 지금 그 여승이 들으면 또 다른 사람들이 들으면 말도 안되고 욕먹을 소리지만 그리고 자연 사랑하는 분들도 들으면 화를 내시겠지만 그런 모든 걸 떠나서 나는 우선 사람을 먼저 사랑할 줄 아는 그 아우들이 훨씬 훌륭하게 느껴진다. 물론 농담이고 잡으면 안 돼지만 사람의 사랑과 마음을 놓고 얘기하는 것이다.

물론 넓게는 그 여승도 먼 시대에 사람들의 사랑을 위해서 그랬겠지만…. 잠시 세상에 많은 사람들의 마음들이 다 다르다는 것에 억지로 한번 취해본다. 물론 얼굴도 다르듯 마음도 다 다르겠지만 단 한가지 사람을 먼저 아끼고 사랑하는 사람만이 최고가 아닐까.

자연도 아름다움도 사람이 우선이고 그 아름다움 속에 사람의 고운 가슴이 우선인 것 아닌가? 상대방에게 사랑과 관심을 보여주는 것과 오늘 그 아우들의 농담 속에 사랑이 담긴 소중한 마음을 느끼면서 그래도 세상은 살만하구나? 하는 행복한 웃음이 나온다.

카톡으로 전해준 곱게 핀 진달래꽃보다도 바람에 들려주는 그 아우들의 아름다운 마음이 더 향기롭고 그 아우들의 얼굴이 어느 예쁜 꽃보다 아름답게 느껴진다. 오래도록 그 마음이, 그 사랑이 도적맞지 않고 아우들의 사랑을 독차지하고 싶은 욕심이 살포시 든 그리고 감사하는 내 마음이 꽃구름처럼 아름답게 피어난다. 투박하지만 맑은 마음을 가진 사람들과 이렇게 메마른 세상에 이런 좋은 사람들과 함께 살아간다는 게 오늘따라 무척 행복하다. 때론 지각없고 겉과 속이 다른 사람들로 인해 수많은 사람들이 마음 다치고 울고사는 세상인데 이런 우정 어린 지인들이 있어 마음을 훔쳐보고 느끼며 살아가는 나는 복이 많고 참 행복한 사람이구나, 하는 생각 속에 잔잔하고 훈훈한 봄바람이 내 코끝에 향기롭게 스치는 날이다. 수업을 하면서도 나는 실실 입가에 행복한 웃음이 맴돈다.

이렇듯 우린 서로가 농담 속에서도 진솔한 사랑을 느끼게 하며 살아간다면 서로가 세상살이에 외로움을 잊게 하는 것인데 많은 사람들이 모두 이렇듯 우정 어린 사랑으로 조금만 마음을 주고받으면서 행복했으면 얼마나 좋을까 하는 생각을 해 본다.

수업없는 내일은 그 지인 아우들과 함께 국수라도 먹으면서 우정을 나누고 싶은 아주 기분이 괜찮은 날이다.

그 유명한 톨스토이의 말이 갑자기 생각난다. "모든 사람들과 즐겁게 생활하기 위해선 자기와 남을 단절 시키는 것이 아니라. 자기와 남을 연결하는 것이 최상의 길이다."라는….

세상은 이렇듯 서로가 더불어 마음을 열고 사랑하며 살아갈 때 드디어 내가 보이고 남도 보이는 아름다운 세상이구나.

지인이 여행 가던 날

오늘 내와 평소 절친한 지인 부부가 골프 여행을 간다고 카톡으로 안부 겸 여행 짐 보따리를 찍어 자랑처럼 보내왔다.

그들 부부는 골프를 좋아하고 평소에 건강해서 매년 가을봄으로 누리는 골프 여행을 즐기는 모양이다. 카톡사진으로 보내온 나란히 찍혀진 두 개의 가방과 골프채 가방을 보면서 나는 부러움 반 서운함 반 마음이 울적했다.

저렇듯 부부가 건강해서 적지 않은 나이에도 골프채를 들고 부부가 함께 골프 여행을 간다는 건 축복받은 사람들 같아 보였다. 보기만 해도 무거워 보이는 골프 가방이며 이런저런 옷 가방을 보면서 젊은이들 못지않은 여행자들의 행복한 모습 같았다.

내가 느낀 바로는 사람이 가장 설레일 때가 사랑할 때와 또 사랑하는 사람과 함께 여행 준비할 때가 아닌가 싶다.

오래 살던 부부는 좀 다른 마음일 수도 있겠지만 그래도 여행 준비는 늘 사람의 마음을 설레게 한다. 저들 부부도 지금 그렇겠지.

생각하면서 짙어가는 가을에 부부가 저렇듯 여행을 즐긴다는 건 참 좋은 그림이 아니던가, 속으로 인정을 하면서도 왠지 내 속은 꼬였다.

도대체 그 지인은 뭣 때문에 내게 그런 사진을 찍어 보내왔는가? 생각을 하면서 괜한 오해로 은근히 샘도 나고 부아도 돋는다.

자기들이 여행을 가면 갔지 뭔 골프채 가방이며 여행용 가방을 챙긴 것까지 내게 자랑질을 한단 말인가?

나 약 올리는 것도 아니고 자랑할 것도 되게 없나 보다?

별 것을 다 갖고 사람 속을 뒤집어 놓나, 하는 생각마저 든다. 내가 혼자 있는 거 뻔히 알면서 누구 염장을 지르나 짜증나게….

골프도 한번 쳐 보지 않은 나에겐 사치스러워 보였고 별로 좋은 기분은 아니었다. 그리고 나는 속으로 공연히 그들 부부가 얄미웠다.

아무리 편안한 사이라도 상대를 헤아리는 지혜쯤은 필수적 갖춤이고 물론 자아를 다스리는 겸양 역시 필수적 갖춤이라 했거늘….

허긴 그 지인이 내 속을 뒤집어 속상하게 하려고 보낸 게 아니라는 건 충분히 알지만 왠지 마음이 꼬이고 샘이 나고 안 좋은 마음이다.

이렇게 사람의 심통은 남의 행복이 내 불행이 되게 하는가 보다. 참 사람의 마음이 이상하다.

물론 항상 그런 건 아니지만 오늘은 왠지 내 마음이 잔뜩 심술이 나서 그다지 마음이 즐겁질 않고 그들을 축복해 주는 심사도 아니고 은근히 꼬여진 마음이 그들 부부가 얄밉도록 서운하고 부러움 속에 우울한 마음뿐이다.

예전엔 내가 그렇게 남의 부부 여행을 부러워하는 마음이 있었던가? 남편이 가고 나니 모든 게 부러운 게 많아진 듯하다.

사람 마음이 변덕스러운 건가, 남편이 있을 땐 그다지 부부가 여행하는 사람들이 내 눈에 들어오지 않고 그냥 무심했던 것이 왠지 오늘 지인이 안부 삼아 보내온 사진이 내 마음을 시샘의 가시로 공연히 한참이나 심란하게 만들고 있다.

또 그 지인이 내 마음을 짐작해 주지 못하는 게 섭섭하고 참 지각없어 보이기까지 하면서 까칠한 생각으로 야속한 마음이 든다.

이 나이가 들어도 남을 보면서 내가 이런 마음인 줄 몰랐다. 나도 모르는 가슴에 숨어있는 창피스럽고 고약한 마음이다.

나도 전에는 남편과 여행하는 게 많아 어떨 땐 귀찮게 느껴졌던 기억이 이제는 부러움으로 내게 우울감으로까지 돌아온다는 게 희한하다. 무심히 바뀌진 세월 속에 사람의 마음이 변덕인지 아니면 부덕함인지 알쏭달쏭한 마음을 나도 잘 모르겠다는 생각이다.

사람은 늘 지나고 나면 후회로 또 참회로 오는 게 인간들의 어리석은 마음 같다. 하마 추억이 되어버린 것이지만 그렇게도 나를 데리고 다니길 좋아하고 같이 다니면 행복해 하던 남편이 나도 있었는데?

그땐 왜 그리도 남편 마음을 몰라주고 귀찮다고만 타박을 했는지 지금 생각하니 복에 겨워 꼴값에 떨었던 어리석은 마음이었다.

저렇게 부부가 함께 떠나는 여행 가방만 봐도 내가 이렇게 심술 나도록 부러워할 줄이야, 과연 그런 마음이 올 줄 알았을까?

지인과 우리를 아는 동네분들은 우리 부부를 늘 부러워하는 잉꼬부부로 손꼽히며 살아왔는데 남편이 세상을 떠나고 보니 남을 보는 내 눈도 달라진 건지 전에 없던 시샘 속에 이런 마음이 들다니 우습다. 이래서 세상사 돌고도는 인생이란 말이 있나 보다.

오늘 남의 마음도 모르고 철없이 자랑질 하는 듯한 지인의 여행가방을 보면서 나를 돌아보는 많은 회환이 오고 가는 날이다. 잠을 자려 해도 영 잠이 오질 않고 자꾸만 그 부부의 여행 가방이 눈에서 지워지지 않으면서 이유 없는 눈물이 난다.

남의 부부 여행 가는데 왜 내가 이렇게 슬퍼할까 하는 내 마음을 추스르면서 가만히 가슴에 손을 대고 나는 나를 달랜다. 인생은 다 거기서 거기니라 울지 말자. 저들도 이제 한때고 인생은 공평하니라.

그대들의 행복이 내 눈물이 되는 것도 잠시 잠깐의 세상살이고 내가 또 그들에게 기쁨과 부러움도 줄 날이 있을 것이다.

그들이 안 가진 나만의 복이 또 있지 않겠나. 지금도 이렇게 감사한 것뿐인데 그 작은 일에 마음을 놓치다니 내가 모자라 보였다.

남의 행복을 보면서 나를 비교하는 이 모자란 마음과 작은 욕심을 버리면 또 다른 커다란 욕심까지도 달아나는 법인데….

오늘 지인들의 부부사랑을 보면서 축복해야 되는 대신 잠시 부러움과 시샘으로 우울했던 나를 보니 부끄러움이 몰려온다. 혹여 나도 살아오면서 알게 모르게 내 행복으로 인해 남에게 부러움 속에 아픔을 주진 않았나 생각하니 우리는 세상을 살면서 행복도 조심스럽게 누려야겠다는 또 하나의 진리를 터득한 듯한 그런 시간이다.

누구나 자기 복대로 산다고 하지만 그래도 함께 사는 세상에 좀 더 깊은 배려로 남에게 시샘의 대상은 비켜가야 되겠다는 마음이 든다.

물론 그들이 나의 이런 마음을 알리 없겠지만 오늘 아무 생각 없이 우정으로 여행 일정의 안부를 주는 친구가 다시 소중하게 생각된다.

그들도 내가 제일 사랑하는 사람들이 아닌가? 더불어 사는 세상에 친구의 행복이 곧 나의 행복이 아니던가? 그들이 행복해야 여행에서 돌아와 내게도 웃음을 줄 수 있는 친구가 아니던가? 이렇게 생각하니 잠시 옹졸했던 내 생각의 부끄러운 마음만 든다.

사람은 순간순간 마음이 달라지고 이렇게 변덕스러운 게 인간의 마음 같다. 그래서 인간은 밤에 공들여 쓴 연서를 아침에 부치기가 쉽지 않은 까닭은 밤의 감상적 사고와 아침의 현실적 감각이 다르기 때문이라는 말이 있나 보다. 잠시 어리석고 모자랐던 내 마음을 다스리고 나니 스스로 무안한 마음이 든다.

그 사람들은 그 사람들의 복이고 그 사람의 복이 내 복이 되는 게 아니고 또 내 복이 그 사람들의 복이 되는 게 아니련만….

사람의 마음은 늘 부족하여서 이유 없이 남을 질투하고 시샘하면서 쓸데없이 자기 마음 상하면서 얼마나 괜한 시간 낭비를 하는지.

반드시 내일은 또 내 마음이 달라져 있을 거다. 그러면 아침 일찍 지인에게 문자를 해 잘 행복하게 다녀오라고 해야겠다.

진심으로 사랑하는 마음으로 소중한 내 지인 부부가 건강하게 행복한 시간을 가지라고 따듯한 사랑을 전달해야겠다.

무심히 카톡으로 안부를 전해온 소중한 친구를 잠시 부러움으로 시샘하면서 옹졸했던 내 마음에도 환한 꽃을 피우자 멀쓱해진 내 가슴에 행복한 씨앗을 심어야겠다. 그리고 고얀 내 마음의 가라지도 자주 뽑아내고 청소를 해줘야겠다.

그래서 질 좋은 내 인생을 소중히 여기면서 더불어 아름답고 행복을 추구하는 인생의 꽃밭을 많이 가꾸어 가야겠다.

어느 지인의 하소연

사람의 마음은 손등과 손바닥이 있듯이 누구나 선과 악은 다 지니고 살고 또 태어날 때 원초적 모습은 누구나 같다고 생각한다. 인생을 살아가면서 그것을 어떻게 다듬어 써먹으면서 살아가느냐가 사람의 인품을 다르게 나타나게 될 뿐이다. 선을 많이 사용하는 사람은 착한 사람이고 악을 많이 사용하는 사람은 악한 사람이라고 부른다. 우리는 누구나 언제나 두마음을 지닌 인간이다. 그러기에 무던히도 내 마음속에 갇혀 있는 선과 악의 싸움 속에서 살아가는 게 인생이다,

세상은 어떨 땐 모두가 착각 속에 산다. 나만 사랑하는 줄 알고 평생 살아온 남편이 아내가 다른 여자를 다른 남자를 좋아하며 살아왔고 빈 껍데기 같은 마음만 끌어안고 살아가는 인간 사회가 있고 늘 사람과 사람엔 진실이 결여된 삶들이 간혹 모여 사는 게 인생 같다. 물론 다 그런

건 아니지만 간혹 사람들은 움직이는 사랑 속에 모두가 제 잘난 맛에 자기가 최고 인양 자기만이 모든 남편 아내 애인 사랑을 독차지하면서 산다는 착각 속에 빠질 때가 많다. 어느 날 그걸 알게 될 때는 배신이라는 문자 앞에 모두가 널부러지듯 실망 속에 가슴 아픈 사연들이 이어지는 세상이 아니던가.

오늘 어느 지인이 눈물을 펑펑 쏟으며 전화가 왔다. 사연인즉 얼마 전에 사랑을 주고받던 남자가 자기를 무시한다는 것이다. 자기가 선물로 사 준 옷을 입고 다른 사람과 데이트를 하는 것을 자기 친구가 알려주었단다. 그 말을 들은 그 지인은 살이 벌벌 떨이고 죽이고 싶을 정도로 분하고 그 사람이 미워 죽겠다고 한다.

사람은 누구나 질투는 다 있는 법이다. 갓난아기에게도 질투는 있다고 했는데 어찌 그런 상황에 살이 떨리질 않겠나. 하나님도 질투하는 하나님이라고 하셨다. 나 외에 다른 신을 섬기지 말라는 질투의 말씀을 남기셨는데…. 어찌 사람이랴.

그 지인이 떨리는 음성으로 나에게 그럴 수 있느냐고 인간도 아니라며 분해서 펑펑 우는 사람에게 나는 뭐라 위로할 말이 적절하게 없었다.

같이 나쁜 인간이라 욕을 해 주자니 그쪽 말도 안 들어보고 함부로 동참하기도 뭐 하고 그렇다고 참으라고 하기엔 내가 들어도 좀 아닌 듯하고 나는 그저 조금만 시간을 가져 보자는 말밖에 아무런 할 말이 생각이 안 났다.

나를 믿고 온갖 푸념과 포악을 다 떠는 그 지인의 사랑을 훔쳐보면서 나는 참 사람 사는 게 사랑하는 게 꼭 전쟁 같다는 생각이 들 정도였다.

저들도 사랑할 때는 얼마나 황홀하고 이쁜 말들만 주고받았을까. 저렇듯 속았다는 마음이 되니 세상에서 나쁜 말은 다 골라 하는 그런 사이가 되다니…. 조금 안타까운 생각이 들었다. 그래서 우리 인생은 손등과 손바닥 같다는 말들이 있나 보다.

사람들이 사랑할 때는 삶의 활력소이고 유치할지라도 사랑의 출발점은 소유욕이고 아무리 숭고할지라도 그 또한 사랑의 출발점도 소유욕이라 했다.

그래 저 사람들도 자기 소유욕을 빼앗겼다는 생각으로 배신에 저렇듯 몸서리를 칠만큼 분해 하나보다는 생각이 든다. 인간적 사랑이 동물과 다른 것은 동물적 본능 위에 신에 버금가는 정서가 있다는 점이다. 그런데 그 정서마저 사랑이 흔들릴 때는 여지없이 무너져 버리는 듯하다.

인간이 갈망하는 건 늘 사랑의 대상이고 사랑의 존재다. 그것이 어긋날 때는 사람은 저렇듯 망가지고 헝클어지는 게 사람 모습이다. 성경과 신화에도 질투로 인한 많은 얘기들이 있다. 가인이 아벨을 질투한 나머지 인류 역사에 최초로 살인자가 되었고 우리가 사는 세상엔 무수히 많고 많은 사랑으로 인한 많은 사건들이 시사화 되고 또 인류 역사에 얼마나 많은 사람들이 질투로 인해서 비극적인 많은 얘기들로 슬프게 나열하고 있는가? 질투란 미물도 있는 법이다.

움직이는 사랑 앞에 질투라는 요물 때문에 세상에는 많은 사람들이 이성을 잃고 저렇듯 힘들게 사는 세상이 아니던가?

오늘 펑펑 울면서 하소연하는 지인을 보면서 안쓰럽기도 하고 사람 사는 것에 대해 정말 많은 생각이 오고 갔다.

지인의 글을 읽고

나는 오늘 평소 지인으로 지내온 분의 저서와 몇 권의 책을 택배로 선물 받았다. 그분의 책을 반가운 마음으로 풀고 제일 먼저 저서를 펴 보았다.

대충 제목을 쭉 훑어보고 저자의 말을 먼저 읽어보았다. 그 속엔 그분의 마음이 담긴 인사말과 함께 쭈욱 순서대로 차근차근 읽어 내려갔다. 나는 책을 한번 읽기 시작하면 한독을 하는 버릇이 있다. 미련하리만큼 푹 빠지는 버릇이 있다.

옛날엔 잠도 안 자고 독서를 하는 버릇이 있듯이 읽어야 되는 책이 있으면 먹는 것도 다른 일도 제치고 몰두하는 게 내 버릇이다.

지금은 나이가 들다 보니 눈이 피곤해 가끔씩 쉬면서 좋아하는 음악을 켜놓고 듣다가 다시 또 책을 읽는 버릇을 일부러 키워간다.

아무래도 세월 앞엔 독서도 예전같이 쉽게 거뜬히 한꺼번에 읽을 재간이 없다는 걸 느끼는 시간이다.

그래도 오늘은 그분의 저서를 오후 3시경부터 저녁 12시까지 완독했다. 아마도 내가 관심 있는 친한 지인의 글이라 그런 것도 같다.

그분의 글 속엔 학교 때부터 이어지면서 당신의 꼼꼼한 성품을 나타내는 글과 생활 속 신선한 이야기들로 나열되어 있었다.

친구의 대접 속에 마음속 우정을 조용히 나타냈고 외국의 생활과 당신이 본 영화 스토리며 해독도 느낌도 담담히 재밌게 써놨다.

노년의 준비 걱정이며 국가관과 나라를 위하는 마음이 구석구석 적혀 있었다. 그분의 직업답게 철두철미한 애국심도 보였다.

눈길을 끌은 건 우리의 선비정신 속의 국가관이 그분이 자라온 유년 시절의 분위기로 덮였다.

내가 가장 감동은 그분과 내 남편이 한시대에 같은 맥락으로 살았다는 게 여운처럼 남아 내 추억을 상기시키는 시간이었다.

우리는 같은 새대의 같은 정신을 갖고 가난하던 시절에 고생을 하면서도 긍지를 잃지 않고 조국을 위해 살아온 사람들이다.

글을 읽으면서 내 추억의 징검다리를 건너간다. 갑자기 보고 싶은 내 남편 생각에 나는 잠시 눈시울이 적셔졌다. 그분의 글에서 내 남편의 향기를 느끼는 시간이었다. 남편처럼 내게 다정다감한 그분의 모습도 정겹고 고마운 마음이다.

그분의 저서를 다 읽고 나서 한참 동안 향수에 젖어 있다가 잠시 그분의 글 속에 아쉬움이 조금 있었다. 수필식으로 쓰신 그분의 글 목차 속엔 그분의 가족 이야기는 거의 없었다.

물론 그분의 깊은 뜻으로 쓴 책이겠지만 그래도 그분 부인이 책을 볼 적에 한 번쯤 아내와의 사랑 얘기도 써놓아주었으면 하는 생각이 들었다. 나도 어쩔 수 없는 여자이기에 그런 남편의 모습을 그려본 게 아닐는지 몰라도 혹여 내 남편이 저런 자서전 비슷한 실화 속 책을 썼다면 내 욕심으론 그런 생각을 하지 않았겠나 하는 내 생각을 한번 해 봤다.

세상 여자들의 공통된 마음이 아닐까? 혼자 괜히 남의 저서를 읽고 이러쿵 저러쿵 쓸데없는 욕심을 부려본다.

옥에 티처럼 이 책에 아내 말이 등장한다면 더욱 부드러운 우리네 삶의 냄새도 있었을 텐데 하는 나 혼자만의 아쉬움으로 성인군자라도 사랑은 필요하고 도학군자라도 사랑의 존재는 따라다니기 마련인데 한 묶음의 책 속에 혼자만의 이야기가 어쩐지 그 옛날 조선 시대 가부장적 유교적 냄새로 조금은 낯설기까지 한 느낌마저 든다. 그분의 성품 탓이겠지 하면서도 평소 그분의 글은 전문적인 글을 그분의 칼럼에서도 많이 접해 본 적이 있는 터, 그분의 직업만큼이나 늘 반듯하기만 하고 엄하다.

그분의 깊은 뜻과 생각은 내가 알 바 아니겠지만 글을 다 읽고 나니 나름대로 개똥철학 같은 내 평론이다.

저서를 읽고 나니 평소에 알던 것보다 더 그분을 알아온 듯 그분의 속 마음을 약간은 훔쳐본 그런 기분이다.

오늘은 눈이 아프도록 지인의 글을 보고 동시대를 같이 살아온 걸 영화처럼 본 듯한 느낌이다.

그런 그분과의 오랜 우정도 영원하길 가슴으로 기도하며 오늘은 꿈 속에라도 내 남편 모습이 보고 싶다. 정말 보고 싶다.

남편이 살았으면 그분을 우리 집으로 초대해 시원한 맥주 상이라도 차려주고 싶은 마음이 간절히 드는 그런 날이다.

남편을 많이 닮은 그 지인이 퍽이나 남편과 잘 어울리는 모습을 보는 듯 오늘은 지인의 글을 보며 내 남편의 향기와 냄새를 맡는다.

지인의 글을 다 읽고 나니 내 머릿속은 그 옛날 추억의 그리움을 허공 속에서 헤매다 눈물을 참는 날이다.

문학의 언덕

인생을 살아가는 데 희로애락은 늘 남모르게 감춰져 있지만 가장 희로애락을 많이 지닌 게 우리네 삶의 연애 속이라 한다.

이 세상 가장 슬픈 건 너무나 일찍 죽음을 생각하는 것이고, 또 가장 불행한 것은 너무나 늦게 사랑을 깨우치는 것이라고 한다.

내가 아무리 잘났다고 해도 결국엔 하늘 아래 있고 아무리 똑똑한 척을 해도 우리 맘대로 안되는 게 인생살이다. 사람이 아무리 키가 크고 잘났다 해도 하찮은 나무보다도 크지 않으며 잘나봤자 인간은 도토리 키재기라 하지 않던가?

나는 생각한다. 가장 아름답고 훌륭한 사람은 자기를 사랑할 줄 알고 남을 사랑할 줄 아는 아름다운 마음을 지닌 사람이며 나보다 못난 사람을 짓밟지 않고 나보다 조금 낫다는 사람을 질투하지 않는 지각이 뚜렷하고 가슴이 따뜻한 사람이라 본다.

나는 인생을 살면서 또 문학을 하면서 이런저런 수많은 사람들과 지인들을 접한다. 거기엔 사람에 따라 귀인도 있고 은인도 있다. 우린 그렇게 사람들과의 인연 속에 또 관계 속에 살아가는 자동 인생의 관계 같다. 수많은 사람들의 관계 속에서 늘 우린 관심과 애정 또 어떨 땐 가끔 경계로도 바뀌면서 살아가는 게 삶이더라.

그 모든 걸 합쳐서 나열하는 게 문학의 표현이며 아름다움의 감성이며 그것을 기록하는 선물이다. 그렇다면 문학은 내 지식만 많이 담긴 사람은 문학이 아니다. 사랑을 모르는 세상의 지식만 담긴 글은 제대로 된 문학이 아니다.

수필과 시를 쓰는 펜 속엔 삶을 그리는 멋이 있어야 하고 감성을 지닌 사랑이 있었야 하고 희로애락이 골고루 담겨 시간을 비벼서 굽고 다듬어서 마당 앞에 내어 놓을 때 비로소 우리는 철학과 감성이 담긴 문학이라고 한다.

고로 사람이 살아가는데도 만남만큼 중요한 게 없다고 생각한다. 이런저런 만남 속에 우린 늘 웃고 울면서 서로가 살아간다.

한때는 죽을 만큼 사랑했던 사람도 모른 체 지나가는 시간도 살아갈 것이고 한때는 서로가 비밀을 공유하며 너무나 가까웠던 친구도 연락 한번 없이 원수처럼 멀어지는 날도 때론 겪으며 사는 게 우리네 인생이 아니던가?

서로 기대면서 영원히 살아가면 얼마나 좋겠나만 삶은 그리 호락호락하지 않다. 비가 오면 눈이 내리고 눈이 녹을 때는 땅이 질척이듯 좋은 인연이 악연이 될 수도 있고 영원히 변치 않을 것 같은 사람의 마음도 가끔은 가벼운 깃털 같을 수가 있는 게 우리네 삶이다.

저 사람 아니면 죽을 것 같은 사랑도 세월 속에 다른 사랑을 찾아가고 사랑도 움직인다는 진리 속에 우리는 속고 살아간다.

그러나 인간은 로댕의 생각하는 사람의 작품처럼 모두가 생각하는 동물들이다. 누구나 언제든지 내가 마음만 먹으면 자신을 웬만하면 다스릴 수 있는 게 그 또한 동물 중에 하나뿐인 인간의 마음이다.

하늘은 사람을 의지해 하늘이 된다는 말과 같이 사람은 생명이 있는 한 사랑을 한다는 말이 있다. 사랑하는 건 그리움인데 그런 사람이 내게 있다는 건 삶의 활력소이고 축복이라고 말할 수 있다.

나는 요즘 그런 아름다운 축복이란 단어 속에 아름다운 꿈을 꾼다. 평생 동안 내가 기댈 수 있는 속깊은 친구 하나 갖고 싶다.

정이 샘솟듯 우러나는 그런 정겨운 사람 하나 욕심내고 싶다. 그것이 사람이 살아가는데 더 없는 바람이고 행복의 조건이 아닐는지.

그래서 내가 사는 문학의 언덕에 숲을 이루고 꽃을 피우고 새들도 지저귀며 웃음이 넘치는 언덕을 이루면서 살고 싶다,

하나님의 특별한 축복 속에 고운 마음 하늘에 수를 놓으며 가을 하늘에 곱게 펄럭이는 코스모스처럼 고운 꽃들로 아름다운 내 삶의 동산에 채송화도 심고 장미꽃도 심고 향기 있은 라일락꽃도 심어 가끔은 그 언덕에서 행복했으면 좋겠다.

그곳에서 내가 사랑하는 그리고 나를 사랑하는 모든 사람들과 오손도손 무지개 꽃을 피우며 등대 같은 내 문학의 동산에서 내 남은 삶을

그들과 함께 웃고 울면서 행복에 젖어 멋있게 언덕처럼 기대면서 둥글며 살고 싶다.

내 인생의 문학은 늘 사랑하는 사람들과 더불어 뛰어놀면서 찾아가는 사잇길이다. 기쁠 때나 슬플 때나 문학의 언덕에서 나는 늘 오고 가면서 행복도 줍고 눈물도 주으면서 그리움이 깔린 그 길을 오늘도 즐거운 마음으로 살금살금 걸어본다.

멋진 분

우리가 지인으로 먼 발치에서 만난 지는 여연 10여 년이 되었다. 그다지 주고받는 이야기가 없었기에 우린 그냥 지인일 뿐이었다.

그런데 2020년도 느닷없는 코로나라는 전염병으로 모든 사람들이 공포에 떨고 나라는 마스크가 동이 나는 이변을 겪는 시기였다. 온 세계가 바이러스라는 소용돌이 속에 연일 이어지며 뉴스는 많은 사람들의 걱정이 들끓는 시기였고 밖에 나가길 꺼려 하는 웬만한 노인들은 두문불출하게 되는 시기였다. 모든 사람들이 바깥 출입을 멈추듯 하니 답답한 가슴들이 무료하고 허허로운 생각마저 드는 이런 세월이다 보니 무심코 넘나드는 대화는 당연 카톡이다.

그런 시간 속에 미뤄두었던 우정을 점검이나 하듯 허허로운 날들이 나를 힘들게 할 때쯤 천사처럼 날아와 준 사람, 그분과 나는 무료함을 달래듯 소통의 기회가 되는 시기였다. 많은 대화를 주고받으면서 10년의 공백을 뛰어넘은 듯했다.

평소에도 가슴에선 멋진 분이라고 느꼈지만 서로 소통할 기회가 없었다. 이 기회를 통해 그분을 다시 한번 많이 아는 기회가 되었다.

따듯하고 문학적 소질을 겸비한 그분과의 대화는 심심치 않았고 내게는 재미가 쏠쏠했다.

우리는 많은 대화 속에 몰랐던 부분도 알아가고 성품도 조금씩 느껴갔다. 카톡이라는 기계 문명 속에 좋은 멘트며 좋은 정보들을 서로 나눠 갖는 SMS의 시대에 살고 있는 우리들은 아침이면 소식을 전하고 저녁이면 안녕을 주고받을 수 있는 사람이 생겼다는 건 예전에 몰랐던 축복이라 생각이 든다.

내가 아는 그분은 지금껏 높은 곳만 바라보고 숨 가쁘게 살아오면서 그 덕에 세상에선 남부럽지 않게 인정받는 분으로 모든 걸 다 갖은 듯한 훌륭한 분이시다. 소위 말하는 명예도 지식도 지혜도 다 겸비된 탁월한 분 같다는 느낌이 든다. 그래도 세상은 부귀영화를 누려도 날과 달은 지나가고 부귀공명을 누릴망정 달과 해는 흘러간다 했다.

그리고 아무리 영화를 누린다 해도 일회성 초로인생이고 또한 공명을 날린다 해도 불귀의 초로인생이라고 했듯이 이제 그분도 일선에서 내려와 지금은 노년의 우아함을 추구하는 그런 마음으로 여생을 꿈꾼다고 했다.

이런저런 전문적인 지식을 합쳐 글도 쓰고 후배 양성도 하며 되도록이면 바쁘게 살려고 노력하는 모습이 보였다.

나는 가끔 맥아더 장군과 아이젠하워 대통령과 링컨 대통령을 존경한다. 그분들의 공통점은 지위를 내세우지 않고 극히 인간적 감성과 배려를 겸비한 아름다운 통치자들이다.

요즘 이분을 접해보면서 감성이 멋지고 아름다운 위인들과 닮았다는 그런 생각을 하게 하는 느낌이 좋은 분이시다.

가끔 우린 세상에 조금만 자기가 돈이 많다던가 또 출세를 해 높은 위치에 있었다면 얼마나 거들먹거리는 소인배들도 심심찮게 보고 살아가는 세상 아니던가?

승승장구를 할지라도 하늘 높은 줄 알아야 하고 독야청청할지라도 세상 넓은 줄 알아야 하는데 그런 걸 알고 행하는 사람이 과연 얼마나 될까?

사람과 사람 사이 인간으로 태어나 출세도 좋고 오래 사는 것도 좋지만 나는 사람을 사랑할 줄 알고 배려 할 줄 아는 인정 있는 사람이 바로 옳게 사는 것이라 생각하면서 또 가장 중요하다고 생각한다.

내가 만난 이분이야말로 내가 믿고 싶은 따뜻하고 인간미 넘치는 그런 분 같다.

그분은 내 작품을 늘 과할 정도로 좋은 품평을 해주신다. 내 작품을 일컬어 옛날 황진이보다 더 잘 쓰고 또 지금의 유명한 어떤 여류작가 작품보다 내 작품이 훨씬 최고라는 말을 서슴치 않고 아주 커다랗게 칭찬해 주시는 그분이 나는 세상에서 제일 멋지고 좋은 분 같았다.

자기를 칭찬해 주는 사람처럼 고마운 사람이 또 어디 있으랴. 사람과 사람 관계는 자기를 사랑해주고 아껴주며 칭찬을 해주는 사람에게 정이 가는 건 인지상정 같다.

또 다 자기를 좋아하는 사람을 좋아하는 게 우리네의 관계성이 아니던가? 그래서 나는 그분과의 만남이 더 멋져 보였다. 남을 기분 좋게 하고 칭찬을 아끼지 않는 속 깊고 세련된 그런 멋진 분을 만난 것이 내겐 커다란 행운이라 생각이 든다.

10여 년을 보아오면서도 어느 날 단 한 번의 짧은 소통 속에 우린 10년을 보아 왔던 것보다 아니 평생을 보아온 것보다 더 절친이 된 듯하다. 나 혼자만의 생각은 결코 아닐 것이다.

가슴에 품는 건 다를 수 있지만 결코 주고받은 우정 속에 정을 느끼는 감성은 아마도 같을 것이라고 믿고 싶다.

이 땅에 훌륭한 사람들은 많다. 그러나 멋진 사람들 만큼은 자신이 느끼기에 따라 다르다.

봉사의 여왕 같은 쟌비야도 ㅇㅇ신부님도 다 멋이 있고 훌륭하지만 나는 내 가슴이 아파할 적에 살포시 다가와 따뜻한 가슴으로 내 마음을 녹여주는 이런 분이 세상에서 가장 멋진 분이라고 진심으로 외치고 싶다. 아마도 이분은 내 작품의 아픈 글을 보고 허허로움을 달래주는 기쁨조 같다. 과히 익숙하지 못한 농담 속에 남들에게 행복을 나눠 주기 위해 애쓰는 고운 모습이 오늘따라 내 가슴에 꽃씨로 살포시 수를 놓는 시간이다 .

우리가 인생을 살아가며 많은 사람들과 만나고 헤어지지만 얼마 남지 않은 노년에 친구는 더욱 소중하다는 생각을 해본다.

이젠 이 나이에 추억을 먹고 산다고 하지만 새로운 만남에도 과히 나

뿌지 않다는 생각을 하게 하는 소중한 시간이다.

국가에서도 인정하는 훌륭한 분임에도 불구하고 내게 많은 시간 속에 고운 얘기로 이런저런 우정 어린 정을 준 소통이 잘 되는 멋진 분이 지금껏 숨 가쁘게 살아왔으니 이젠 그분의 남은 삶이 오직 자신만의 꽃길을 걸었으면 하는 나의 바람이다.

인간미가 넘치고 인간성이 살아 숨 쉬는 이런 분들이 더 많은 우리 사회에 있어 살기좋은 대한민국으로 이루어졌으면 하는 간절한 마음이 드는 날이다.

모두가 구름처럼 흘러가는 것이 인생이고 바람처럼 흘러가는 것이 인생의 속성인데 서로서로 사랑하며 살았으면 좋겠다.

내 남은 삶에 멋진 분과의 우정이 영원하길 하나님께 기도한다.

추억의 생각

그 옛날 여고시절의 친구들과 학창시절 추억을 그린 ㅇㅇ라는 영화를 봤다.

영화 스토리는 나와는 조금 다른 듯한 영화 속의 여고생들이 겪어온 환경이며 성격이며 좀 다르지만 그 시절의 생각은 공감된다.

그 영화를 보는 내내 나도 그 시절의 추억 속으로 빠져들었다. 철없던 그 시절이 주마등처럼 머릿속에서 맴돌고 그리움의 계절로 어느새 네 머릿속엔 주인공의 옛날 영화처럼 필름이 돌아간다. 늘 엄한 부모님의 간섭 속에 그다지 마음껏 놀아보지 못한 듯하지만 그 속에서도 부모 몰래 놀던 기억들이 스멀스멀 생각나면서 내 입가엔 미소 속에 영화를 보는 내내 머릿속의 내 추억 열차가 달리고 있다.

불량소녀라고 무시하면서 상대하지 않았던 같은 반 아이들과 한 교실 속에서도 엄연히 분류가 되어 갈라져 놀던 학우들까지 그때 그 시절이 생각이 난다. 아득히 생각나는 친구, 또 유달리 보고 싶은 친구, 끝까지 만나고 싶지 않았던 친구까지 이제는 모두가 역사 속에 추억의 주인공들이 아닌가. 이젠 하나하나가 다 궁금하고 보고 싶다는 생각이 영화를 보는 동안 내내 아련하게 피어난다.

남자는 학교 친구들이 쭉욱 이어지는 일이 많지만 여자들은 반 반이다. 결혼을 하면 그다지 몇몇 친구 외엔 친구 관리가 어렵다.

물론 한 고향서 오래도록 사는 친구들이야 별개지만 거의 결혼이던 직장이든 헤어지게 되면 찾아서 노는 친구들이 많지 않는 게 대부분의 여자들이다. 한두 명씩의 소식이야 서로 교류하며 살겠지만 ….

결혼하고 남편 뒷바라지하고 자녀 교육에 힘쓰다 보면 거의 내 시간을 찾는다는 건 힘들다. 늦게서야 늙어보니까 소중한 친구들 모습이 가끔씩 그리울 때가 있어도 그 또한 모두가 흩어져 살다 보니 흘러간 세월 속에 못 만나고 머릿속에만 있는 추억의 친구들이 얼마나 많은가?

그렇게 인생의 한 프레즈 안에 기억 속에만 남는 친구들이 많다. 그런저런 세월이 참 유수와 같이 흐르고 머리엔 하얀 서리가 내리고 사랑하는 많은 사람들마저 이젠 저세상으로 가고 나니 인생이 참 허무한 생각마저 든다.

가만히 생각하니 정신없이 살아온 듯하다. 이제 다 늙고 할 일 없는 사람이 되고 보니 무료하고 심심할 때면 어린 시절의 친구들이 아지랑이처럼 조용히 머릿속에 생각이 나지만 지금 현재 옆에 있는 지인들 챙기기도 바쁜 세상이니 굳이 찾아 놀고 싶은 그런 기력은 거의 없다. 그저 마음속에 담긴 추억일 뿐이다.

그때는 한 반에 육십 명이 넘게 한 교실에서 공부를 했다. 그 많은 애들은 지금쯤 다 나름대로 저마다의 인생을 누비고 있겠지만 과연 내겐 진실한 친구 하나가 변변하게 없다. 그저 내 가족 내 자식 내 형제 속에 허덕이다 보니 그 흔한 의리 있는 친구가 과연 몇이나 있기나 한 건가? 하는 생각을 하니 내가 너무 이기적으로 살아온 듯한 느낌마저 드는 시간이다.

그저 주어진 틀의 인생 속에서 본분을 다하며 나는 열심히 산다고 살아왔지만 정작 돌아보니 허전한 마음은 속일 수 없다.

날마다 인생의 본이 되고 자녀들의 본이 되기 위해 나는 나 자신과 타협하며 늘 행복을 쟁취하기 위해 기도로 싸우고 나와 싸웠다.

여자이기에 부부이기에 엄마이기에 며느리로 형수로 그저 돌아가시고 없는 부모라도 욕 안 먹이고 약속을 지키는 하나님의 자녀로 가끔씩 힘들 때도 많았지만 꿀떡꿀떡 참으면서 열심히 내 자리를 지키기에 눈코 뜰새 없이 바쁘게 살아온 듯하다.

나그네 인생에 당신이란 이름도 만났지만 그리고 지금은 그리움도 알았지만 나는 다시 돌아가라면 결코 지난 세월로 가고 싶진 않다.

어떨 땐 신통한 마음으로 내가 택한 길이 자랑스럽다는 가슴으로 아름답게 살려고 노력하고 또 노력하면서 열심히 살아왔다.

이제 와 생각하니 나는 내가 너무도 기특하고 다독여 주고 싶고 또 다른 생각을 하니 조금은 내가 불쌍하다는 생각이 든다.

남들이 들으면 다 그렇게 사는 거지 뭐 저만 그렇게 사나? 하면서 그런 마음도 사치고 잘난척한다고 흉을 볼지 몰라도 나는 나만 아는 그 누구도 모르는 내 가슴이 있다. 그 가슴에는 늘 나는 내가 다독다독 신통하다고 가끔씩 칭찬을 해야만 한다.

그래 ㅇㅇ야 수고했어. 지금껏 모범생으로 잘 참고 잘 견디며 잘 살아줘 고맙다, 하면서 가끔 내가 내 머리를 쓰다듬는다.

그 잘난 누가 만든지도 모르는 모범생이란 단어를 놓치기 싫어 나는 얼마나 힘겹게 남모르게 눈물을 흘리면서 얻은 이름이던가?

다시 되돌리는 인생이라면 나는 다시 돌아가고 싶지 않다는 것보다 다신 그렇게 굽이굽이 힘든 삶을 살아낼 수 없을 것만 같다.

생각하면 얻은 게 더 많은데도 불구하고 되돌리고 싶지 않은 일들이 느껴진다는 게 어린아이처럼 더 내 가슴을 아프게 조여온다.

아마도 지금의 내 생활이 편하고 내게 만족함이라 그런가 싶기도 하다. 천하태평인 내 시간이 내 삶이 나는 지금이 너무 좋다.

오늘 여고생들의 철없는 영화를 보면서 나도 과연 저런 시절이 있었단 말인가? 하는 반문을 해 본다. 그래 젊을 때는 마음껏 놀고 추억을 쌓고 사는 게 멋진 인생 그 또한 남는 거라는 생각이 든다.

그러나 어디 그런가? 공부하는 것뿐 아니라 경쟁을 한다는 게 얼마나 힘든 세상인가. 그래도 그 옛날엔 지금 같은 경쟁은 덜 했다.

요즘 애들은 공부도 힘든데 마음껏 놀지도 못하는 애들이 정말 안타깝다. 모두가 창살 없는 감옥살이를 하는 듯하고 마스크로 깔깔대면서 웃어야 할 일들을 다 틀어막아 놓은 듯한 느낌마저 드는 공포의 나날들을 겪는 애들이 애처롭고 정말 안타깝다.

가끔은 나도 건강관리 잘해서 옛 친구들은 물론 지금의 지인들도 포함해서 남은 삶을 다시 꺼내 향기 있고 즐겁게 보내고 싶다.

요즘 답답한 마음에 집에서 영화를 좀 접하다 보니 이렇듯 옛 추억 속으로 흠뻑 추억의 여행 열차를 타고 즐기는 것도 나쁘지 않다.

차안에서 본 어르신

오늘 지하철을 타고 지인을 만나러 가는 길이다. 나도 노인석에 자리를 잡고 가는데 옆에 어느 어르신이 앉아서 열심히 무엇인가를 보신다. 봉투에 쓰여 있는 전화번호를 열심히 보시더니 눈이 어두워 잘 안 보신다며 날 보고 적혀 있는 전화번호를 좀 읽어 달라고 하신다.

난 나도 별로 눈이 안 좋지만 부탁을 하니 열심히 그분이 준 쪽지의 적힌 전화번호를 알려 드렸다. 읽어 드리고 난 후 나도 혹시 눈이 나쁘니 잘못 가르쳐 드렸을까 봐 찜찜한 마음에 젊은 사람을 다시 불러 이것 좀 봐 달라고 부탁을 했다.

젊은 학생이 다시 확인을 한 후 조금 전에 내가 알려드린 번호와 일치하시단다. 다시 안도의 숨을 쉬며 나이 들면 누구나 노안이 저렇듯 와서 돋보기를 챙겨오지 않으면 번거로움과 불편함이 온다는 것에 어쩐지 마음이 허전하니 조금은 쓸쓸한 생각 속에 휩싸인다.

옆에 계신 노인분을 보니 조금 전 알려준 번호로 열심히 통화를 시도하시는 듯하다. 내가 옆에서 들으니 이분은 나이가 드셔도 아마도 서류 심부름센터에서 택배 일을 하시는 분인 듯하다. 듣고 싶지 않아도 큰소리로 전화를 하시고 또 바로 옆자리니 다 들을 수밖에 없다.

여보세요? 거기 어디 어디 사무실이죠? 제가 거길 찾아 가려 하는데 주소가 맞는지 확인 좀 합니다. 그리고 어떻게 찾아가야 되는지요? 하면서 연실 세밀하게 그곳 장소를 물어보신다.

저렇게 나이가 들으셔도 열심히 일을 하신다는 게 그리고 저렇게 불편한 노안을 무릅쓰고 저 연세에 일을 하신다는 건 참으로 자랑할만한 일이지만 옆에서 보기엔 여간 딱하질 않다. 내 고향에 오라버니 같은 생각이 난다.

내 오라버니는 건강하게 잘 계시는지 하는 생각이 그분을 보면서 불현듯 생각이 난다. 나이가 들면 일을 해도 불쌍하고 할 일 없이 놀고먹어도 측은한 생각이 드는 건 어쩔 수 없는 노인들의 모습 같다.

젊은 사람들이 택배 일을 하는 것을 보면 그래도 활기 차 보이고 괜찮은데 나이 들어 운동 삼아 소일거리로 하는 것인데도 불구하고 왜 그렇게 마음이 안쓰러운지 그것은 어쩔 수 없는 노인에 대한 어떤 선입견의 잘못된 측은지심 인가 보다.

세상엔 나이 들어도 푼수 없이 술이나 취해 건들대시는 분들도 간혹 있다. 그런 분들에게 비하면 저런 분은 얼마나 존경스러운가.

집에는 먹고 살 만해도 건강을 위해서 노동을 마다 않고 소일거리로 저렇게 노안을 제치고 부지런히 일하시는 노인들을 볼 때 노인들도 저렇듯 가벼운 일로 당신들의 용돈이라도 버는 기쁨을 아는 일이 얼마나 세련된 분인가 하는 생각이 든다.

가슴 한편 존경스러운 마음이다. 그리고 노인들도 일거리가 있는 이 또한 살기 좋은 나라라는 생각도 든다.

나는 목적지에 다 와 그분도 나도 하차하고 앞서 부지런히 가시는 그분의 뒷모습을 잠시 보고 이내 내가 만날 지인의 약속 장소로 갔다.

반갑게 맞이하는 지인과 약소 장소에서 차를 마시면서 오늘 지하철 안에서 옆에 함께 타고 온 사람 이야기로 잠시 화제가 되었다.

오늘 만난 지인 역시 가슴이 따뜻한 어르신 다운 어른이시다. 이분도 젊을 때는 일본에서 몇 년간 근무를 하신 적이 있으신 분이다.

언젠가 내가 짧은 지식으로 일어로 말을 걸었다. 물론 이분이 일본에서 많은 세월을 근무한 적이 있어서 짓궂은 생각에 그리한 건데 이분은 한 번도 일어로 되받는 일이 없으시다. 나는 이분께 물었다. 선생님은 일본어에 능통하신데 어째서 한 번도 일어로 대꾸를 하지 않나요? 하고 물으니까 그분이 하시는 말 우리나라 사람이면 우리 말을 쓰고 아끼고 사랑해야죠.

쓸데없이 뭐 하러 남의 나라 말을 그렇게 씁니까? 하시는 게 아닌가. 그런 말씀을 짤막하게 던지는 게 내 가슴에 꽂혀 역시 작은 배려지만 그분의 한국어에 대한 애국심이 내 마음에 잠시 부끄러움으로 다가왔다. 그 담부터는 다시는 그런 실수를 하지 않고 그분이 무척이나 존경스러워 보였다. 그렇게 오랫동안 일본서 근무를 하시다 왔는데도 불구하고 그 많은 세월 속에도 그분은 한 번도 일어를 쓰시는 걸 보질 못했다. 그런 작은 모습에서도 우리는 상대가 지닌 인품을 훔쳐볼 수 있고 그런 분들이 진실로 존경스럽다.

역시 훌륭한 사람의 숨겨진 뒷모습을 보는 듯하다. 제대로 하지도 못하는 외국어로 지껄이는 게 잘나 보이는 것처럼 되어있는 얄팍한 사람들의 모습인데 요즘 우리나라 간판을 보더라도 영어는 커다랗게 써놓고 우리나라 한글은 옆에다 보일 듯 말 듯 조그맣게 궁색할 정도로 써놓은 간판을 심심찮게 볼 수 있다. 그런 걸 보면 왠지 씁쓸하고 한심하기 짝이 없어 보인다.

우리나라에서 우리나라 글을 선호하고 우리나라 글을 커다랗게 써놓고 작은 글씨로 외국어를 곁들이는 게 맞지 않나?

무슨 세련되게 하는 척 외국어로 도배를 하다시피 하는 건 아무래도 좀 거슬리는 건 사실이라는 생각을 해본다. 물론 외국인들이 알아볼 일도 있으니 요즘같이 세계로 같이하는 시대에 안 쓴다는 건 말이 안 되고 그렇게 반대로 되어가는 일들이 안타까운 일이라고 생각되면서 조금은 아쉬운 생각을 해 본다.

오늘 지하철서 만난 노인분과 내가 오늘 만난 지인을 두루 접하며 노년의 아름다운 공통점을 발견하고 느끼고 왔다.

나도 내 남은 삶을 어떻게 늙어가야 나 자신도 흡족하면서 젊은이들에게 귀감이 될까 하는 숙제를 하는 마음이다.

나이가 들면 작은 교과서 노릇을 하라는 말이 생각난다. 곱고 멋지게 타인들의 기억 속에 귀감이 되는 사람으로 삶을 엮어가고 싶다.

넘어가는 가을을 보며

나이가 드니 젊을 때보다 훨씬 세월이 빠르다는 느낌이다. 자고 나면 저녁이고 봄이 왔나 하면 여름이고 금방 가을인가 하면 초겨울의 문턱에서 깊은 가을날이 서럽게 겨울에 밀리고 있다. 우수수 떨어져 있는 낙엽을 보면 마음이 쓸쓸해지고 어쩐지 세월에 자꾸만 밀리는듯한 기분이 든다.

이대로 곱게 살다 죽은들 뭐 그리 아쉬움이 있겠나마는 그래도 산다는 건 기쁨이다. 서럽게 넘어가는 깊은 가을날 내 인생에 있었던 예쁜 은행잎 같은 사랑이 생각난다. 꿈결같은 그 사랑이 영원하길 바랐지만 세상에 영원한 건 하나도 없다고 하지 않았나. 그래도 지워지지 않는 가슴에 그림으로 남았다면 그 사랑은 충분히 아름답다고 생각한다. 해가 너울너울 넘어갈 때면 그 사람이 더욱 뼈저리게 그리워지고 마른 풀잎처럼 자꾸만 내 마음에서 생각 날 때면 가슴이 답답하니 그리움과 슬픔으로 맴도는 사람, 그렇게 생각나는 사람이 있다. 내 마음에서 그 사람의 자리가 커다랗게 늘 가슴에 맴돈다.

사람이 얼마나 많은 세월을 살아야만 모든 걸 잊고 살까 하는 생각 속에 산다는 건 모두가 그리움 속에 견디는 것 같은 느낌이다. 그래도 우리는 살아가는데 잊히는 것만큼 어찌 보면 슬픈 일도 없으리라는 생각도 해본다.

가을은 봄을 생각하고 겨울은 여름을 생각하는 게 살아가는 희망일 듯하다. 나이가 들면 추억을 먹고 산다고 하지 않았나. 그래서 사람들은 사는 날 동안 열심히 놀고 즐겁게 또 행복하게 사랑하나 보다.

모든 일에 주도면밀하며 자상하고 곰살맞고 정겨웠던 그 사람을 만난 것도 추억을 생각하게 하는 것도 내 인생엔 어찌 보면 커다란 선물이고 축복이라고 생각한다.

생각하면 늘 함께 하지 못함에 서글픈 마음이지만 내 가슴에 추억의 꽃수를 놓은 고운 사람이 아니던가. 지금도 생각하면 늘 따뜻하게 고운 말로 챙겨주고 이것저것 젊은이 못지않게 매력도 있는 사람이었다.

생애 그런 사람을 만나 같이 한세상을 누볐다는 건 그 또한 내겐 감사한 노릇이다. 세상엔 아름다운 꽃이라도 벌레 먹은 꽃은 꺼림칙하고 아무리 순수하다 해도 소담스러운 호박꽃은 그다지 탐탁찮다는 말이 있다. 잘나지도 못하고 부족함이 많은 호박꽃 같은 나를 공주 대접하듯 챙겨주던 착한 사람 툭하면 질투 많고 불만투성이고 이기적이고 욕심 많고 옹졸하고 까칠한 나를 늘 매력 있다고 칭찬해 주던 그 다정했던 사람, 그 사람이 지금도 고맙고 그리움으로 가슴에 꽁꽁 숨어서 가을 날이면 더욱 생각이 난다.

지금 와 생각하니 미안한 마음뿐이고 가슴 아프도록 잘해 주지 못한 게 아쉬움만 남는다. 그런 게 사랑이고 사람 사는 삶인가 보다. 사랑은 삶의 활력소이고 생존의 이유 같았었다. 그리고 사랑은 삶의 자양분이고 존재의 의미 같다. 이제 그 시절의 추억만 씹는다. 이런 사랑이 없었다면 지금의 삶을 지탱할 수 있을까 하는 생각도 해본다. 삶에 있어서 어린아이도 사랑이라면 마다 할 리 만무하고 노인이라도 사랑이라면 사양할 리 만무하다. 그렇게 우리 인생은 사랑없는 삶이란 얼마나 허허로운가.

그리고 얼마나 슬픈 일인가 하는 생각이 난다.

그래서 사람들은 늙으면 사랑했던 자양분의 추억의 힘으로 사는 것인가 보다. 넘어가는 올 마지막 가을은 유난히도 쓸쓸하고 가슴이 시리고 춥다. 기승을 부리는 초겨울 앞에 슬프게도 몸부림치는 듯한 이 가을을 보면서 내 인생이 나는 지금 어디쯤 왔을까? 하는 생각을 잠시 해 본다.

커다랗게 타고난 재능도 또 빼어난 미모도 없지만 단지 내가 자랑하고 싶은 건 저 곱게 물든 낙엽처럼 자연 그대로 하나님이 만든 작품 그대로 살 수 있다는 것과 저렇듯 넘어가는 계절마다 곱게 물든 낙엽을 아름답게 만끽할 줄 아는 또 다른 감성을 가졌다는 게 자랑스럽다. 아직도 삶에 있어 가슴에 따뜻한 사랑을 간직할 수 있다는 것이 나는 하나님께 감사하고 또 감사드린다.

아름답게 넘어가는 가을 석양을 보면서 내 마지막 인생이 저 아름다운 석양처럼 곱게 늙어가고 싶다.

선약을 저버린다면?

인생을 살아가면서 사람과 사람 사이에 약속이란 지키라고 있는 것이다.

친구도 사랑하는 연인도 부부도 부모 자식 간에도 사업도 약속 속에 모든 신뢰와 우정 사랑 그 모든 게 성립되는 법이다. 약속을 하고 지키질 않을 때는 당하는 입장에서는 섭섭함이야 말할 것도 없다. 물론 사업이라면 약속을 지키지 않으면 망하는 길로 달음질하는 격이다.

세상살이의 약속만큼 신뢰를 받고 또 인간으로서 중요한 게 어디 있으랴 혹여 가끔씩 어쩔 수 없이 약속을 못 지키고 사는 일이 다반사지만 그래도 약속이란 지켜야만 마음도 개운하다.

약속을 지키는 건 그 사람의 인격이고 사람과 사람 사이의 신뢰를 얻는 중요한 것이다. 때론 선약을 해놓고 다른 곳으로 마음대로 움직이면서 먼저 한 사람의 약속을 소홀하게 생각하고 산다면 그건 말이 안 된다. 그런 걸 상대가 눈치채고 알았을 때는 얼마나 그 마음에 무시당했다는 느낌과 서운함으로 상처가 클지?

그런 생각을 우리는 알면서도 어쩔 수 없이 그런 우를 범하며 사는 게 이기적이고 마음 약한 사람들의 세상살이다. 그런 일을 당할 때 그 사람 마음이 어찌 섭섭하지 않으랴. 섭섭한 가슴에서 그 사람과의 인연을 그만 끊고 싶은 생각까지 드는 게 무시당한 사람들의 마음일 게다. 나도 며칠 전 한 지인으로부터 그런 감정을 겪었다.

그 친구는 철석같이 좋은 곳을 같이 가자고 모든 프로그램까지 정해 놓고 갑작스럽게 다른 일로 나와의 약속을 깨 버렸다. 처음엔 얼마나 화가 나던지 선약을 해놓고 내 약속은 여지없이 밀린다는 마음에 정말 머리 끝까지 화가 나 견딜 수가 없었다. 나를 얼마나 무시했으면 선약을 했는데도 불구하고 약속을 돌린단 말인가 하는 생각에 내가 저 사람한테 이 정도뿐이 안되는 사람이구나 하는 생각에 속으로 괘씸한 생각까지 들었다.

실망하는 나에게 연실 미안하다는 지인을 두고 나는 생각했다. 그래 약속도 사람과 사람 사이의 등급이 있나 보다.

이건 분명 선약은 서열이 아니라 본인한테 얼마나 중요한 사람인가 순서가 된다는 걸 뼈저리게 느꼈다.

피치 못할 사정이 아니라면 분명히 약속은 선약을 우대해 주는 게 사람 도리인데도 사람들은 그렇질 않다.

다 그런 건 아니지만 간혹 자기 기준에서 이기적인 생각으로 좋은 쪽으로만 상대에 대한 예우 없이 늘 순서를 정한다.

거기에는 나름대로 많은 자기만의 애로와 변명이 꼭 수반된다.

그걸 뿌리칠 용기가 있어 선약을 중요시한다면 그 사람은 진정으로 위대한 인격자라고 말하고 싶다.

그렇게 사람들은 거의 내가 필요한 대로 살아가는 게 다반사가 아닐는지….

작은것 하나라도 상대를 생각해 인격을 존중해 준다면 선약의 존중성을 우린 기억해야 된다.

자기의 이익과 만족을 지키는 것도 중요하지만 약속을 지킬 줄 아는 것은 분명한 용기이고 성인의 모습이다 .

그리고 사람과의 사이에 상대에 대한 인간의 도리다. 그리고 내 양심과 남에게 신뢰되는 인격자의 모습이다.

사람이 살아가는데 분명한 건 자기 희생 없는 인격은 절대 없으며 자기 희생 없는 사랑은 결코 사랑이 아니다.

수완가의 술책보다 인격자의 진심이 낫고 수단가의 술수보다 교양인의 양심이 낫다는 말이 있듯이 우리는 식견이 좀 부족해도 약속을 잘 지키고 신망있는 사람을 좋아한다.

오래전부터 약속해 놓고 그 사람도 어쩔 수 없이 미안한 마음으로 내 선약을 어기고 다른 선약을 선택한데 대하여 충분히 이해를 하면서도 가슴 한쪽 씁쓸한 마음은 속일 수가 없다.

그런 그 사람의 선택도 쉽지 않았겠지만, 그리고 마음속에 무거움도 있었겠지만 당하는 내 입장에선 썩 기분 좋은 일은 아니다. 서운함이 밀물처럼 가슴으로 밀려온다.

선약에 밀린다는 건 분명 그 사람의 마음에 밀린다는 것이라는 생각에 영 기분이 언짢았다.

그래도 어쩌겠나, 그 사람의 낙엽 같은 변명 속에 그 사람만의 선택인데….

내가 더 그 사람한테 소중한 사람이 아니었으니 생각하고 이해를 하는데 많은 에너지가 소모된 적이 있었다. 사람과 사람 사이 약속만큼 중요하게 생각하고 산다면 우린 분명 좋은 세상에 좋은 사람들과 사는 것이다.

못 지키는 약속을 통해 미안함과 서운함이 공존하는 세상에서 약속을 지키는 것도 나는 용기라고 생각한다. 그리고 분명 약속을 지킬 줄 아는 건 그 사람의 인격이다.

제2부

미술관 다녀오던 날

미술관 다녀오던 날

평소 지인으로 알던 화가의 작품전을 하는 날이다. 나는 다는 일일이 못 가보는 미안함이 늘 있지만 오늘은 억지로라도 시간을 내어 지인의 작품 전시회에 참여했다. 화단에선 꽤나 인지도기 있는 작가라 많은 손님이 왔다. 그림에 대해 문맹인 나는 그분의 그림을 그냥 감상할 정도인데 작가분이 오래전부터 아는 터라 편안한 마음으로 물어가며 작품을 감상하니 아주 스토리가 있는 작품이 꽤나 재미가 있다.

지인의 열띤 자기 작품의 스토리를 들으며 사진도 찍고 하는 동안 화가들과 그분의 지인들이 부지런히 셔터를 눌러 제킨다.

식순으로 개회가 시작되고 축사며 격려사며 대단해 보이는 분들의 순서에 따라 인사가 오고 갔다.

그중 사회를 맡은 분이 모 방송국 아나운서라 하는데 소개며 진행을 아주 매끄럽게 잘한다고 생각했다. 다과며 축배식이 끝나고 바쁜 분들은 하나둘씩 돌아가시고 남은 분들이 모여 식사 자리로 옮겼다. 나도 식사하고 가라는 권유에 못 이기는 척 합류했다. 나는 글을 쓰는 사람이고 그분들은 거의 그림을 그리는 분들이라 조금은 낯가림도 있지만 금세 예술이라는 같은 맥락으로 기분 좋게 분위기는 어우러졌다.

조금 전 사회를 정말 매끄럽게 잘 보던 젊은 작가도 미술을 하는 사회자란다. 같이 밥을 먹는데도 여전히 그분의 입담에 모두가 그쪽으로 다 휩쓸리는듯한 한마디로 대단한 분위기 메이커다. 그분은 밥을 먹는 건지 얘기를 하는 건지 알 수 없을 정도로 끊임 없이 실력 발휘를 하며 로댕이 어떻고 고흐가 어떻고 피카소가 어떻고 하며 미술계 고전 작가들의 일화며 일생을 줄줄 외워가며 강의처럼 얘기를 술술 풀어놓는다.

나는 그림은 그다지 모르지만 그림의 대가들의 역사 공부를 하는 듯 꾀나 듣는 게 재미는 있었다.

말을 하느라 식사는 제일 늦게 먹으면서 열심히 분위기를 띄우는 그분을 보면서 나는 또 다른 생각을 했다. 분명 저분도 많은 사람들 앞에 이런저런 얘기를 꼭 잘난척하려고 하는 것 같진 않았다. 거긴 대 선배들도 있고 미술 평론가들도 같이 있고 나이도 가장 어린 사람이다.

저토록 달변을 발휘하며 열변을 토할 땐 분명히 자기를 좀 나타내기 위한 하나의 몸부림처럼 들렸다. 그게 사회고 내가 살아가는 단체의 몸부림 같다. 예술도 문학도 정치도 모두가 사람 사는 곳엔 거의 다를 바 없다는 생각을 한번 해 봤다. 어느 동네고 잘나고 못난 사람은 거의가 없다. 사람 사는 세상에도 때에 따라 그때그때 목소리가 얼마만큼의 비

중을 차지하냐가 있어 그 사람에 대한 느낌이 달아지는 게 우리네 사는 동네 풍경 같다. 요즘은 자기 PR하는 세상도 되었으니….

묵묵히 듣고만 있는 사람들은 어쩌면 과묵해 보이고 좋아 보일 수도 있지만 말하는 자의 모습을 과연 어떻게 평하며 생각에 잠기냐에 따라 인품은 또 다르게 좌우될 수도 있다. 이런저런 사람들의 살아가는 풍경 속에 또 다른 그림을 감상하는 듯한 시간이다.

어느 곳에 가든 분위기 있게 하는 분들을 보면 늘 느끼는 거지만 꽤 머리가 좋아야만 그럴 수 있다는 생각이 든다. 사실은 그런 분들은 봉사 정신도 강하다. 어찌 보면 이기적인 사람들이 할 말만 딱하면서 자기 관리에 충실하게 보이지만 사실은 분위기를 위해 자청하며 말을 재밌게 하는 분들을 보면 그분들이 더 인간적이고 아름다워 보일 수도 있다,

모두를 즐겁게 이끌어 간다는 건 아무나 할 수 없는 또 다른 재능이다. 모두가 각자 생각의 차이는 좀 있겠지만…. 그분의 재밌고 훌륭한 작은 강의에도 불구하고 재밌게 놀다 나는 옆의 지인에게 그만 집에 가자는 제의를 귀에다 속삭였다.

그런데 그 지인이 갑자기 하는 말이 아니 선생님 집에 일찍 가면 뭘 해요? 무엇이 그리 바쁘다고 하면서 왜 할 일도 없으며 조르냐는 식이다. 나도 가만히 생각하니 그분의 말이 맞는 듯하다. 어차피 오늘은 이 분들과 함께 하는 자리를 위해 나오지 않았던가?

그야말로 저분들이 나보다 더 바쁘신 분들인데…. 하는 생각을 하며 공연히 속으로 웃음이 난다.

남편을 저세상에 보내고 집에 가도 혼자인 걸 까맣게 잊어버리고….

집에 빨리 갈 생각을 잊지 않으니 습관이라는 게 참 무섭다.

얼마 전만 해도 나는 남편을 간병하며 또 평생을 가족들 때문에 어느 곳에 가든 마음 편하게 놀다 온 적이 그리 흔하지 못했다.

그런데 얼마 전 남편을 하늘나라로 보내고 애들도 자기 나름대로 각자 살아가는 삶이 되었는데도 늘 동동거리며 저녁때가 되면 식구들 끼니 차려줘야 하는 습관이 몸에 배어서 해가 지면 집에 가야 된다는 생각이 머릿속에 각인되어 지워지지 않아 마음이 불안해진다.

그 지인 말대로 일찍 집에 가야 홀로 있어야 하는 시간일 텐데 지인들과 오랜만에 만났는데 왜 그런 환경에서 벗어나질 못하고 아직도 몸에 밴 습관을 떨치지 못하고 저녁때만 되면 집에 가야 된다는 강박감에 서성대는 내가 평생 살아온 습관이 이렇게 무섭구나 하고 생각해본다.

가만히 그 지인 말이 맞는다고, 이제 좀 적응하는 버릇이 들드록 나도 편한 마음으로 살고 싶은데 아직은 영 익숙지 못하다.

얼마 남지 않은 소중한 시간들을 또 황금 같은 행복을 포기하고 싶지 않은 마음으로 이제는 좀 마음을 바꿔야 되겠다고 생각해 본다.

그래서 어차피 나도 문학을 하니까 예술의 지식이 있는 곳에 많이 놀러 다녀야겠다는 마음이 드는 날이다.

두물머리 가던 날

오늘 친구와 약속을 하고 가평 두문머리엘 가기로 했다. 친구를 만나러 나는 설레는 마음으로 길을 나섰다.

한 시간 남짓 지하철을 타고 달려가 약속한 장소에서 친구의 차를 타고 우리는 두물머리(가평)으로 신나게 달렸다.

비가 온다고 해서 조금 걱정했는데 날이 너무 화창하고 좋다. 요즘 간혹 일기예보가 맞질 않고 파란 하늘에 뭉게구름이 두둥실 떠 있는 아주 기분 좋은 쾌청한 날이었다.

신나게 달리는 차장 밖으로 들어오는 청평호의 아름다운 모습은 황홀할 정도였다. 길가에 가지런히 정돈되어 흐드러지게 피어있는 꽃들이 우리를 반기듯 미소를 보내는 듯했다.

마중 나온 들꽃들은 나름대로 서로의 자태를 뽐내고 달리는 차 속의 우리들 마음도 구름을 타고 두둥실 질주하는 듯했다.

운전대를 잡은 친구의 모습도 기분 좋은 미소가 맑은 하늘을 닮은 듯한 표정 속에 오늘따라 유난히 더 소중하고 이뻐 보였다.

나는 참 잘 왔다는 기분으로 오늘의 만남을 후회 없이 즐기고 만끽했다. 좋은 친구와 나누는 짧은 나들이는 행복의 열차를 타고 달리듯 오랜만에 누리는 호강으로 우리는 서로 행복한 마음으로 두물머리에 도착했다.

차를 주차장에 세워놓고 그곳에 연꽃밭을 지나 황국이 흐드러지게 핀 길가를 나란히 즐겁게 손을 잡고 걸었다. 시원하게 흐르는 강줄기를 따라 갈대가 심어진 길가엔 아직 영글지 않은 밤나무가 자기 세상인 양 떡 버티고 서있었다.

우린 누가 먼저랄 것도 없이 연실 아름다운 풍경을 눈에 담고 카메라에 담았다. 그러면서 우리는 지칠 줄도 모르고 함께 나란히 서서 길가는 관광객한테 신세를 지면서 사진도 찍어달라고 하고 길가에 있는 벤치에 앉아 갖고 간 물도 마시고 초콜릿도 먹으면서 파란 하늘을 바라보는 마음이야말로 이 순간만큼은 정말 그 누구도 부럽지 않는 행복한 시간이었다.

눈부신 햇살이 넘나드는 숲길을 친구와 손을 잡고 정겹게 걷다보니 고운 꽃잎의 미소가 우리를 반긴다. 친구의 미소를 닮은 이름 모를 꽃들도 우리에게 아양을 떨고 푸른 하늘에 섞여 손짓하는 흰 구름 속으로 우리들은 마냥 행복했다.

서로의 우정을 눈 속 깊이 말없이 다짐하면서 시원한 두물머리의 강

바람을 마시고 돌아오는 길은 삶의 무한한 행복이었다.

아쉬움을 뒤로하고 가을이 되면 단풍으로 물든 저 풍경을 보러 또 오자고 약속하면서 우리는 마냥 청년의 마음으로 행복하고 기분 좋은 시간이었다.

이렇게 살면서 친구란 정말 없어서는 안된다는 생각을 새삼 해본다.

좋은 친구란 내가 먼저 상대에게 좋은 친구가 돼야 된다는 것을 다시 한번 깨닫게 되는 소중한 시간이다. 사람은 이럴 땐 모든 걸 잘 알면서도 가끔씩 돌아서고 나면 철없는 가슴이 되면서 시기와 질투 속에 살 때가 부지기수다.

오늘 아름다운 들꽃에 흠뻑 취했다 오면서 문득 생각한다. 저 이쁜 꽃잎에도 사랑으로 밤새 맺힌 눈물의 이슬이 있었겠지. 하지만 밤새 맺힌 이슬도 바람이 불면 날아가고 햇볕이 나면 곧바로 사라지듯이 우리 인생도 이렇듯 행복한 나날들이 과연 얼마나 허용될까 하는 생각이 불현듯 난다.

사람은 아무리 부귀영화를 누린들 한낱 초로인생이고 부귀공명을 누린들 한낱 들꽃만도 못한 걸 그리도 바둥대며 살아왔단 말인가.

하나님이 주신 저렇듯 아름다움도 좋은 사람과 자주 만끽하지 못하고 사는 나날들이 우리는 얼마나 많았던가?

인생을 살면 얼마나 산다고 늘 인생의 공해 속을 넘나들면서 숨이 막히도록 허둥대고 살아온 시간들이 너무나 안타까웠다.

주변머리가 없어서도 못 나오지만 세상 사는 일이 너무 힘들고 바빠서도 못 나오는 사람들이 얼마나 많은가 하는 생각을 하니 꼭 우리가 하늘의 선택받은 축복자들 같다는 생각이 든다. 이렇게 사람은 그날의 기분에 따라 그때그때 감사도 차이가 있나 보다.

이제라도 남은 삶 저렇듯 좋은 친구와 함께 내 육신과 내 다리 건강할 때 많이 많이 이런 곳을 둘러보며 좋은 시간을 만끽하고 싶다.

이렇듯 자연이 주는 행복이 커다랗고 좋은 건 인간은 언제나 자연의 품에서 잉태된 영적 피조물이라 자연을 좋아하며 결국엔 다시 자연으로 돌아간다는 진리를 깨닫고 오는 시간이다.

오늘 자연 속에 세상의 좋은 친구와 더불어 함께 한 시간이야말로 정말 소중하고 좋은 시간이었음을 감사하는 마음이다. 오늘 함께 한 소중한 친구가 늘 내 곁에서 오래오래 건강하게 살았으면 하는 기도를 하나님께 가슴속으로 드렸다,

죽는 날까지 서로의 우정과 사랑이 변치 말기를 바라면서 이런 친구와 함께 한 오늘의 시간이 영원히 잊히지 않을 듯하다.

지경리 가던 날

강원도 최전방에 있는 지경리를 다녀왔다. 오월의 신록이 만발한 강원도의 풍경은 황홀할 정도로 아름다웠다. 곳곳엔 들꽃들이 앞다퉈 자랑하듯 화려하게 피어있고 곳곳에 가로수들은 전에 모르던 나무들로 연녹색의 장관을 이뤘다. 푸른 하늘의 날씨도 오늘 우리들의 나들이를 축복하듯 화창하고, 아주 기분 좋은 날이었다.

전에 같지 않고 쭉 놓인 아스팔트 길은 시원하게 뚫렸다. 옛날 같으면 비 포장도로에 덜커덕대는 차 속에서 그런 전방의 풍경은 찾을 길이 없었다. 길가에 쳐 놓았던 돌무더기도 보이질 않고 시원하게 뚫린 길이 그곳을 찾는 시간도 반으로 단축된 듯하다.

지경리라는 그곳에서 첫 부임을 받아 잊지 못할 추억이 있는 지인도 함께 같은 추억을 더듬으며 같이 나들이를 했다.

목적지에 도착하는 동안 마음은 묘하게 설레고 가는 길의 공기마저 싱그러움으로 우리들의 마음을 즐겁게 했다.

사람이란 동물은 감성의 동물이기에 다른 동물과 다르게 추억이라는 특별한 감성을 누릴 수 있다는 게 새삼 놀랍고 고마웠다.

신나게 달려서 우린 지경리라는 동네 목적지에 드디어 다다랐다.

주유소에서 기름을 넣고 주유소 사장에게 이것저것 동네 사정을 물어본 다음에 달라진 동네 모습에 기억을 비벼 넣고 한참을 허덕였다.

함께 간 지인이 그때 그분이 세 들어 살던 그 옛날 슬레이트 지붕의 오막살이 같은 집을 발견했다. 아, 저 집이야 내가 첫 부임했던 곳이야. 내가 살던 저 집 맞아 하면서 지인의 흥분된 목소리가 조금은 떨리듯 들린다.

그곳의 집들도 세월 따라 모두가 달라져 있는 가운데 제일 초라하고 오래된 가옥이 딱 한 채 남아 있는 게 아니던가?

마치 그 지인의 추억을 살려주기 위한 조형물처럼…. 없어지지 않고 꼭 흉가처럼 오직 한 채가 있는 게 아니던가. 세상에나 하면서 그 집을 마치 수리라도 할 듯이 샅샅이 둘러보는 지인의 흥분된 얼굴 속에 추억의 젊은 시절로 돌아가는 듯한 모습이었다.

나도 같이 가서 보니까 정말 쓰러져 가는 집에 창문 두 개가 보였다. 한 창문은 지인이 살던 방이었고, 한 창문은 지인의 친구가 살던 방이었단다. 방 두 개가 나란히 있었나 보다. 초라한 창가엔 거미줄이 쳐있고 창 밑에 풀이 무성하여 꼭 전설의 고향을 연상시키는 그런 집의 풍경이었다.

그럼에도 그 지인은 흥분된 어조로 저 창문이 내 방이였고 하면서 연실 추억의 도가니로 빠져 그 옛날 옆방 친구의 얘기까지 한다.

두 창문의 옆방에 살던 지인의 친구는 그 당시 월남 전쟁에 나가서 결국은 돌아오지 못하는 사람으로 되어 버렸단다. 한참을 회한에 젖어 이리저리 초라한 집을 둘러보는 주름진 지인의 얼굴엔 많은 이야기를 담고 있었다.

사진에 나온 슬레이트 집은 푸른 나무들로 어우러져 아름답게도 보이지만 요즘 보기 드문 그 옛날의 풍경이라 소중하게 느껴졌다.

슬레이트 지붕 하면 그 옛날 새마을 운동하며 보릿고개를 넘긴 우리나라 역사가 생각난다. 초라한 창문을 뒤로하면서 그 옛날 지금의 우리나라를 일으켜 세운 장본인들이 살던 초라한 창문이 있는 저 한 칸의 좁은 방에서부터 나오지 않았던가?

두 창문이 있어 한방의 친구는 젊음을 나라에 바치고 홀연히 역사 속으로 사라졌지만 지금 살아있는 우리는 한국의 많은 역사를 안고 숨차게 국가를 위해 살아남은 자들로 이렇듯 추억을 더듬으면서 왔다는 게 참 고맙고 감사한 일이다.

지인의 회환과 추억을 한아름 펴내고 다시 우리는 내가 살던 바로 옆 동네로 차를 몰았다.

눈에 들어오는 옛날 집이 한 채 보였다. 여기야, 여기, 하면서 나는 차에서 내려 내가 살던 추억의 동네에 차를 세워 내렸다.

언젠가 내 작품에도 나왔던 내 삶이 잠시 머물렀던 그곳 역시 내가 살던 집은 흔적도 없이 사라졌지만 근처에 있던 작은 구멍가게는 문이 닫히고 폐허처럼 아무도 살지 않고 그 집의 낡은 간판만이 나를 반기듯 옆에 덩그러니 버려져 있었다.

그 간판을 보면서 그 옛날 그 구멍가게에 들락대던 내 모습과 함께 추억이 살아난다. 벅찬 가슴을 억지로 누르면서 주의를 둘러봤다.

최전방이었던 그곳엔 오직 그 구멍가게가 유일하게 과자며 생필품의 기쁨을 안겨주던 가게였는데 지금은 그 옆에 펜션이 그득하게 들어서 있고 자가용들로 또 주차장으로 그 옛날 논밭은 간데없고 새롭게 변해 있었다.

동네 할머니에게 그 가겟집 안부를 여쭤보니 할아버지는 돌아가시고 할머니는 양로원에 계신다는 말을 들었다.

내가 그곳에 살 적엔 그분들도 젊은 분들이었는데 유수 같은 세월이 한 분은 하늘나라에 한 분은 요양원에 계시다니….

나도 그 곱던 신혼을 이곳에서 보냈었는데 지금은 늙은이가 되어 이리 찾아왔으니 그분들이야 그럴 만도 하지 않겠는가.

그분들이야 물론 저를 알아보시지 못할 수도 있지만 나는 그분들을 잊지 못한다. 첫 신혼지에 아무도 없는 전방에서 남편하고 갓난아기와 신혼 꿈을 꾸던 곳이 아니던가. 때론 최전방의 남편 하나 바라보고 행복할 때도 있었지만 답답한 그곳에서 제대로 적응 못하면서 남모르게 울면서 살은 적도 있는 그런 곳이었다.

그때에 유일하게 기쁨을 주던 곳이 구멍가게에 오면 군것질 거리며 또 정겹게 대해 주시던 그 구멍가게 아저씨 아줌마가 유일한 기쁨이었는데…. 항상 나를 고운 새댁으로 이뻐해 주시던 그분들이 지금도 가슴에 고마움으로 남아 있는데….

물론 그분들은 내가 최고의 고객이라 아주 잘해 주신 것도 있었겠지만, 나는 지금도 그분들의 그때 그 친절이 잊히질 않는다.

지금 그분들은 없어도 그때의 추억을 말해주는 집은 이렇게 아직도 있다는 게 참 신비할 정도로 감사한 마음을 안고 우리는 그곳에서 잠시 쉬었다가 다시 차에 올라 서로의 추억을 씹고 함께 돌아오는 길이 표현 못할 묘한 흥분으로 감사한 마음이었다.

그곳에서 함께 신혼의 꿈을 꾸던 남편도 저세상으로 가시고 그렇게 나를 딸처럼 이뻐해 주시던 구멍가게 아저씨도 저세상으로 가시고 유수 같은 세월 속에 양로원에 계시다는 구멍가게 아주머니도 뵙진 못했지만 그곳을 다녀오는 길이 참 내 가슴이 많이 아프고 힘들고 뭉클하게 했지만 함께 간 지인이 눈치챌가봐 슬픈 추억을 꾹 참느라 속으론 힘이 들었다.

그래도 내가 아직 살아 있었기에 이렇게 살던 곳을 다시 와서 설레는 마음으로 추억을 훑고 가는 행운을 맛보았다.

맑은 공기를 가르면서 추억을 되살리고 온다는 게 살아있는 자의 또 다른 감사가 아닐는지….

그 어떤 수사가 따른다 해도 건강하게 살아 있다는 건 분명히 축복이며 행복이고 아름답지 않은가?

고달프게 살아도 지나고 나면 이렇게 아름다운 추억이 된다. 우리는 삶의 가치를 늘 잊고 살진 않았는가라는 질문 속에 살아 숨 쉬는 날까지 좀 더 가치있는 삶을 살아야겠다는 마음으로 나는 달리는 차장 밖으로 하늘을 본다.

하늘에서 웃고 있는 그리운 사람들이 나를 본다. 내 가슴을 이렇듯 뭉클하게 만들지만 나도 얼마나 더 추억을 만끽하다 갈 수 있겠나 하는 생각을 하니 남은 세월과 시간이 조바심 나도록 아깝고 더욱 오늘의 나들이가 소중한 시간이다.

생각지도 않게 이렇듯 살아 있으니 누리는 또 하나의 삶의 감격이라 생각하면서 하늘이 오래전부터 맺어준 함께 한 지인에게도 하나님 다음으로 오늘은 고맙고 이렇게 감사하는 마음이 든다.

백운 호수에 가다

나는 서울에서 그다지 멀지 않는 곳인데도 백운 호수라는 곳을 오늘 처음 와 봤다. 친구와 답답한 도시를 벗어나 잠시 들린 백운 호수의 정경은 아름다웠다. 맑은 물도 좋았고 사람들이 즐길 수 있게끔 난간 있는 다리를 놓아서 산책로도 모든 게 가지런하니 잘 형성되어 있고 곁들여져 있는 오솔길도 퍽이나 인상적이었다.

백운 호수는 처음엔 농업용수로 공급하기 위해 저수지로 만들어진 후 평촌이 신도시가 되면서 저수지에서 호수로 바뀌었다고 한다.

주변의 경치도 수려하고 백운호수 덕인지는 몰라도 예쁜 카페도 많고 음식점들도 많다.

호숫가에 산책로를 거닐며 모처럼 힐링의 시간을 만끽하다 보니 어쩐지 조금 미안한 생각이 든다. 나만 이런 호사를 누리는 듯 그런 마음은 웬일일까?

수많은 사람들이 들려간 이곳을 나는 이제서야 찾아와 구경하는 팔자인데 무엇이 내 가슴은 그리도 새 가슴일까? 누구를 생각하는 것도 아니련만 그냥 이런 곳에 와 보지 못하는 사람들 또는 먹고 사느라 허둥거리는 가난한 사람들이 얼마나 많겠나 하는 생각에 나는 잠시 하나님께 감사한다.

전에는 많은 관광지 또는 경치 좋은 곳을 다녀도 별다른 생각 없이 다녔는데 이제 이 나이를 먹고 보니 매사에 시시때때로 감사하는 마음이 들고 내 발로 이렇게 다닐 수 있다는 것부터 먹을 수 있고 볼 수 있고 하는 것들에 대한 고마움이 가슴에서 불끈불끈 감사로 일어서서 곱게 물들이게 한다.

또 외롭게 혼자 오지 않고 동행할 수 있는 친구가 있다는 것 또한 소중하고 감사할 따름이다.

이제 내 가슴이 조금씩 삶에 대한 감사로 철이 드나 보다. 탁 트인 호수를 바라보며 친구와 손을 잡고 산책로를 거닐다 보니 온 세상이 부러운 게 없이 모든 게 그냥 행복한 시간이다. 인간으로 태어나 오래 사는 것도 중요하나 인간으로 태어나 옳게 사는 것이 중요하지 않겠나라는 생각으로 살아온 나였다.

지금 생각하니 굽이굽이 그 길을 지키느라 남모르게 얼마나 힘들게 달려왔나 하는 생각이 든다.

누가 시킨 것도 아니고 누군가 지키라고 등 떠민 것도 아니련만 나는 내가 만들어가는 삶의 길에 언제나 나만의 울타리를 치고 지금껏 그 울타리 속에서 벗어나지 못하면서 살지 않았나.

청년 때를 제외하곤 가족과 함께 한 나들이 외에는 그다지 한가로운 마음으로 오늘 같이 친구와 함께 호젓한 나들이를 해본 적이 없었던 것 같다.

세상엔 성군의 자비심 하나로 온 백성이 편안하나 폭군의 무자비 하나로 온 백성이 불안하다고 했다.

가정도 그 또한 마찬가지라는 생각으로 살아왔다. 그런 마음으로 나는 가정의 행복과 평화를 지키느라 내 온 혼을 바쳐 이런 행복은 밀쳐놨던 것 같았다. 이제 내가 맡았던 농사도 추수도 거의 다 했으니 오늘 같은 날은 즐겨도 되지 않겠나만은 이미 중독된 버릇은 나도 모르게 가슴에 잔재로 남아 있나 보다.

무언가 혼자 누리는 행복 같은 느낌이 미안하고 불안한 느낌이 가끔씩 이렇게 쓸데없이 미련스럽게 몰고 가는 걸 보니….

그렇다고 크게 성실과 근면이 몸에 밴 나도 아니려만, 아무래도 오늘이 너무 행복한 탓인가 보다. 좋은 친구와 좋은 풍경이 있는 곳엘 오니 공연히 내 마음 쎈치멘탈의 마음인 것 같다.

이렇게 내 인생살이엔 기쁠 때나 즐거울 때나 사는 깨우침과 철학은 늘 따라다니는 듯하다.

사람이 세속을 사는 지혜쯤은 지닐 수 있어야 하고 세상과 인생을 사는 철학쯤은 지닐 수 있어야 하지 않겠나 하는 마음으로 인생살이엔 사랑하는 대상이 있어 함께 즐길 수 있는 것이 커다란 축복이다.

인생을 살면서 늘 자아를 다스리는 겸양쯤은 사람답게 사는 길에 필수가 아니겠는가? 라고 생각해본다.

아름답고 공기 좋은 곳에서 멋진 산책로를 거닐며 다음에도 이 길을 언제 또 누구와 함께 다시 올 수 있을까 하는 생각 속에 중요한 건 건강을 잘 다스려야겠다는 마음이다.

아름다움도 사랑도 행복도 내가 건강할 때만이 누릴 수 있는 것이 아니던가.

남한산성

나는 서울에 살지만 이 나이 먹도록 남한산성에 한 번도 가볼질 못했다. 오늘 모처럼 기회가 되어 남산 산성을 구경하게 되었다.

남한산성 하면 아픈 역사가 있는 고장이 아니던가. 남한산성은 1636년 인조 14년 병자호란 때 청의 대군이 공격해 오자 임금과 조정이 남한산성으로 숨어든 곳으로 그 시대의 번민과 나라의 운명이 남한산성에 갇혀 있었던 생각을 하면서 마음이 무거웠다.

지인과 함께 남한산성 성벽 길을 천천히 구경하면서 겪어보지 않는 역사지만 정말 우리나라 사람으로서 다시 한번 나라에 대한 걱정과 애국심이 솟는 시간이었다. 나는 혼자 아이러니한 생각을 했다. 남한산성을 가는 길에 안기부라는 건물이 눈에 들어온다.

올해는 코로나 역병으로 전 세계가 난리도 아니고 우리나라 역시 지금까지 없던 고통들을 치르는 시기다.

오늘 남한산성을 돌아보면서 그 시대의 답답함과 지금 이 시대의 답답함이 과히 다르지 않다는 느낌이 왔다. 겉으론 얼마나 화려하고 살기 좋은 세상인인가?

하지만 요즘 세상이 코로나 역병으로 인해 얼마나 보이지 않는 전쟁처럼 암흑 같은 일들이 벌어지고 있나 하는 생각이 든다. 코로나로 봉쇄된 거리나 사람들의 발이 묶인 듯한 요즘 소상인들은 굶어 죽겠다고 난리고 국가에선 최선을 다해 움직여도 앞이 보이지 않는 지금의 현실이 병자호란 때와 크게 다르지 않는 답답함의 마음이다.

거기다 정치하는 사람들 역시 서로 밥그릇 다툼 같은 모습들이 난무하니 정말 그때와 다를 바가 뭐 있겠나 하는 생각이 든다.

누군가의 명언 속에 개인은 타인 속에서 자기를 비추는 거울 같다는 말이 생각난다. 그리고 지성 역시 그 지성을 가지고 있지 않는 사람에게는 결코 보이지 않는다는 말이 있듯이 그때나 지금이나 지성인이라면 우리는 결코 역사를 잊어서는 안된다는 생각이 든다.

그때나 지금이나 우리나라가 강한 대국이었다면? 하는 생각은 마찬가지로 여전하다.

요즘의 젊은이들은 얼마나 살기 좋은 세상인가. 그러면 뭐 하는가? 하나님이 한 번만 후우~~하고 입김만 불어도 세상의 모든 것이 한꺼번에 다 쓰러지게 하는 게 아니던가. 우리는 늘 깨어 있어야 한다. 그리고 하나님을 두려워하는 마음으로 살아야 한다.

남한산성을 둘러보고 오는 자연의 길은 여전히 참 아름다웠다. 역시 하나님의 창작품은 조용하니 향기롭다는 생각이다.

가을이 오는 길목에 파릇한 풀잎이며 곱게 단풍으로 물들려고 하는 나뭇잎들이며 역시 자연은 황홀하다.

옛날 역사의 아픈 기억을 안고 쭉 이어진 성벽마저도 어찌 그리 고풍스럽고 아름다운지 진작에 한번 이곳에 와보지 못함을 후회했다. 그래도 늦게나마 오늘 이곳에 데리고 와 준 지인에게도 감사한 마음이 든다.

요즘처럼 코로나 역병으로 뉴스엔 또 수해로 인해 여기저기서 작고 큰 재난들을 접하면서 나라도 어수선하고 마음도 막힌 듯한 시간에 남한산성이란 곳은 우리들에게 또 다른 다짐과 깨우침을 주는 교육의 현장 같았다. 오늘의 소중한 역사 현장이다.

곳곳을 코로나로 인해 모두 다는 훑어보고 오진 못했지만 그래도 지인과 손을 맞잡고 내려오는 남한산성의 바람은 참 시원하니 촉촉이 마음을 씻어주는 고운 바람이었다. 내려오는 길에 한정식집에 들러 우리는 점심을 먹고 아담한 커피 집엘 들렀다. 커피집 주인의 친절함도 커피 맛도 마음을 기쁘게 했다. 다시는 우리나라에 아픔이 없고 잘 사는 나라가 되어 고생을 모르는 젊은이들에 낙원의 대한민국이길 간절히 바라는 마음이다.

손을 맞잡고 정겹게 내려오는 우리들처럼 세상도 사람들의 마음도 모두가 살기 좋은 세상만 되기를 마음속으로 기도했다.

나들이

오늘은 절친과 함께 만나 조금 외곽으로 드라이브 겸 나들이를 했다. 모처럼 외각으로 나오니 숨이 탁 트이듯 파란 들판이 아름다웠다. 여름이 성큼 다가와 어느새 시골 들녘은 짙은 녹음으로 펼쳐져서 녹색으로 물들고 내려 쬐이는 햇볕이 무서울 정도로 따갑게 느껴지는 여름에 그래도 펑펑 나오는 차 속의 에어컨 덕분에 아름다운 들녘을 만끽하는 데는 아주 신나는 시간이었다.

한참을 달리다. 어느 작은 절 구경을 마치고 출출한 배를 채우기 위해 우린 식당을 찾았다. 입구서부터 아주 오래된 옛 풍경으로 세워진 식당은 한정식집이었는데 오래된 나무며 낡고 너덜거리는 계단까지도 해묵은 모습이었다.

우린 식사를 시키고 여기저기 오래된 식당의 골동품을 둘러보듯 구경했다. 한 백 년은 넘은 듯한 그 한정식 식당은 문짝부터 고전적으로 우리 옛날 가옥으로 아주 인상적이었다.

이 집은 그 옛날엔 기생들이 있었고 풍악과 가무로 흥겹게 손님을 맞이하던 소위 말하는 방석집이었단다 툇마루 앞뜰엔 가지런히 놓인 장독대며 오래된 소나무가 곁들여진 마당은 옛날 선비들이 드나들던 무슨 고급스러운 관 같았다. 아니 그랬을 거라고 생각이 든다.

조금 있으니 전부가 나무 그릇과 놋그릇으로 준비된 식사가 나왔다. 가지런한 음식이 우리네가 평소 그럭저럭 먹는 음식인데도 차려 나온 건 운치있는 그릇 덕분인지 또 다른 보기 좋은 밥상이었다. 밥을 다 먹고 나니 한약제라고 하는 차가 나왔다.

곱게 말린 약차 잎을 뜨거운 물에 울려서 먹으니 달큼하니 한약 냄새와 곁들여 색다른 맛이었다. 우리는 차 맛에 약간은 매료되었다 녹차 맛도 아니고 이런 약초 잎의 차도 괜찮다는 생각 속에 한 잔씩 더 차를 달라고 해서 두 잔의 차까지 다 마시고 우린 마당으로 나와 이곳저곳을 둘러봤다.

창호지를 바른 툇마루 앞 방문이 바람이 부니 삐그떡 하는 괴상한 소리를 내면서 닫혔다.

나는 순간 어머나 이 집이 낮엔 옛날 집으로 상당히 운치가 있지만 밤이면 무서울 듯한 생각이 들었다. 마당에 낡은 나무 그네며 바람소리에 대낮에도 삐거덕 소리를 내는 창문이며 밤이 되면 완전 귀곡산장이 연상된다. 대문을 나가려면 한참을 내려가야 되는 나무 계단이 완전히 낡아서 세월을 말해주듯 너덜거리는 계단이 한참을 내려오는 짧지도 않은 계단이었다.

우리는 식사를 마치고 이곳저곳에서 인증샷으로 사진 몇 장을 찍고 낡은 계단으로 조심스레 내려왔다. 색다른 곳에서 색다른 그릇의 한정식집을 나와 집으로 향하는 길에 여기저기 몇 군데를 들려 그날의 즐거운 나들이를 마치고 집으로 왔다.

그런데 집에 와 저녁이 되니 오늘 나들이 속에 식사를 했던 그 귀곡산장 같은 집이 눈에 아른거린다.

아, 낮이니깐 괜찮았지. 만약 지금같이 밤이면 그 집이 너무 무서울 것 같은 느낌이 몰려온다.

바람에 삐거덕 소리도 괴상하게 들리고 텅 빈 툇마루에 많지 않은 일하는 여자들도 왠지 헝크러진 머리카락으로 변하면서 눈에 아롱진다. 그 아줌마들도 밤에 생각하니 섬뜩하니 무서운 느낌마저 든다.

공연히 저녁이 되니 오늘 다녀왔던 그 숲속에 깊이 들어앉아있는 한정식 식당이 영락 없이 영화에나 나오는 귀곡산장처럼 느껴졌다. 세상에 오늘 우리가 그런 집에 나들이해서 갔다 왔구나.

낮에는 그렇게 운치있고 멋진 옛 가옥의 식당이 왜 밤에 생각하니깐 그렇게 무서울까?

거기도 사람 사는 곳이라 저녁에도 사람이 물론 살 텐데 왜 상상을 하니 그리 그 집이 무서운지….

나는 다시는 그 집엔 가고 싶지 않을 정도로 이상하게 무서움이 깃든 그 집의 나들이였다. 아무래도 내가 티브이에 전설의 고향 영화를 너무 즐겨보던 탓인가 보다.

그 옛날 김삿갓이 머물며 풍유를 즐기다 간 집 같은 생각이 드는 오래된 옛 가옥에 내가 좀 아쉬웠던 건 오래된 나무도 좋지만 마당에 자잘한 화초들이 많았으면 좀 더 생각이 달라질 수도 있고 그 집에 대한 이미지가 좀 더 달라졌을 텐데 하는 생각도 해 보았다.

마당에 오밀조밀 흐드러지게 핀 아름다운 꽃을 보았더라면 그런 생각이 좀 덜 났을 건데….

사람의 마음이 참 희한하다. 우리는 항상 삶과 죽음이 함께 있는 것이거늘 낮에는 그리 운치있고 아름답던 집이 밤에는 귀신을 연상하는 무서운 생각이 들까? 그것이 바로 삶을 지키고 싶은 욕구일 게다.

그래도 오늘 함께 나들이 한 절친을 생각하니 고맙고 사랑하는 마음으로 따뜻함이 느껴지는 하루다.

이곳의 운치에 반해서 나를 구경시키려고 달려온 그 절친의 고운 마음에 즐겁고 감사한 마음으로 그래도 그 집에 많은 손님들이 오고 갔으면 하는 마음까지 든다.

참 인상 깊은 식당집을 다녀온 오늘의 나들이가 오래도록 내 기억 속에 각인되어 잊혀지지 않을 듯 하다.

현충사에 다녀오던 날

오늘도 아무 일 없이 태양은 뜨고 바람에 흔들리는 나뭇가지에 지저귀는 참새떼들은 제 세상 만난 듯 정겹게 지저귀고 아무것도 변하게 없는 듯한 시간이 머무는 오후, 남편을 떠내보내느라 나도 멍하니 혼이 빠져 살아온 듯한 나날, 세월은 무심히 흐른다.

그 깊은 슬픔 속에도 우린 먹고자고 그리고 가끔씩 나도 모르게 웃고 산다. 아이들도 슬픔 가운데 엄마 걱정해주는 게 환하게 눈에 보인다. 엊그제 먼 곳에 사는 조카딸이 위로 차 아가들을 데리고 와 며칠 동안 묵으며 내가 외로워할까 봐 열심히 기쁨조 노릇을 하다가 돌아가고 나니 텅빈 남편의 자리가 보이면서 또 허전함이 몰려온다. 나는 옷을 주섬주섬 입고 남편이 잠들어 있는 동작동 현충원에 버스를 타고 혼자 찾았다.

한참 후에 와보는 남편이 잠든 곳 현충원의 늦가을 바람은 쓸쓸한 내 마음을 알듯이 저미듯 가슴을 파고든다. 아름다운 단풍도 바닥에 다 떨어져 나뒹구는 모습이 모든 인생을 말해주는 또 한 장의 교과서 같다.

그리도 나와 함께 하는 소풍을 좋아하던 당신인데 당신은 이젠 나와 같이 할 수 없는 몸이 되어 먼 곳으로 홀로 훨훨 여행을 가셨나 보다.

나는 오늘 당신과 싸우고 싶어 왔는데 그리고 한판 하고 싶어 왔는데 당신의 그림자 대신 분향소에 마련된 당신의 덩그런 사진 한 장이 나를 보고 장난기 서리게 웃고만 있군요. 늘 나를 어린애처럼 여기던 당신은 지금도 나를 어린아이 보듯 웃고만 있으니 싸우고 싶어도 싸우지 못하는 당신입니다. 만지고 싶어도 만질 수 없는 당신입니다.

이렇게도 그리워 보고 싶어 미치겠습니다. 자꾸만 당신이 살아생전 못해 준 것만 생각나서 미안하고 또 미안합니다. 혼자 펑펑 우는 나를 안아주지도 않고 약 올리는 듯 무심히 웃고만 있는 사진 속 당신이 얄밉기까지 합니다. 울다가 울다가 지쳐서 그만 울음도 그쳤습니다.

눈물 콧물을 훔치고, 정신을 차리고 함께 하지 못하는 당신을 등지고 혼자 집으로 올 때는 당신의 모습을 지우려고 낙엽이 노니는 길로 나왔습니다.

수없이 즐비하게 늘어진 갖가지 사연들을 지닌 비석들 사이로 떨어진 낙엽들은 하나하나 자기 얘기들로 모두가 바쁜 듯합니다.

심술이 난 나는 그들을 발로 꽉꽉 밟으며 시끄럽다고 외치는데 어디서 또 총소리가 여러 발 꽝꽝 들립니다. 총소리가 나는 걸 보니 아마도 당신 친구들이 또 몇 사람 이곳으로 잠들려고 몰려온 듯하군요.

배웅도 해주지 않는 당신이 미워서 나도 이제 집에 가서 다른 친구들과 놀아야겠습니다.

늘 나 혼자 잘해주고 나 혼자 배신 당하는 듯한 서운한 느낌입니다. 영원히 내 편이 되어줄 줄 알고 살았는데 내 생떼도 이제 싸움도 받아주지 않는 당신이 되었구려. 이제 나도 미안해하지 않을 겁니다.

훨훨 하늘나라에서 하나님 말 잘 듣고 멋진 친구들과 행복하게 잘 사십쇼. 그곳에서 내 생각이 나거들랑 꿈속에서나 놀러와 만납시다.

그토록 가슴이 따뜻한 봄을 닮은 당신, 그런데 가을에 떠난 걸 보니 아마도 당신의 마음이 나로 인해 그동안 많이 쓸쓸했었나 봅니다,

그리고 날 많이 사랑하는 당신도 아마 좋은 시인이 되고 싶었나 봅니다. 떠나는 날까지 마음 편하게 해주려고 나를 아껴주던 그 마음 나는 알고 있습니다.

아무리 미워하고 싶어도 사랑받고 싶은 당신인데…. 정말 많이 미안했습니다. 당신이 병마에 시달리는 게 너무 힘들어 보여서 그리고 이기적인 내 몸과 마음이 너무 힘이 들어서 춥지도 덥지도 않은 가을에 당신을 가라고 기도로 막 떠밀었습니다.

당신의 이마 위에 손을 얹고 기도한 것이 지나고 나니 감사한 것보다 이리도 미안하고 가슴이 아플 줄이야….

한 줌의 재가 되어 흙으로 다시 이곳에 잠든 당신 그래도 당신이 자랑스럽습니다. 이곳에 잠들었지만 당신은 52년의 추억을 내 가슴에 수를 놓고 살아 있습니다. 하나하나 또렷이 내 가슴에 남아 바로 어제인 듯

확연하답니다.

이세상에 당신이 뿌려놓고 간 사랑의 열매들이 세계 만방에 숱한 열매로 남기기를 하나님께 간절히 바라면서 당신에게 진심으로 감사하는 마음입니다,

고목 같은 당신은 세상에서 낙화된 게 아니라 더 멋진 남자로 더 듬직한 남자로 싹을 틔우고 많은 기억과 사랑으로 내가슴에 곱게 남기고 간 당신은 내 가슴의 꽃입니다.

사랑하는 사람들의 가슴속에 또 내 마음속에 온통 그리움으로 수를 놓고 갔습니다. 사랑하는 여보야, 나 당신과 살아온 세월만큼 많이 보고 싶고 많이 미안했습니다.

가끔씩 현충원의 싸한 바람이 내 눈물을 자극하겠지만 아직도 당신은 내 가슴에 영원히 좋은 남편으로 생이 다 하는 날까지 얘기도 하고 놀기도 하면서 살아갈 겁니다. 우리가 다시 만나 포옹하는 날 보따리가 그리 무겁지 않도록 멋지게 살다 가겠습니다.

당신이 사랑했던 당신의 아내가.

애국자

비가 억수같이 퍼붓는데 광화문 광장에 모인 사람들의 들려오는 소리는 소란스러웠지만 내 마음을 잠시 뒤흔들었다.

내가 아는 지인들의 모습도 한두 분씩 보이면서 카톡으로 날라올 때는 마음이 찡했다. 모두가 사회적으로 훌륭한 분들이었다.

정치적인 보수와 진보를 파 같은 걸 떠나 나는 내가 아는 지인들이 이 시간 나라를 위하는 한마음으로 그곳에서 비를 맞고 후덕지근하고 불쾌지주가 높은 이런 날 무엇을 위하여 밥을 굶는 것도 아니고 배가 고파 나간 것도 아니련만 고생하는 모습이 어쩐지 마음이 아프다.

난 게을러서 그런지 저렇게 힘들게 그곳에서 고생하는 국민들과 지인들이 대단해 보이면서도 또한편 마음이 짠하다.

세상에 이념과 각자의 정치적 나라를 위하는 생각들이 뭐걸래 이토록 비가 오고 날이 덥고 후덥지근하니 견디기 힘든 날씨 속에 내 의견과 목소리를 안고 저곳에서 저리도 애가 탄단 말인가. 아수라장 같은 광화문의 거리는 정말 어찌 보면 슬픈 광경이었다.

크고 작은 사고도 보여주는 모습이 안타깝기 그지없었다. 코로나로 세상이 답답한데도 이렇게 날씨마저 힘든데 저 사람들의 저 고함소리는 도대체 무엇일까? 난 개인적으로 정치는 모른다. 그러나 분명 저 사람들은 우리 대한민국 국민이다. 50만명이 넘게 저렇게 비가 억수같이 쏟아붓는 이 더운 날에 저 사람들이 할 일 없이 미쳐서 나온 사람들은 결코 아니다. 나는 저 사람들이 분명 애국자라고 본다.

고슴도치 모양 앙칼진 말은 잘도 하면서 누군들 앞서 나가서 행동으로 하라고 하면 못하는 나 같은 사람들이 얼마나 세상엔 많은가?

물론 저 사람들은 갈등의 이념은 있을지 몰라도 분명 나라 걱정이 되어서 마음을 앞세워 저렇게 고생하는 용기 있는 자들이다.

저분들의 함성의 뜻은 나는 잘 모르지만 국가를 생각해서 고생하면서 나온 사람들의 모습은 분명히 보인다.

나는 저런 사람들이 용기 있는 애국자라고 감히 말하고 싶다. 모두가 뜻이 맞아 세상이 좀 살기 좋고 편안한 나라가 언제가 될지.

희망찬 꿈이 살아있는 사회를 이뤄야 하고 드높은 이상이 숨 쉬는 풍토를 이루는 우리나라가 되는 게 소망이다.

가슴 아픈 날

오늘 아침 티브이를 켜니 어느 방송에 초대되어 나온 사람이 요양보호사의 일기를 말하는 코너였다.

한 요양사가 보는 아픈 치매 환자분들의 애환을 나누는 코너인데 마지막에 치매에 걸려 요양원에 들어와 사는 이런저런 분들의 얘기를 들으면서 퍽이나 공감 가는 말 속에 마음이 아팠다.

그분이 말하는 한 분의 할아버지 얘기가 더욱 내 마음을 아프게 했다. 그 할아버지는 요양사한테 자꾸만 목욕을 하고 싶다고 해서 목욕을 시켜 드린 그 다음날 돌아가셨다는 그 말이 오랫동안 잊히지 않고 내 귀에서 맴돌면서 내 마음에서 아프게 지난날이 떠오른다.

나도 얼마 전 하늘나라로 간 내 남편 생각으로 티브이를 보는 동안 마음이 짠한 게 가슴이 하루 종일 자책으로 우울하고 아팠다.

남편이 마지막 가는 날 그날도 남편은 병마 속에 늘어진 몸에 희미한 눈동자, 그런 남편을 보며 나는 교회에 다녀온 주일날이었다.

병든 남편을 마음속으로 간병이 힘들고 꾀가 나서 목욕을 시킬까 말까 하는 갈등 속에 그래도 시원하게 목욕이나 시켜 드려야겠다고 큰 마음먹고 힘이 들어도 낑낑대며 나는 남편 목욕을 시켜드리고 저녁식사와 약을 먹여놓고 한숨 쉬려고 소파에 앉아 있는데 욱하는 소리에 안방으로 달려가보니 방금 힘들게 목욕을 시켜 깨끗하게 갈아입힌 새 옷 위로 방금 먹은 약과 음식물을 다 토해내고 있는 남편이 아닌가, 체했나? 무슨 일인가? 당황하면서 남편의 상태를 살핀 후 다시 남편을 목욕 시키고 옷을 갈아입힐 힘이 하나도 없어 침대 밑에 털썩 주저앉아 너무나 힘이든 나머지 나는 엉엉 울었다. 한참을 울다 밤중이라 누구를 불어 도와달라고 할 때도 없고 정신을 차리고 찬찬히 마음을 추스리고 남편을 보니 불쌍하고 가엾은 마음에 가슴이 아팠다.

뜨거운 물을 갖다 옷을 벗기고 다시 수습을 해 씻기고 나니 어느덧 밤 3시가 넘었다. 정말 긴 병에 효자 없다 하지만 이렇게 늙은 몸으로 간병을 한다는 건 이래서 힘들다는 생각이 나 역시 처절하도록 슬펐다. 자식이 없는 것도 식구가 없는 것도 아니지만 갑자기 이런 한밤중에 닥치고 일어나는 일은 엄청난 고역이었다. 한밤중에 이만 일로 누굴 부르겠나 간병해 주던 사람도 퇴근하고 없으니 꼼짝없이 나 혼자 힘들어도 할 일이 아니던가.

남편이 힘없이 늘어진 몸을 왜 그리 무거운지…. 이리저리 힘겹게 굴려가며 그래도 깨끗이 다시 씻겨놓고 보니 내 온몸이 파김치가 되었다.

나는 거실로 나와 지칠대로 지친 몸으로 소파에 무릎을 꿇고 하나님께 엉엉 울면서 기도드렸다. 저 사람도 힘들고 나도 힘드니 하나님 이쯤해서 더 초라하지 않게 내 앞에서 요양원이나 효 병원 같은 곳에 가서 더 힘들지 않도록 내 품에서 남편을 천국에 가게 해 달라고 애원하듯 나는 솔직하게 그때의 힘든 마음으로 하나님께 기도했다.

과연 그 기도가 하늘을 닿았을까? 그 이튿날 남편은 나의 마음을 알아차린 듯 내가 잠시 외출한 사이에 저세상으로 가셨다.

오늘 방송에서 나온 요양사님의 인터뷰에서 마지막 가시던 할아버님을 목욕시킨 얘기며 이런저런 얘기 속에 얼마나 인간이 미련하고 둔한지…. 한 치 앞도 모르고 어리석은 인간인가를 뼈저리게 후회하도록 느끼는 시간이다.

나도 힘들다고 하나님께 생떼처럼 기도했던 기억이 이렇게 생각만 하면 미안하고 뼈가 저리도록 아프게 날마다 내 가슴에 못이 될 줄은 몰랐다.

사람은 그래서 이기적이고 미련한가 보다. 힘들어도 아파도 억울해도 세 번씩만 참아보고 살아야 한다는 말이 가슴 아프게 느껴진다.

물론 사랑하는 사람이 떠나고 나면 잘해 줬어도 후회할 것이고 못해 줬어도 후회란 단어는 늘 붙는다고 하지만….

부부가 무엇인지 살아 있을 때 그렇게 힘들게 한 사람이라도 떠나고 나면 이렇듯 아프고 후회와 그리움으로 허우적대다니…,

살아있을 때 좀 더 잘해 주지 못한 게 늘 가슴에 가시로 남아 가끔씩 나를 찌른다.

부부란 피 한 방울 안 섞였는데도 세상에서 가장 가까운 사이며, 세상에서 가장 내 편인데….

그런 남편을 살아 있을 때 힘들다는 이유로 한껏 잘해주지 못한 게 미안하고 또 미안하고 못해준 것만 후회되는 가슴 아픈 날이다.

세상의 많은 부부들이 있을 때 서로 소중하게 생각하고 아끼면서 살아가는 것이 가장 큰 축복이라는 생각을 하는 날이다.

그런 날

가끔씩 사람이 살다 보면 우울하고 지루한 나날들이 있다. 햇빛 좋은 날 봄바람이 살랑대며 부는 날, 가을비가 소리 없이 창가에 흘러내리는 날, 이런 날이면 누군가와 정겹고 사랑스러운 사람과 차근차근 이야기 속에 아름다운 모습으로 사랑하고 싶은 날이 있다.

아니 사랑받고 싶다는 말이 더 솔직하게 어울린다.

이런저런 이야기를 재미있게 나누며 좋은 곳도 구경하고 멋진 곳에서 차도 함께 마시며 입가에 웃음꽃 한아름 머금게 하는 그런 사람과 함께 사랑하고 싶은 날이 있다.

눈물을 보여도 감춤 없이 보듬아주고 따뜻한 말 한마디로 부담 없이 함께 할 수 있는 그런 사람과 내 마음 열어놓고 도란도란 정겨운 대화 속에 사랑하고 싶은 날이 있다.

내가 생각날 때면 늘 기분 좋은 사람으로 든든하고 믿음직스러운 그런 사람과 가장 멋진 마음으로 인생의 아름다운 얘기를 주고받으며 누구 앞에서라도 부끄럽지 않은 사람과 사랑하고 싶은 날이 있다.

살다 보면 누군가를 사랑한다는 일은 엄청난 행운이다. 그것은 하늘이 내리는 숭고한 축복의 마음이다.

사람들은 사랑에 빠지게 되면 시간이 모자라고 하루가 짧다고 느끼고 또 모든 사물이 다 아름답게 보인다.

같은 꽃을 봐도 황홀하고 같은 길을 걸어도 그 길이 너무 좋아 보이고 모든 것에 다 압도 당하듯 단지 그 사람 때문에 날개 달린 새보다 더 행복하게 나는 듯한 시간들이다.

그렇듯 사랑을 하면 행복 바이러스가 온몸을 장악해 깊은 감정은 행복의 도가니로 몰고 간다고 한다.

이렇듯 연애나 사랑은 행복한 게 분명하기에 가끔 답답하고 지루한 이런 날이면 사랑하고 싶다. 하지만 다시 생각해 본다. 서로가 꼭 만나서 즐겨야만 결코 사랑이 아니라고도 나는 생각한다. 즐기고 싶고 함께 나누고 싶고 하는 것도 물론 좋겠지만 나는 그것만이 사랑이라 생각하지는 않는다. 비록 보지 못해도 서로를 아끼는 마음으로 가끔씩 안부와 함께 가슴을 울려주는 사랑도 기쁨이고 묘약이다. 그리고 충분한 행복이다.

어찌 보면 그런 사랑이 더 아름답고 향기 나는 격조 있는 사랑이 아닐는지…. 꼭 같이 있어야 하고 꼭 마주 봐야 하고 소유하는 사랑과 마주 보는 사랑만이 좋은 건 아니다. 그저 바라보게 되면 바라보고 아니 보면 그냥 참아주고 어디에 있어도 내 가슴 안에서 늘 그리움을 안겨주는 것도 나는 사랑이라 생각한다.

가슴에 누군가를 사모한다는 건 그건 분명히 남모르는 사랑이고 행복이고 축복일 게다. 사랑을 위해 숭고하게 평생을 기다렸던 우리네 어르신들 특히 우리나라처럼 남북의 비극 속에 한평생을 기다리는 그리움의 사랑도 가슴에 묻어둔 사랑이 아니던가?

물론 사랑을 함께 주고받으면 금상첨화지만 어쩌겠나, 그렇지 못한 사랑도 있으니…. 약속을 지키며 남모르게 늘 가슴으로 연애하는 사람들이 이 세상엔 얼마나 많은가.

그 얼마나 아름다운 사랑인가? 그 얼마나 나만 아는 가슴 깊이 묻어놓은 아름다운 사랑이란 말인가.

나는 생각해 본다. 제일 불쌍한 사람은 가슴에 연애 감정 하나 없이 삭막하게 사는 감정이라고 생각한다. 사랑하나 없는 메마른 가슴이야말로 얼마나 불행한 일인가 하는 생각을 해본다. 남녀 불문하고 감성과 본능은 같을 것이다.

가끔 우리네 삶에서 사업은 양보할 수도 있지만 사랑은 양보하기 어렵고, 사업은 소홀할 수 있으나 사랑은 소홀할 수 없다란 말이 있다. 그만큼 사람의 감성이 앞서고 존중하는 감정놀음을 무시할 수 없다는 뜻이라는 것 같다.

사랑하고 싶고 연애하고 싶은 건 어찌보면 사람의 본능적 욕구이며 실현이고 정서적 감성일 게다. 그래서 우리 삶 속에 사랑하는 것과 연애는 어찌 생각하면 삶의 행복이고 자양분이라 생각된다.

그러나 자칫하면 사랑은 출발점이 아무리 좋다고 해도 소유욕을 배제할 순 없다. 어떤 수사가 따른다 해도 사랑의 본질은 육신적 성에 있기 마련이며 정신적 사랑이란 것은 육신적 사랑의 완곡한 표현이 아닐는지? 단지 절제와 참음의 미덕에서 고운 사랑의 표현도 또 다른 아름다움으로 표현된다는 게 맞을 듯하다. 다만 이런 날, 나는 사랑하고 싶고 사랑하고 싶다는 건 내가 살아있다는 감사이기도 하다.

그런 상상을 가만히 해보는 오늘은 내 가슴이 건강해서 내 몸의 피가 아름답게 가슴에서 흐르고 있다는 증거가 아닐는지….

오늘 오후에 문단의 동지인 문우님한테서 전화가 왔다. 얼마 전 병원에 입원을 했었는데 오늘 퇴원을 하셨다는 안부 전화가 왔다. 그 지인이 하시는 말이 오랫동안 내 귓전에 남겨진다.

그분은 몇 년 전 평생 함께 살던 짝꿍을 잃고 혼자되고 보니 아플 때 가장 서럽게 짝꿍 생각이 많이 난다며 울먹이던 목소리가 마음에 걸린다. 그러면서 이럴 줄 알았으면 미리 애인이라도 하나 사귀어 둘 걸? 하면서 아쉬운 넋두리 같은 목소리 속에 흐르는 그분의 진솔한 말 속에 인생의 쓸쓸한 모습이 그려진다.

사람이 평상시엔 잘 모르던 것들이 몸이 좀 아플 땐 여러 가지 생각 속에 더욱 아쉽게 생각되는 게 서로가 같이 살던 부부 짝꿍이 아닌가 싶다. 그분도 얼마 전만 해도 그런 생각 없이 모든 게 부러울 것 없이 잘 나가시던 분이셨는데….

일생을 교육계에서 몸바쳐 일하시고 퇴직해 재밌게 살날만 있을 줄 알았는데 그만 짝꿍이 하늘나라로 먼저 가시고 나니 얼마나 많이 쓸쓸하셨으면 내게 그런 말씀을 하실까 생각하니 마음이 짠하다.

지금껏 그런대로 잘 지내 오시더니 덜컥 병이 나서 몸이 아프시고 나니 아마도 짝꿍 생각이 많이 나셨나 보다.

내가 학회 회장을 하는 바람에 나 같은 사람에게도 허심탄회하게 마음을 얘기하시는 그분이 조금 딱한 생각이 든다. 짝꿍이 저리도록 그립다는 말씀을 하시며 울먹이시던 목소리가 하루 종일 내 귀를 힘들게 했다. 그분 말대로 애인을 하나 두셨더라면 저렇게 힘들진 않으셨을 수도 있었을 텐데 하는 생각도 해본다.

자식이 몇이 있어도 병든 그분 마음을 채울 순 없었나 보다.

하지만 세상을 반듯하게 살아온 사람들에겐 말이 그렇지 그게 어디 그렇게 쉬운 일이던가?

사람이 사람을 사랑하는 데도 격이 있는 것이고, 인연이 따르는 법이니 어디 그렇게 내 맘대로 막 선택할 수도 없는 게 연애가 아니던가?

인생이 몇백 년 사는 것도 아닌데 이런저런 세상 사람들이 쳐놓은 울타리 속에 저렇듯 외로움에 목이 메는 사람들을 보면서 인생이 참 서글프다는 생각을 해본다.

그런저런 생각을 하다 보니 창가에 드리운 조용한 한낮에 내 마음도 외로움으로 익는다. 혹시 그분도 누군가와 마음에 쏙 드는 인연의 사람이 생겨 그분의 외로움을 나눠 가졌으면 하는 그런 기도를 해 드리고 싶다.

이런저런 부질없는 걱정으로 오늘은 왠지 그런 날이 있듯이 남의 일로 마음이 심란하니 뒤숭숭한 날이다.

영화 감상

모처럼 집에서 밤늦도록 영화를 봤다 흘러간 영화지만 퍽이나 인상 깊은 영화였다. 너무아름다운 사랑 얘기라 끝나고 나서도 머리에서 감돌며 영 잠이 올 거 같질 않는다.

남자 주인공은 유명한 운동선수, 여자 주인공은 음악하는 피아노 교사이다. 둘은 비행기 안에서 여행 중 잠시 만나 대화가 통해서 서로 3일 동안에 사랑이 이뤄지는 장면이다.

–비행에서 배로 옮기면서~이삼일을 섬에서 묵으며 벌어지는 러브스토리다.

둘은 서로 다 연인이 있는 사람들인데 잠시 만난 사람끼리라도 단 삼일간의 눈이 맞아 사랑을 주고받고 또 약속한다.

3달 후 마음이 내키면 어느 장소에서 몇 시에 만나기로 약속하면서 서로는 헤어진다. 만약에 안 나와도 원망하지 않기로 약속하면서 그들은 헤어진다. 그 후 각자가 서로의 자신을 확인하면서 그리워한다. 두 사람은 자기들의 모든 사생활을 정리하면서 잊지 못할 사랑의 약속 장소로 오는데 여자가 갑자기 사고가 나서 두 다리를 잃는다.

영문도 모르는 남자는 그때를 상상해 그림을 그려 선물로 안고 설레는 가슴으로 약속 장소로 나가 하염없이 기다리는 장면이 아주 서정적이다.

펑펑 눈이 오는 날, 기다리다 결국은 남자가 오지 않는 여자를 오해하며 낙담하는 장면이 매우 인상적이다. 그림도 버리고 쓸쓸하게 그 자리를 떠나간다. 한편 여자는 병원에서 사경을 헤맨다. 두 다리를 절단하고 절망에 빠지면서도 그 남자와의 약속 장소를 그린다.

그 후 서로가 각자 인생을 살아가다가 어느 날 각자 서로의 애인들을 데리고 음악회에 간다. 음악회에서 둘은 서로 만난다. 서로 각자 애인들을 옆에 끼고 당황하는 모습이 안쓰럽다. 그런데 두 다리를 잃은 여자는 맨 나중에 현 애인의 부축으로 휠체어를 타고 나오는 모습이 안타까웠다.

그 후 남자가 음악회서 돌아와 전화를 걸고 여자 집을 찾아 방문한다

그때 여자가 두 다리를 잃은 것을 알게 되고 둘은 그동안의 오해를 풀면서 드디어 사랑하는 해피엔딩이다.

중간에 두 다리를 잃은 내용을 알기까지 서로가 주고받는 대화가 연애의 진미였다. 남자는 그 자리에 안 나왔었다고 거짓말을 하고 여자는 사고로 약속 장소에 못 갔는데도 그 자리에 나갔다며 주고받는 자존심

싸움이 연애의 아주 재미나고 슬픈 장면이었다.

대략 이런 스토리의 영화를 보고 나니 그 옛날 나도 연애하던 생각이 불현듯 난다. 자존심이 뭔지 연애할 때 그렇게 좋으면서도 서로의 줄다리기에 시간을 허비했던 기억이 이젠 다 추억이 되었다.

사람이 산다는 것 중 사랑처럼 소중한 게 어디 있으랴.

세상 말로 사업은 소홀할 수 있으나 사랑을 소홀할 수 없고 양보할 수 없는 게 사랑이라 했다. 사랑은 정서적 욕망이며 사랑은 본능적 실현이다. 모든 게 사랑 없는 세상은 암흑같다는 말이 있듯이 사랑은 그렇게 좋은 것인데 세상엔 무수한 사람들이 사랑 때문에 늘 울고 웃는 세상이 아니던가.

진정으로 사랑한다면 헛된 자존심은 다 바보스러운 생각이라는 걸 알아야 하는데 그땐 왜 그리 몰랐을까?

사랑은 유치한 사랑이 가장 즐거운 것이고 조건 없는 사랑이 가장 편하다는 말이 있듯이…. 오늘 사랑의 영화를 보고 난 후 나도 사랑하고 싶어지는 마음이다. 지금 사랑을 한다면 아주 멋있게 배려하면서 사랑을 할 텐데 지나가 버린 세월 속에 조용히 쓴웃음만 삼킨다.

그래도 아직은 내가 살아있다는 커다란 희열을 느끼면서 사랑하진 못해도 또 다른 수준 높은 아가페의 사랑으로 내 주위에 있는 많은 사람들을 사랑으로 품고 행복하게 살다 가고 싶다.

사람이 살아가는 데는 누구나가 다 사랑의 묘약을 간직해야 한다는 진리도 영화를 보면서 깨달았다.

집 구경 하던 날

나는 가끔 전원주택의 아름다운 환상의 꿈을 늘 저버리지 못하는 게 있다. 누구나가 다 그럴 수 있지만….

흔한 말로 자본주의의 꽃은 건물이다란 말이 있듯이 나는 내 뜨락이 크지도 작지도 않은 예쁜 주택을 갖고 싶다.

때때로 아쉬운 건 소망의 꿈인데도 그걸 엄두를 못 내고 지금껏 생각에만 항상 머물면서 가끔 머리에서 떠나지 않고 그리워한다.

나의 이런 꿈은 아직도 이뤄질지 안 이루어질지 모르지만 늘 그 꿈은 지금도 내 가슴에서 심심하면 꿈틀댄다.

작은 꽃밭이 있는 집에서 나만의 예쁜 꽃밭과 화단을 가꾸며 몇 구루의 과일나무를 심고 때가 되면 철철이 앵두며 사과를 따서 사랑하는 사람들과 같이 나눠먹으면서 사랑하는 사람과 작은 텃밭에서 고추며 상추를 따먹는 기쁨을 누리고 싶은 욕구가 있다.

가끔 글을 쓰다가 피곤하면 내가 가꾼 화단을 스카프를 쓰고 거닐며 예쁜 꽃을 따다 꽃꽂이를 하며 꽃밭에 앉아 커피 한 잔을 한 모금씩 천천히 마시면서 자연스럽게 즐길 수 있는 쉼터를 가질 수 있는 그런 꽃밭이 있는 집을 하나 갖고 싶은 게 늘 내 로망이다.

크지 않아도 좋다. 적당하니 내가 감당할 수 있고 내가 즐길 수 있는 예쁘고 아담한 정원을 누비며 백일홍 봉숭아 채송아 같은 옛날 우리나라 꽃도 심고 담벼락 근처엔 라일락 꽃 나무와 단풍나무를 심고 벽엔 담쟁이넝쿨을 심어 곱게 단풍질 땐 마당에서 절친도 불러 함께 즐길 수 있는 그런 집에서 꼭 한번 살고 싶었다.

그런데 그건 어디까지나 나만의 바람이지 그리 쉽게 혼자 결정도 할 수 없고 이루어지는 것도 힘이 든다는 걸 이제야 알았다. 그런 꿈은 늘 가슴에만 있지 막상 현실로 생각하면 체력도 여건도 안 맞고 무작정 엄두도 못 내고 지금껏 꿈만 꾸면서 살아왔다.

전원주택에 사는 사람들을 보면 부럽고 좋아 보이지만 막상 그분들의 애로상을 토로할 땐 그 또한 자신이 없고 엄두를 못 내겠다.

물론 돈이 많아 부자로 서울 도시 한복판에 그런 집을 지니고 산다면야 무슨 꿈이랄 게 있겠나만은 가끔 손바닥만 한 우리 마당을 볼 때면 늘 그런 꿈을 못 버린다. 조금만 커다란 마당이었으면 하는 그런 바램은 늘 내게는 붙어다는 꿈이면서 사치였다.

그러던 중 오늘 친구가 조금 외곽으로 집을 보러 가자는 제의가 왔다. 나는 내가 집을 살 것은 아니어도 집 구경 하는 것처럼 재미있는 게 없기에 얼른 기분 좋게 따라 나섰다. 변두리 전원주택이 이쁘고 살고 싶은 집들이 참 많았다. 하루 종일 구경을 하고 다녀도 지루하지 않는 시간이다 커다란 마당에 잔디가 깔린 집이며 어느 집은 자그마한 황토방과 연못까지 갖춰지고 과일나무며 멋진 소나무와 정자가 있는 아주 아름다운 집도 구경했다 구경하는 집마다 다 살고 싶은 마음이 신바람 나게 꿈틀댄다.

너무 이쁜 집에 홀라당 빠질 땐 당장 나도 서울 집을 팔아 이런 주택에서 살고 싶은 욕망이 샘솟듯 일어난다. 함께 간 친구는 맘에 들면 전원주택을 하나 구입할 예정으로 갔기 때문에 열심히 이곳저곳을 구석구석 면밀히 둘러보면서 구경했다.

나는 그저 따라다니면서 좋아하는 전원주택 구경에 혼이 빠질 정도로 함께 대리만족으로만 즐기는 그냥 기분 좋은 날이었다.

그런데 어느 또 다른 잔디가 예쁘게 깔린 아담한 주택을 둘러보는 중 어머나 하는 고함과 함께 나는 하마터면 기절할 뻔했다.

옆 텃밭을 지나는데 발밑에 바로 옆에 글쎄 자그마한 빨간 뱀이 지나가는 것이 아닌가. 세상에 너무 놀란 나는 혼비백산으로 젖먹던 힘을 다해 소스라치게 고함을 지르며 정신이 혼미할 정도로 도망쳤다.

가슴은 두근두근 정말 소름이 쫙 돋았다.

아~나는 이 세상에서 뱀이 제일 싫다. 제일 무섭고 제일 징그럽다. 그런 뱀 새끼가 발밑에 있는 걸 보다니 생각만 해도 소름이 돋는다.

정말 궁궐 같은 집도 아무리 정원이 이쁘고 나무와 꽃이 이뻐도 도저히 살 생각도 없고 갖고 싶은 욕구도 오늘로 그만 싹 달아났다.

그렇게 꿈꾸던 내 로망이 한순간에 싹 사라져 버리고 두근대는 가슴에 더 이상 전원주택의 아름다운 집 구경도 하기 싫어졌다.

아름다움으로 꿈꾸던 전원주택의 내 욕구가 자그마한 뱀새끼 한 마리를 보는 순간 이렇듯 사라지게 만드니….

정말 사람만큼 약하고 변덕스러운 동물은 없는 듯하다.

나는 그다음부터는 좋은 집 구경도 싫고 예쁜 화단이 꾸며진 집을 갖고 싶은 욕망도 사라졌다. 맥이 쭉 풀리는 게 그저 이제 그만 작아도 편안한 우리 집이 제일 좋다는 마음으로 전원주택의 꿈을 버렸다.

그렇게 전원주택의 집 구경이 신나던 기분도 싹 사라지고 아름다운 풍경 속에 어딘가 풀숲에 새끼 뱀이 도사리고 있는 듯한 기분만 들어 영 소름이 돋고 풀숲이 다 무섭기만 하다.

그래 세상엔 좋은 곳도 나름대로 다 좋기만 한 건 아니구나, 좋은 게 있으면 이런 애로사항도 있구나 하는 생각이 드는 날이다.

어찌 다 보는 것만큼 아름답기만 하랴마는 또 다른 생각에 나는 집으로 와서 작은 마당이라도 만족하리라는 마음이 들었다.

내 뜨락이 가장 좋구나 하는 마음으로 다시 내 집이 최고라는 감사함으로 내가 바라던 로망은 오늘로써 이제 마음을 접었다.

세상엔 탐욕보다는 소박하고 마음 편하게 사는 것이 순리이고 과욕보다는 마음 편하게 조용하게 사는 게 순리인 듯하다는 생각으로 사람의 욕심은 제아무리 좋은 집이라도 그 또한 만족은 없겠지 하는 생각으로 오늘 아름다운 전원주택 텃밭에서 본 작은 뱀에 놀라서 평생을 부러워하던 전원주택의 내 꿈은 이제 완전히 사라졌다.

기대가 크면 실망이 크다

내 생일이 며칠 남았는데 절친이 바쁘다는 이유로 내 생일을 주문처럼 외우며 벌써부터 한턱낸다면서 약속을 해 왔다.

나는 속으로 지인의 우정에 감사하고 기쁜 마음으로 아직 생일이 내일 모레인데도 절친의 마음이 감동이 되어 오늘 만났다. 그 절친의 차로 여기저기 추억이 있던 곳이며 또한 몇 군데 명소를 찾아 구경을 한 다음 점심때가 되었다.

식사를 사준다고 몇 달 전부터 나에게 먹고 싶은 걸 생각해 놓으라고 했던 사람이기에 나는 은근히 기대가 부풀었다.

무엇을 먹을까, 어느 분위기 있는 집에서 먹어야 될까. 기세 얻어먹는 거 뭘 사달라고 할까? 이런저런 행복에 젖어본다.

요즘이야 잘 먹고사는 시대라 그다지 먹는 걸 신경 쓰지는 않는다.

하지만 그래도 상대의 대접을 받는다는 건 누구나 설레고 기쁜 일이다. 그것도 일 년에 한 번뿐인 내 생일 축하 겸 내는 것이 아니던가? 아 이런 친구가 있다는 건 정말 행복한 일이구나 생각하면서 속으로 신나고 많이 행복했다.

이젠 절친이 알아서 사주는 대로 먹겠겠다고 겉으로 그에게 오늘 알아서 맛있는 것 사주면 됩니다 하고 일임했다.

아무리 대접을 받는 처지지만 내 맘대로 비싼 거나 분위기 따지면서 뻔뻔스럽게 사 달라 하는 것도 도리는 아닌 듯해 은근히 절친이 알아서 잘 해주길 바라며 그 사람한테 맡기고 그냥 기대 속에 따르기로 마음먹었다.

처음에 황복을 사줄까 아님 뭐가 좋을까 하면서 부산스럽게 고민하는 그 사람의 모습이 고맙고 싫지 않았다. 날 그만큼 생각하면서 사랑한다는 느낌에 속으로 매우 뿌듯한 마음으로 감사했다.

그리고 나도 저 사람 생일엔 오늘 내가 받은 만큼 기억해 놨다 꼭 멋지게 되갚음해야겠다는 생각을 하면서 나는 은근히 기대에 부풀었다.

아, 오늘 저 사람이 저렇듯 신경을 써주는 친구이니까 어떤 곳으로 날 데리고 가서 날 행복하게 할까 하는 생각으로 은근히 그 친구가 더없이 사랑스러웠고 전보다 왠지 더 소중하게 보였다.

그런데 이 친구가 차를 몰면서 갑자기 친구야 뭐 먹고 싶어? 먹고 싶은데 가자 하는 게 아닌가?

난 속으로 이건 뭐야? 매너 없이? 자기가 알아서 괜찮은 곳으로 예약을 미리하고 움직였어야 하는 거 아냐?

그렇게 오래전부터 내 생일 타령을 하면서 사람 기대에 부풀게 해놓고 되묻는 건 또 뭐야? 하는 생각을 하니 은근히 부아가 끓어 오르지만 어디 기다려 보자 어떻게 하나 하고 아무 데나 가지 뭐 먹는 게 대수야 하면서 태연한 척 그 친구한테 맡겼다. 처음부터 그런 마음이였으니까 새삼 묻는게 기분은 좀 나빴지만 어쩌겠나 티는 내지 말아야지.

그런데 이곳에 전에 자기가 살던 곳이라 잘 안다고 하면서도 급속도로 많이 달라진 동네라 그런지 영 헤매는 눈치다.

그렇다고 훌라당 나서서 대접받는 내가 막상 여기가 좋네, 저기가 좋은데 하면서 이러쿵저러쿵하기도 아닌것 같아서 나는 입을 꾹 다물고 모른척했다. 속으론 저쪽으로 가서 어디 어디 가자고도 하고 싶어 속이 터지고 입이 근질근질 하지만 그냥 가만히 기다리면서 그가 하는 대로 뜻을 따르리라 마음먹고 있었다. 참 입을 다물고 참는 것도 힘들다는 생각이 든다.

그런데 때가 지나니 배도 고플 때가 되고 식당은 안 보이고 어디까지 차를 몰고 마냥 한없이 가기도 그렇고 하는 중 나보고 중식도 좋아하냐고 묻는다. 나는 흔쾌히 좋아한다고 했다. 얻어먹는 사람이 사주는 대로 먹어야지 하는 생각이었다.

그런데 찾아 들어간 중식당이 세상에 어처구니가 없을 정도로 그렇게 구질레하고 아주 초라한 조그마한 식당이었다.

나는 속으로 기분이 좀 이상하지만 그런 게 대수라 어쩔 수 없지 때가 되었으니 일단 가자는 대로 가서 먹고 봐야지 하면서 들어간 중식당 집엔 내가 태어나 그렇게 초라한 식당은 처음인 듯하다. 요즘 세상에 그런 집은 찾기도 힘든 보기드문 초라한 식당이었다.

아무래도 큰소리는 쳤지만 길을 잃은 듯한 느낌을 받았다. 그 집에서 제일 좋은 걸로 시키란다. 메뉴판을 보니 그래도 있을 건 다 있었다.

나는 어차피 저 사람이 몇달 전부터 내 생일날 한턱 쏜다는 말을 지껄였으니 무안할까 봐서도 이 집에서 그래도 제일 좋은 요리를 하나 시켜야겠다고 크게 마음먹고 새우 요리를 시켰다.

조금 있으니 주인이 새우요리와 튀김 만두를 서비스로 내왔다. 때가 되었으니 배도 고프고 해서 몇 개를 허겁지겁 먹었다.

그렇게 점심을 떼우고 오면서 커피 집에서 차 한 잔을 하고 차 속에서 그 절친은 선물이라고 하면서 카드를 나에게 하나 건네주었다.

그 흔한 책 한 권이라도 끼워 줄 것이지 우리가 초등학생 친구도 아니고 달랑 카드만 건네주는 그 지인이 오늘따라 되게 인색해 보였다.

많은 걸 바라는 것도 아니고 그사람의 마음이 담긴 선물 하나 없는 게 내내 섭섭했다. 사람은 기대만큼 실망도 크다는 말이 꼭 맞은 것 같다. 그동안 내가 쓸데없이 그 사람의 말을 너무 믿고 너무 어울리지 않게 많이 기대했었나 보다.

돌아보니 내가 모든 게 내 생각만으로 기대한다는 것도 잘못됐다는 걸 뼈저리게 느끼면서 무언가 씁쓸했다.

나는 속으로 다시는 누구의 입에 발린 소리에 기대하지도 말고 살아야겠다고 다짐을 하는 시간이었다. 사람은 친구든 누구든 입으로 나오는 게 다 진실은 아니라는 것도 또다시 느끼는 날이었다.

세상엔 사람과 사람 사이에 기대가 크면 이렇게 실망도 크구나. 그 사람의 잘못이 아니라 내가 잘못된 생각이구나 하는 후회를 했다.

어찌 보면 그 사람은 날 그만큼만의 우정에 자기 나름대론 많이 대접했다고 생각할 수도 있을 것이다.

시간을 내어준 것도 생색일 테고 모든 게 그 지인은 나를 그 사람의 생각한 만큼의 자기 나름대로의 계산이 있을 것이다.

내가 너무 내 맘대로 그 사람을 크게 바라고 믿었던 것이 커다란 잘못이라는 것을 다시한번 크게 느끼는 시간이었다.

후회란 사람이 사랑하는 사람에게만 하는 감정이라고 했다. 아마도 내가 그 친구를 그렇게 많이 믿고 기대하며 사랑했나 보다.

누구 한테건 이젠 입으로 나오는 말 다 믿지 말고 조금만 기대하면서 다시는 이런 부끄러운 가슴이 되지 말면서 살아야겠다고 다짐한다.

그래도 사람이 소중하니 그런저런 서운한 마음 다 접고 예전처럼 내 일부터는 아무 일 없다는 듯이 내 마음이 사랑으로 살았으면 좋겠다.

그만한 일로 지금껏 쌓아온 우정을 버리고 싶진 않다. 아마도 그 사람만의 가슴이 내가 모르는 나와 다른 마음이 있을 수도 있으니까….

제 3 부

다원의 뜨락

다원의 뜨락

나비처럼 하늘을 날아다니다 잠시 쉬고 싶었는데 대문이 살짝이 열려 있네요.

나도 모르게 당신 인생의 길목에 조용히 나비로 앉았습니다.

아주 편안하고 행복했었습니다. 그냥 영원히 그 자리에 앉아 놀고 싶지만 내 신세가 또 오라는 데가 있습니다.

잠시 머물렀던 당신의 길목은 참 아름다웠습니다. 내가 쉴 수 있는 모든 게 널려 있었습니다.

그 길목에서 나오는 향기는 어느 향기에 비할 길이 없이 무척 향기로웠습니다. 따듯함이 있고 누구라도 부러워하는 아주 행복의 정이 넘치는 길목이었습니다.

평생을 머물러도 싫다 하지 않을 것 같은 그 길목이 너무나 아름다웠습니다.

그 길목에는 아름다운 함박꽃도 있고 패랭이꽃도 있고 라일락꽃도 목련도 코스모스도 있었습니다.

당신이 심어놓은 든든한 소나무도 있고 편안하게 쉴 수 있는 느티나무도 있었습니다. 아~~그곳이 내 것이었으면 하는 욕심도 생겼습니다. 나도 모르게 당신의 텃밭에 내 꽃을 한쪽에 살짝 심어놓고 왔지요. 물론 당신도 흔쾌히 허락하셨지요.

당신이 알는지 모르지만 거기에 당신과 나만 아는 아름다운 향기도 뿌려 놨습니다. 당신이 지나갈 때면 늘 나를 잊지 말라고요.

가끔 작은 조약돌도 한 귀퉁이에 묻어놨습니다. 당신이 심심할 때 파보면 아마도 반짝이며 그 조약돌이 당신에게 미소를 줄 겁니다. 뿌려놓은 향기도 가끔씩 맡아보세요. 아마도 당신의 코가 싱그럽게 움직일 테니까요.

당신의 길목에 아무도 모르게 내가 뿌린 자잘한 것들이 꼭 당신의 미소가 되었으면 하는 마음으로 바라봅니다. 내가 머물렀던 그곳은 평생 잊지 못할 겁니다. 머무는 동안 참 당신의 길목은 편안하고 아름답습니다.

내 생애 처음으로 그런 길목에서 행복하고 설레며 놀다 갑니다. 그 길목에 누구라도 놀지 못하는 빗장이 있었지만 당신이 살짝이 열어줘서 고맙고 행복하게 잘 놀다 갑니다. 장미가 만발했던 그 들녘을 지나 햇볕이 좋은 유월에 들린 당신의 뜨락은 내 생애 최고의 여행이었지요.

이제 당신의 뜨락이 생각 날 때마다 날마다 놀러 가고 싶지만 인생의 갈 길은 그리 만만치 않기에 가끔 좋은 추억으로 간직하렵니다.

누군가 말했던 것처럼 사랑하기 때문에 슬프다란 말이 떠 오릅니다.

세상엔 사랑한다고 다 가질 수 없고 좋다고 한없이 마냥 다 좋을 수 없는 곳이 이 세상인 거 같습니다.

당신의 뜨락 귀퉁이에 내가 심어놓은 제비꽃이 필 때면 당신도 나를 잊지 마세요.

내가 그리울 땐 놔두고 온 조약돌을 보세요. 언제나 잊지 않고 당신을 생각할 테니….

곱게 가꾼 길목 아무나 이제 열어주지 마시고 우리들의 추억만 간직하는 황금의 길목으로 가꿔주세요.

살다가 살아가다가 혹여 내가 힘들고 외로울 때 가끔씩 노크하면 당신의 정다운 미소로 나를 맞아 주세요 .

우리들 살아 있을 날들이 과연 얼마나 될지 모르지만 가끔씩 그 길에 잠시 피곤한 몸 좀 쉬었다 가고 싶어요.

흐르는 세월 속에 거울을 보면 내 친정 엄마가 보이고 옅어진 머리카락은 숱도 적어지면서 피부는 늘어져 탄력을 잃어갈 때면 나는 마음이 왠지 공연히 바빠지는 걸 이렇게 느낍니다.

그런데 이 길목에 오면 모든 게 다 잊히고 그 옛날 청년이 된 듯한 느낌마저 드니 아무래도 마법의 길목인가 봅니다.

처음엔 이 길이 무척이나 어색하고 서먹서먹했지만 따뜻한 당신이 있어서 부끄럼 없이 편하게 놀다 갑니다.

주체할 수 없는 그리움과 외로움이 신열처럼 밀려 올 때면 가끔씩 포근했던 이 길을 생각하렵니다. 그동안 버리지 못했던 보잘것없는 자존심과 눈높이의 영육까지도 이제는 버렸습니다. 그리고 따뜻한 가슴으로 당신의 길목에서 나를 사랑하면서 나도 누구에게 아름다운 사랑을 줄 수 있는 날들을 생각하렵니다.

누구에게든지 나도 남에게 따뜻한 길목으로 살다 가고 싶습니다. 저무는 인생이라도 새벽을 기다리는 마음으로 영원히 당신이라는 고운 마음의 멋진 뜨락에 향기 나는 꽃을 피우고 싶습니다.

따사롭고 향기로운 길목에서 삶의 노곤함을 쉬었다 가는 내 마음이 오늘따라 몹시도 고맙습니다.

눈부시게 아름다운 길목이지만 이 길목에도 언젠가는 흐르는 세월 속에 분명히 또 한 번의 어둠은 깔리겠죠.

아무리 그때라도 당신의 향기가 있는 이 길목만큼은 영원히 없어지지 않기를 조용히 하늘에 기도합니다.

고마운 옛 친구

세상엔 이런저런 저마다 남모르게 고운 사랑도 있을 게고 영화보다도 더 애절한 에로스 사랑도 있는 세상이다. 누구라도 남이 알지 못하는 추억이 없는 사람이 어딨겠고 남이 모르는 추억 하나씩 없는 사람이 어디있겠냐마는 남들의 사랑이 아무리 애틋하고 커다란 사랑을 논한다 해도 주 안에서 만나 아가페 사랑처럼 변치 않고 아름다운 사랑은 아마도 세상엔 그리 많지 않을 거다.

내게는 긴 세월 동안 잊지 못할 고마운 친구가 있다. 함께 살아가면서 한 번도 싫은 적 없고 다툼도 미움도 없는 고맙고 헌신적인 고운 대접을 서로 주고받았던 신실하고 소중한 그런 친구의 우정과 사랑을 간직한 생각만 하면 감사한 마음과 더불어 지금도 잊을 수 없다.

내 생애 가장 오랫동안 한결같은 마음으로 그리고 제일 나에게 관심과 도움을 준 친구라고 당당히 말할 수 있는 고마운 친구가 보물처럼 가슴에 숨어 있다는 걸 깨달았다.

그동안 사는 게 바빠서 지금까지 깨닫지 못했는데 요즘 와 생각하니 미안한 마음마저 들었다. 아마도 요즘같이 이기적이고 험한 세상엔 찾기 힘든 든든한 그런 보물 같은 친구였다. 그 친구 덕분에 지금껏 나는 내가 사는 동네에서 애들도 잘 키우고 잘 살아왔던 걸 사는 게 바빠서 그다지 크게 생각 못했는데 많은 세월이 흐르고 지금 와 생각하니 참 기이한 하나님의 뜻 안에서 곱게 맺어준 선물 같은 친구다.

모든 건 하나님이 전부터 계획 아래 사람의 만남도 준비해 놓으신 듯한 그런 우리의 인연 같다.

서로가 각자 사느라 바빠서 가끔은 잊고 살았던 친구지만 그래도 늘 머릿속에서 떠나지 않았던 친구인 건 거짓이 없다 나 같은 사람을 늘 잊지 않고 사랑해 주고 잊지 않고 한결같은 우정으로 신실한 가슴으로 감싸주며 아무런 대가 없이 좋아해 주는 의리있는 고운 사랑의 좋은 친구 어쩌면 그 친구 덕으로 내 인생의 모든 게 달라지고 활력소를 받는 친구일지 모른다 .

늘 신실함을 배울 수 있게 해 준 그 친구가 내 삶 속에 있기에 때론 외롭지 않게 살아갈 수 있는지도 모른다. 잊고 살만하면 고운 연락으로 우정을 알게 해주는 알게 모르게 나에게 비타민 같은 역할을 해 준 친구다.

때론 친 동생처럼 때론 큰 조카처럼 가끔은 오라버니처럼 곰실 맞진 못해도 늘 변함없는 신실한 친구, 지금 생각하니 정말 고맙기 그지없는 친구다. 세상 쪽으로 그렇게 재밌는 친구는 못되어도 항상 그날이 그날처럼 변함없는 든든한 친구, 그 옛날 공중전화엔 10원짜리 하나 넣으면 아마도 긴 시간은 못해도 짧은 멘트는 늘 주고받는 시대였다.

그 친구는 언제나 그 옛날 직장에서 퇴근하면 제일 먼저 공중전화박스에서 지금 퇴근합니다.

오늘 하루 뭐 하셨나요? 하며 안부를 묻는 그의 정성 어린 사랑을 지금도 생각이 나 잊지 못한다.

나이 어린 주부가 늘 살림살이와 애들 키우느라 시간에 쫓기다 보면 가끔씩 동생처럼 쉬는 날이면 집에도 놀러와 가족처럼 이것저것 마다 않고 힘든 건 다 도와줄 줄 아는 고마운 동네 친구였다.

어느 날 운동에 둔한 나에게 곱게 교회 탁구장에서 자상하고 재밌게 알려주면서 탁구도 가르쳐 주고 스케이트도 알려주던 고운 친구였다. 탁구도 잘 칠 줄 모르는 나와 함께 친절하게 가르쳐주던 친구 같은 교인으로, 같은 지인으로 마음이 고운 사람, 테니스도 잘 치고 축구도 스케이트도 운동이라면 선수 버금가는 멋진 사람이라 이것저것 빌릴 게 많은 친구였다.

지금도 생각하면 어느 친구보다 어쩌면 형제보다 더 곰살맞게 살펴주면서 그렇게 정이 들다 보니 우리 두 집은 그의 부모형제가 다 함께 네 집 내 집 없이 평화롭게 드나들며 같은 형제처럼 우정을 나눴다.

같은 교회서 서로가 사랑을 나눴고 반찬 신경 쓰지 않으며 누구라 할 것도 없이 귀찮은 생각과 내색 없이 그렇게 두 가정은 식사도 자주 나누면서 지내왔다.

신앙과 믿음 안에서 오고 가는 정을 나눴던 것이 지금도 생각하면 나는 그때가 그립고 잊지 못한다.

삶을 살아가는 데 아가페 사랑이건 에로스 사랑이건 서로가 정을 나누며 사랑을 주고받으면서 산다는 건 정말 행복한 일이다. 아무리 성인군자라도 사랑의 존재는 필요하고 도덕군자라도 사랑은 필요하다.

그러나 인간의 사랑은 동물과 다른 것, 동물적 사랑 위에 신의 버금가는 아무런 대가 없는 서로가 좋아서 그냥 아름다운 우정으로 분명한 정서가 있는 고운 사랑이 있다는 것이 다르다.

그 친구를 통해 인간의 진정한 우정이라는 걸 깨달았다. 같은 교회서 같은 하나님을 섬기며 아름답게 싹튼 우리들의 우정이지만 흐르는 시간 속에 삶은 녹녹하지 않기에 서로가 먹기 살기 위해 그 댁은 이사를 가고 그 친구도 결혼해 자녀와 사랑하는 가족을 꾸미고 또 직장 관계로 먼 곳으로 이사를 갔었다 .

그래서 우린 오랫동안 집안에 커다란 애경사 외에는 만나는 일이 거의 없었다. 사랑하는 사람들이 늘 헤어지지 말고 한 동네서 죽는 날까지 함께 정을 주고 산다는 건 요즘 세상엔 아마도 하나님이 예비한 보너스가 없는 이상 거의가 다 불가능한 일이다.

옛날이야 한동네서 나서 죽을 때까지 죽마 고우 친구들이랑 살아가던 시대도 있었겠지만….

요즘은 어디 그리 그런 사람들이 흔하랴, 농사짓고 사는 것도 아니고 직장 관계로 이사하는 일들도 허다한 세상이니 그렇게 헤어진 후 나도 그 친구도 오랜 세월 속에 각자의 의무와 살림하느라 긴 세월을 얼굴

한번 못 보고 소식도 못 전하며 살아오다가 어찌어찌 바람결에 소식을 듣고 우린 만나게 되었다.

오랜만에 만난 그 친구도 나도 세월 속에 참 많이도 달라져 있었고 서로가 늙어 세월을 말하고 있었다.

그 친구를 오랜만에 만나는 시간이 나는 타임머신을 타고 온 그런 기분이다.

우린 밤이 새도록 도란도란 옛날 얘기로 너 나 할 것 없이 추억에 도취하여 모두가 흥분된 시간이었다.

이젠 모두가 네 집 내 집 할 것 없이 자녀들은 다 출가시키고 손주 자랑에 가끔 추억이 밀릴 때가 있지만 그래도 옛 친구랑 이렇게 허물없이 이야기를 나누고 또 이렇게 살아서 서로가 감사함을 느끼며 모두가 같은 마음으로 하나님한테 감사하는 그런 시간들이었다.

우리는 하나님께 이대로 더 늙지 말게 해 달랬으면 좋겠다며 오랜만에 정말 행복한 웃음을 웃으면서 서로의 우정을 나눴다.

하지만 그건 우리의 바람일 뿐 세월이 어디 그리 안주해 주겠나, 지금이라도 이런 시간을 갖게 된 것에 그저 한없이 감사할 따름이다, 이젠 여기서 더 늙지 말고 건강 잘 챙기다 누가 먼저 천국에 가더라도 우린 서로 사심 없이 주 안에서 사랑했던 기억 속에 행복했으면 좋겠다.

누가 뭐래도 서로가 가슴에 보석처럼 남아 고운 추억을 안고 그때 순수했던 청년의 마음과 풋풋했던 사랑을 잊지 말았으면 좋겠다는 바람도 가져보았다.

누군가 삶의 노예가 되는 것은 불행한 일이지만 사랑의 노예가 되는 것은 행복하다고 했다.

우리의 우정도 이제 좀 더 복잡한 삶에서 보석 같은 시간을 허락받았으니 당당한 내 삶의 추억과 우정을 마음껏 찾아 누리는 그런 시간이 자주 허락되었으면 하는 바람이다. 하나님이 허락하시는 날까지 고마운 친구를 오래오래 만나고 살았으면 좋겠다.

서로 서로 마음의 의지가 되어 이제 많지 않은 세월 속에 옛날처럼 행복했으면 좋겠다는 생각을 해 본다.

그 친구의 입에서도 나를 40여 년 동안 잊어본 적이 거의 없었다는 말을 했다. 그 말에 무심했던 감정이 새롭게 감동을 받으면서 행복한 마음에 이만하면 나도 지금껏 세상 잘 살아왔다는 자부심마저 생긴다.

이만한 친구 하나 건졌으면 잘 살아온 거 아닌가? 하는 행복한 시간이다.

이런 시간과 만남을 마련해준 것도 하나님의 뜻이니 가만히 속으로 하나님께 감사했다. 그리고 나만큼 행복한 사람이 어디 있겠나 하는 생각을 하면서 그저 마냥 즐겁고 고마웠다.

머리털 하나도 세신 바 되시는 하나님이신데 우리들의 만남이 어찌 하나님의 예비가 없이 이런 고마운 친구를 주셨겠는가 하면서 다시 한 번 하나님께 감사하는 시간이다 .

가깝다고 마구 대하거나 무례함 없이 오랜 세월 한 번도 마음 상하는 일 없이 지켜준 우리의 우정, 오늘도 나는 주님께 감사한다. 혹여 살다가 어리석고 헛된 자존심이 우리를 쏘삭질해도 지금처럼만 잘 지켜온 우리들 우정이 되길 기도하며 오늘도 고마운 나의 속 깊은 친구의 가슴을 남모르게 조용히 생각하니 존경하는 마음과 사랑하는 마음이 샘솟듯 솟는다.

우리가 죽는 날까지 옛날부터 지금까지 지켜온 우정처럼 앞으로도 변함없는 잔잔한 사랑으로 서로 소중한 마음을 지켜주실 걸 믿고 깊은 사랑에 진심으로 감동과 더불어 고마운 마음이다.

서로 주 안에서 만나고 사랑을 배웠으니 진정한 주님의 사랑 앞에 주의 영광 가리지 않고 서로 기도하는 가운데 우리들의 우정과 사랑에 누구도 방해하는 자 없고 누구도 끼어들지 않는 우리만의 보물 같은 우정으로 키워온 고운 사랑을 영원히 간직하고 싶다.

소중한 그 친구가 언제나 건강하고 여생을 많이 행복하게 지냈으면 좋겠다.

가족이 뭐길래

누군가 우리나라 대기업가의 말이 가족과 자식만 바꾸지 말고 다 바꾸라는 말을 해서 화두가 되었던 적이 있었다.

가장 소중하고 내가 살아야 될 이유가 가족이고 내가 살아가야 하는 행복이 바로 가족이고 내 희망이 가족이고 사랑하는 사이의 최고의 관계지만….

어떨 땐 가끔씩 나도 모르게 이상한 말 같지도 않는 의문이 들 때가 있다. 그건 내가 가끔씩 가족으로 인해 마음 상할 때 때론 약간 굴레 같은 생각이 드는 존재란 생각이 들 때가 있었다. 물론 좋을 때야 그런 마음이 감히 들겠나만은 어떨 땐 철없는 마음인지 몰라도 가족이라 더더욱 부담스럽고 내 인생의 걸림돌이라는 생각이 들 때가 있다.

운명적으로 가족은 행복이지만 또 가끔 불편하기도 하다. 가정은 포근하기도 하지만 가끔 탈출하고도 싶은 공간이다.

그래서 우린 가끔 그곳에서 벗어나고 싶고 외출하고 싶은 마음이 들 때가 있나 보다.

피를 나눈 게 가족이고 엄청 가까운 사이고 가장 시간을 함께 많이 갖는 게 가족이다.

그러나 가족이라도 힘든 병이 들어 정말 나를 힘들게 할 때라든가 또는 내 인생에 늘 걸림돌이 되는 가족들이 얼마나 많은가.

부모는 자식에게 생존을 돕는 자 그런 부모는 가끔 우주 같은 존재다. 그리고 부모는 자식에게 꼭 줘야 하는 조건과 관계없이 사랑을 줘야 하는 것처럼 그렇게 하늘의 분부를 받은 듯한 게 부모들이다.

그런데 요즘 부모는 가끔은 이탈한다. 직위를 벗고 부모가 부모 답지 않게 이탈하는 모습도 세상엔 종종 보게 된다.

자식은 또 어떠한가? 자식이길 포기한 자식이 얼마나 세상엔 많은가. 이런 모습들을 볼 때마다 안타깝고 잘못되었지만 그래도 가족이란 타이틀은 벗어나지 못하는 똑같이 굴레처럼 붙어있다.

부부도 마찬가지, 부부란 사랑의 존재로 해서 맺어진 사이지만 그런 부부 역시 세상엔 남모르게 무늬만 부부가 얼마나 많은가.

부부는 마음과 마음이 통하는 사이여야 한다. 대화가 없이 이해하기만을 바라면 이기적인 오해로 골이 깊어지고 그것이 오래갈 때 결국에 파멸로 이루어 지는 게 부부다. 그러나 대다수의 부부들은 마음이 맞지 않아도 자식 때문에 얽매여 또는 사회적 체면 때문에 이혼도 못하고 이런저런 고통 속에 가족이라는 굴레로 가끔은 휘청대며 살아가는 사람들이 이 땅엔 적지 않게 있다고 본다.

가족, 가족이 무엇인가? 알아주길 바라는 것보다 이해해 주는 게 가족이다. 서로를 알아주는 게 가족이다.

분명히 가족은 울타리 같고 사랑이고 희망이고 삶의 전부같이 느끼는 게 가족이 아닌가?

그럼에도 세상 사람들은 간간이 가족으로 인해 많은 사람들이 남모르게 힘들면서 상처받고 울고 사는 사람들이 얼마나 많은가.

가족과 화목하면 천국이고 가족과 다툼이 있으면 그것처럼 지옥이 없다. 힘들고 아픔을 감싸주고 다독이면서 관심이 갖는 게 그게 바로 가족 사랑이다.

어떨 땐 타인보다도 가족으로 인해 상처받는 건 더 스트레스가 많다. 그건 바로 가족도 남도 마찬가지지만 소통이 안돼서 그런 것이다.

무엇이든 소통이 잘 돼야 서로가 행복하게 살 수 있는 게 사람 사는 모두의 이치이다. 가족이든 타인이든 소통이 안되고 불통하면 마음이 지옥이고 그 사람이 다 미워진다.

감정의 소통이 안될 때는 그것처럼 속상하고 마음 상하고 슬픈 일이 어디 있으랴…. 감정의 마음을 소통을 하는 것은 과연 무엇일까?

서로 허물없이 털어놓으며 이해해 주는 게 가족인데….

우린 가끔 남들과 다투면 화해가 쉬운데 가족은 가족이라는 것 때문에 어떨 땐 더욱 어렵고 힘들 때가 있다.

가볍게 생각하면 가족인데 뭘 그러냐고 하겠지만 가족이기에 더 많이 알기에 그만큼 섭섭한 것도 많아지는 법이다. 모든 생각도 마음이 돌아오는 길도 남보다 더욱 더딜 수가 있다.

모든 관계는 상대성이다. 가족도 마찬가지지만 가족이란 울타리 때문에 보이지 않는 가슴앓이가 더 심할 수도 있다.

감성에서 소통은 모두의 사랑에서 모두가 해결해야 되지만 가족은 더더욱 그러하다고 본다.

어떨 땐 도대체 가족이 뭐길래라는 단어 속에 한숨을 섞을 때가 많은 게 우리네가 살아가는 가족사다. 나는 반드시 가족이란 행복한 존재를 넘어 어쩔 수 없이 짊어지고 가야 하는 운명적 존재라고 볼 수 있다. 우리는 운명의 인연인 가족적인 가족이야말로 행복이지만 또 가끔 불편하기도 하다.

가정은 든든하고 포근하기도 하지만 변덕스러운 사람의 본능적 마음이 가끔 탈출하고도 싶은 공간이기도 하다.

그래서 우린 가끔 그곳에서 탈출하고 벗어나고 싶은 마음에 외출을 하고 싶은 마음이 든다.

시동생

나에게는 시동생이 네분이 있다. 내가 시집을 올 땐 다 청년이고 막내 시동생이 국민학교(지금 초등학교) 일학년이었다.

그 위가 중학교 등등으로 고만고만한 시동생들이 이제는 다 같이 늙어가는 처지다. 남편이 얼마 전 하늘나라로 가고 난 후에 가끔씩 잘해주지도 못한 형수인데도 전화며 문자며 용돈이며 안부를 자주 주는 착한 시동생들이다.

오늘은 막내 시동생한테 안부 겸 문자가 왔다. 문자엔 안부와 더불어 이런저런 얘깃거리까지 날 보라면서 보내왔다. 시동생들의 친구들과 재미 삼아 농담 삼아 나눈 재미난 문구가 잊히질 않아 이곳에 옮겨 봤다. 문자에 온 글 속엔(昨今의 한-일 관계를 보며 조선의 명장 안위 장군을 기린다)

– 안위 장군은 임진란 당시 명량해전에서 수군 제독으로 이순신 장군을 도와 승리로 이끈 주역이다.

– 그는 순흥 안 씨로 전북 김제 출신이다. 임진–정유란 당시 전북 출신으로는 가장 혁혁한 공을 세웠다는 사실을 기억하자.

이 사실을 알아서 극일하고 전북인의 자존심을 세웁시다. 시간이 나면 장군님의 묘소(김제시 백산면 조종리 산 4–5)를 방문하여 참배합시다.라는 말과

– 장군은 정여립(기축옥사, 1588년)의 5촌 조카로 조정으로부터 박해를 받았음에도 이항복의 천거로 무과에 급제하여 많은 전선에서 혁혁한 공을 세우신 애국지사이자 명장이다.

– 명량해전 및 당포해전 등에서 수많은 왜적을 물리쳤으며 특히 명량해전에서 안위 장군의 용기가 없었다면 이순신 장군은 전사했다고 본다.

– 무모한 해전에 나서는 이순신을 보고 어느 장군인들 선뜻 나서지 않았으나 안위 장군만이 제일 앞장서서 이순신 장군을 도우려 나서자,

이순신 장군은 그의 일기에서 "역시 나에게는 안위 밖에 없구나"라고 했단다.

장군은 이후 정 2품에 오르고 전라 우수사, 경상 수사, 전라 병사 등을 역임하고 고향인 김제로 낙향했으나 병자호란이 일자 74세의 고령임에도 임금을 구하기 위해 북상하던 중 은진에서 함락 소식을 듣고 고향에 내려와 82세의 고령으로 별세했다.

이런 – 자랑스러운 안위 장군의 정신을 고취한다면 우리는 반드시

극일하여 작금의 난국을 타개할 수 있다고 본다.

#참고

– 우리 동창 ○○가 백산면 출신으로 김제 ○○원이고

– 총 동창 회장 안 ○○은 안위 장군에 김제 문중이고

– 백산면 조동리 출신 동문으로는 ○○ 중장, ○○ 헌병 ○○ 형제가 있다.

–전북인들은 안위 장군처럼 극일 선봉에 서자.

순응 안 씨는 안창호, 안중근 선생을 배출한 애국 집안이자 일본이 제일 무서워하는 성씨이고 공교롭게도 아베(한자로 안배)이니 우리 동창 안 ○○과 안 ○○을 특사로 보내면 아베는 형님을 만났으니 깨갱하라라 생각한다.

(아래 글은 농담♥♥) 이런 문구로 대학 동문끼리 주고받은 우정의 문자를 보내줬다. 보내준 이 글을 보고 지금껏 안씨 가문에 시집을 와 내 자손들을 낳고 살면서도 같은 조상의 귀한 분의 소식을 처음 알게 되었다. 물론 역사 공부도 소홀했지만 나는 새삼 검색에 들어가서 내 자식의 조상 뿌리를 뒤져 보았다.

안위 장군은(1563년–1644녀는 1592년(선조 25) 무과에 급제하였으며 이듬해 거제 현령이 되었다. 1594년 임진왜란 중에 이순신 장군이 지휘한 제2차 당포 해전 때 전 부장으로 공을 세웠다. 그 후도 이런저런 고위직도 역임하면서 1608년에는 전라 수사로써 수근을 통제하였다.

1636년 병자호란 때도 74세의 고령에도 불구하고 임금의 소례를 모시고 따라가기 위해 북상하던 중 은진에 머물고 있었으나 길이 막혀

남한산성까지는 들어가질 못하였다. 그 일로 우울한 심정으로 고향에 돌아와 향년 82세로 별세하신 분이 바로 안위 장군님이라는 걸 확실히 공부하는 시간이었다. 우리는 한민족이다. 그리고 서로 가문의 뿌리가 있다.

내가 시집온 집안에 뿌리를 한 번쯤 나도 배우며 흐뭇한 시간이었다. 내 아들이 내 손주가 안위 장군 같은 귀인이 또다시 나오길 기도하는 나의 욕심이다.

오늘 내 시동생이 살갑게 형수 보면서 웃으라고 이런 글을 보내준 마음이 속으로 고마웠다. 왠지 남편을 보는 듯한 마음이 들었다. 재밌다는 답신을 나는 곧바로 주고 난 다음 가만히 시동생이 참 기특하고 고맙다는 생각이 들었다. 물론 친구들끼리 농담으로 한 얘기들이지만 모두가 나라 생각하는 애국자들임에는 틀림이 없다는 사랑스러운 사람들이다.

내가 시집오던 해에 이 시동생은 지금의 초등학생이 이렇게 커서 어엿하니 출세도 하고 가정도 자녀도 모두 훌륭한 가정이다. 철없는 아이로 내 남편인 큰형을 무지 좋아하고 따랐다. 언제나 큰형만 오면 같이 잔다고 신혼인 우리방을 점령했던 어린 시동생이었다.

그때마다 우리 시어머님은 당신의 철없는 막내아들을 우리방에서 억지로 끌고 나가듯 밖으로 달래면서 데리고 가셨다.

그렇게 철이 없던 시동생이 커서 대학교 군대 결혼을 해서 이제 사회에서도 어엿이 성공한 사람으로 모두가 부러워하는 사람이 되었다.

세월은 유수와 같이 흘러 남편은 하늘나라로 간지도 몇 년이 되어 혼자 있는 형수가 안됐다며 가끔씩 아들 못지않게 안부며 선물이며 또 내 서적이 나오면 서점에서 싹쓸이를 하다시피 알게 모르게 내 편이 되는 아주 고맙고 멋진 시동생이 있어 늘 속으로 감사하고 든든한 생각마저 든다. 물론 그 옆엔 착한 동서들의 마음이 한몫하겠지만….

그런 시동생이 있다는 게 내겐 참 복이다. 물론 네 명의 시동생이 있지만 모두가 아롱이 다롱이다. 그래도 모두가 착한 사람들이다.

그중에 셋째와 넷째 시동생이 늘 정이 간다. 아마도 어릴 적에 함께한 추억이 많아 그런가 보다. 정이 유독 좀 많은 셋째 시동생은 수시로 안부를 묻고 막내인 여기 주인공인 시동생도 가끔 안부를 주는 게 늘 고맙다.

남편이 가고 없을 적에도 혼자 내가 쓸쓸할까 봐 동서랑 함께 일주일이 넘도록 머물러주고 간간이 챙겨주던 내 시동생들, 돌이켜 보면 그들에게 해준 것도 없는 형수인데도 불구하고 커다란 사랑으로 늘 한결같이 대해주는 나의 시동생들이 고맙다.

물론 그 뒤엔 보이지 않게 내조로 사랑을 함께 하는 나의 동서들의 숨은 큰 정도 있는 게 확실하겠지만….

내겐 이렇게 추억이 많은 시동생들이 늘 소중하고 고마운 생각이 든다. 그런 시동생들이 이제 나에겐 든든한 울타리 같다. 이제 와 생각하니 그런 시동생들이 더 소중하고 사랑스럽다. 그런 내 시동생들이 많이 행복하고 건강하기를 기도한다.

젊었을 적엔 그렇게 소중한 줄 몰랐는데 남편이 가고 나니 피붙이라는 게 무엇인지? 시동생들이 더욱 소중하게 느껴진다.

그것이 혈육의 정인가 보다. 이 세상의 어느 시동생들보다 더 훌륭해 보이는 내 시동생들의 가족과 가정 모든 일에 행복을 비는 마음이다.

살갑게 이런저런 문자를 보내온 시동생이 오늘따라 아들 못지않게 소중하고 지금도 어린아이같이 귀엽고 귀하게 느껴지는 날이다.

손주 사랑

네 명의 손주들이 있지만 첫정이라 그런지 큰손자는 보기만 해도 내 입가엔 저절로 흐뭇함과 행복을 안겨주는 든든한 손주다.

세월 속에 애들 크는 걸 보면 내가 늙었다는 걸 느낄 수가 있나 보다. 그 어리디 어린 게 어느새 커서 그래도 공부도 잘해서 소위 말하는 우리나라 명문대 2학년을 마치고 군에 입대를 한지가 엊그제 같은데 그새 일 년이 넘어간다. 그간 군 생활에 적응하느라 애썼을 우리 손주를 생각하면 짠한 마음도 있지만 한편으론 얼마나 감사한지 건강해서 대한민국 군인으로 복무를 한다는 게 너무 기특하고 하나님께 얼마나 감사한지 모른다.

요즘 세상에는 희한한 전염병인 코로나19라는 병으로 나라는 온통 비상이 걸리고 사람들은 마스크 없이는 한 발자국도 외출이 금지된 시대에 살고 있다.

이 와중에 차라리 사랑하는 우리 큰손주가 군에 있다는 게 한편으론 얼마나 다행으로 생각이 드는지 이게 할미 욕심의 마음 같다.

얼마 전에 휴가를 나와 친구를 만난다고 돌아쳤다는 말을 전해 들리니 얼마나 불안하고 걱정이 되던지 그러던 차 휴가를 마치고 귀대했다는 소식이 차라리 내겐 더없이 안심이 된다.

내 소중한 큰손주가 대한민국 군인으로서 군 복무를 한다는 생각만으로도 나는 가끔 셀레는 마음이 든다. 밥을 안 먹어도 배가 부를 정도로 뿌듯하니 행복하고 든든하고 듬직한 나의 큰손주다.

공부도 잘하고 키도 크고 매력 있는 큰손자는 내 마음을 사로잡는 멋진 손주다. 손주들을 생각하면 늘 내 입가엔 미소가 생긴다.

지금도 생각하면 그 쬐멘한 아기가 흐르는 세월 속에 이쁘게 커서 저렇게 파란 군복을 입은 늠름한 모습에 나는 요즘 남모르게 큰손자의 매력에 푹 빠진 그 이름 할미다. 어찌 그리도 이쁘고 사랑스럽고 멋진지…. 이렇게 나도 어쩔 수 없는 손주 바보다.

나는 날마다 내 손주들만 보고 살면 굶어도 배가 부를 것 같다.

둘째 손주는 그애만의 또 귀엽고 매력 있는 손주다. 셋째 손주는 늘 나이에 맞지 않게 듬직하니 애 늙은이같이 점잖는 게 매력이다.

나의 가장 귀여운 막내 손주는 아직은 천방지축이지만 하는 짓마다 깨물어 주고 싶을 정도로 귀엽고 사랑스러운 막내 손주다.

이렇게 나는 손주 바보 할미가 되었다. 아침마다 저녁마다 손주들만 생각하면 세상에서 내가 제일 행복하고 부자인 것 같다.

시대가 시대인 만큼 요즘이야 무슨 복에 날마다 손자들과 같이 살 수는 없지만 그저 먼 발치에서 가끔씩 만나보는 재미로 살면서 바라는 건 그저 건강하게만 잘 자라고 지혜롭게 크는 것만 보면서 만끽해도 행복의 바이러스는 역시 손주들이다.

요즘은 아마도 그게 세상 모든 할아버지 할머니들의 모습이며 같은 추세면서 커다란 행복일 것이다.

다른 분들도 다 마찬가지가 아닐까 하는 생각이 든다. 간혹 특별한 복을 차지한 사람들 빼고는, 요즘이야 다 핵가족 시대니 만큼 그저 가끔씩 얼굴만 보면서 소식만 들어도 우리 시대 할아버지 할머니들은 모두가 더없이 행복할 것이다.

오늘 어미한테서 우리 큰손주가 이가 아프다는 소식을 접했다 군에서 이가 아프면 얼마나 고통스러울까 하는 걱정에 밤잠을 설쳤다.

그래도 거기도 사람 사는 곳이니 알아서 치료를 잘 받겠지 하는 위로를 하면서 모쪼록 빨리 회복되길 그저 간절히 기도한다.

내가 이렇듯 걱정이 되는데 지 아비 어미는 오죽하겠나. 모든 자녀를 둔 부모들의 마음이 이렇지 않겠나라는 생각 속에 오늘은 우리 큰손주가 군대 생활에 잘 적응하면서 절대로 아픈데 하나도 없이 건강하면서 윗사람도 동료들과도 잘 융화하면서 의젓하고 훌륭한 인품으로 곱게 자라주길 간절히 기도하는 마음이다.

군대라는 곳이 단체 생활을 하는 곳이라 그런지 모든 게 달라지게 배우고 커가는 곳이기도 하나보다 .

가끔 전화로 들려오는 큰손주의 안부 멘트가 많이 의젓해지고 어른스러워 진 걸 보니 남자는 군대를 꼭 갔다 오는 게 좋겠다는 생각도 든다. 처음 입대할 때 어서 우리나라도 군대라는 게 없어졌으면 하는 간절한 바람뿐이었는데 저리 의젓해져 가는 큰손주의 모습에 생각이 조금 달라졌다. 군대만큼 상하와 단합, 융화하는 법을 터득하는 곳도 없을 듯한 마음이다.

오늘도 하나님께 우리 큰손자 이빨 아픈 거 빨리 낫게 해 주세요 하면서 손주들이 곱게 잘 자라서 이 나라의 귀하고 소중한 인물로 건강하게 잘 자라주길 간절히 기도하는 마음이다,

그리고 어서 빨리 이 나라가 통일이 되어서 앞으로 군 복무만큼은 선택권으로 바뀌서 원하면 가는 군대였으면 하는 마음이다.

5월은

언젠가 우리 아들이 농담 삼아 한 말이 갑자기 생각난다.

시인이 되면 팔자가 안 좋다는데라는 말을 하며 엄마는 무슨 시를 쓴다고? 하면서 나를 걱정반 놀림반 하던 말이 요즘은 공연히 귀에서 자꾸만 맴돈다.

옛날이나 지금이나 글쟁이란 말이 있듯이 시인들의 좋은 작품 속에 힘들고 가난한 모습들이 자주 등장하고 있지 않는가. 모두가 다 그런 건 아니지만 문학을 한다는 건 돈을 버는 것보단 글이 좋아 스스로 하는 것이다.

그래서 시를 쓰는 사람들은 그만큼 멋도 있고 힘들게 고뇌를 하며 좋은 작품을 뽑어낼 땐 자부심도 있다.

시인이라고 다 힘들고 가난하고 아픔이 있는 사람들이겠나마는 가끔 역사 속 시인들을 볼 때 낭만주의라든가 가난한 백석의 유명 작을 볼 때는 나 역시 시인들은 다 가난한가?라는 의구심이 들 때도 있었다. 하지만 그럴 리가 있겠나 글을 써서 역사에 남기다 보니 이런저런 아픔들이 남겨지니 그렇게 하는 말이 것일 수도 있다.

나는 그래도 문학을 하는 게 무척이나 행복하고 자랑스럽다 문학은 기록문학이라 더욱 그렇다.

인생의 꽃은 사랑이고 자본주의 꽃은 건물이고 예술의 꽃은 문학이다. 그리고 세상의 꽃은 사람이고 영혼의 꽃은 기도라고 말하고 싶다. 그걸 나열할 수 있고 느낌을 기록할 수 있으니 얼마나 행복한가?

만약 내가 글을 쓰지 않았다면 무엇으로 가슴을 털어놓고 살 수 있는 있단 말인가 생각하면 글을 쓰게 되었다는 게 내겐 얼마나 커다란 축복인가.

글을 쓰는 문인이라면 아마도 다 같은 이런 마음일 게다 하고 생각한다. 자기가 좋아하지 않으면 돈 되는 일도 아닌데 그렇게 힘들게 글을 쓸 사람이 누가 있겠나. 요즘 나는 남편을 하늘나라로 보내고 나니 이상하게 그 말이 자꾸만 생각나며 귓가에 맴돈다.

내가 시인이 돼서 슬픈 일을 겪나? 하는 생각도 해 본 적도 있지만 그건 잠시 슬플 때 지나칠 뿐이다. 이 땅에 살면서 아무리 모든 걸 다 갖췄다 해도 힘들고 슬프지 않게 사는 사람이 어딨겠나.

쌍가마 속에도 눈물이 있다 했거늘….

사람마다 저마다의 아픔과 괴로움은 누구나 다 갖고 살아가는 게 인생이 아니던가. 나만큼 고생하지 않고 사는 사람이 세상에 얼마나 되겠나 사는 게 다 거기서 거기겠지.

그리고 모든 건 하나님이 하시는 일인데 그런 미신 같은 말을 생각을 하다니 하면서 머리를 흔들었다.

사람은 때가 되면 누구나 다 저세상으로 가는 길인데….

조금 먼저 가고 늦게 가는 것뿐이지만 혹독한 건 차라리 남겨져 있는 사람이 더 힘든 것 같다.

무심한 세월 속에 남편이 내 곁을 떠난 지도 어느덧 여러 해가 바뀌었다. 청춘과부도 아니렸만…. 내 나이 고희가 넘어 남편과의 사별이 뭐 그리 애달프랴마는 그래도 살아온 날 만큼 이별은 아프고 또 아픈 거라는 걸 느낀다. 다른 것보다 남편이 살아 있을 때 못해준 기억만이 나를 가끔씩 괴롭히고 힘들게 한다.

그래도 야속한 시간은 물 흐르듯 빨리도 흐르는 듯하다. 쓸쓸한 가을에 나만 남기고 떠난 남편이 겨울을 지나고 꽃들이 만발하고 아우성치는 봄을 맞아 이렇듯 또 여름에 들어서고 있으니….

보고 싶어도 이젠 볼 수 없는 내 남편 불러도 대답이 없음이 슬프고 슬프다. 늘 나 하나만을 바라보며 사랑하면서 살던 신실하던 내 남편.

그 사람이 병들어 힘들게 간병을 하다 보니 강팍한 내 마음이 오죽하면 떠나라고 했었단 말인가. 그런 것들을 생각하면서 모진 내 모습들이 원망스럽고 가슴이 아프고 무너져 내리는 듯하다.

사람의 마음은 이렇듯 간사한 것인가 보다. 내가 힘들면 누구나 싫고 내가 좋으면 누구나 좋듯….

이런 기억들이 그 사람이 떠나간 다음에 생각한들 무슨 소용이 있겠나만 늘 어리석었던 그런 마음이 가끔씩 문뜩 문득 나를 힘들게 하고 괴롭힌다.

어떨 땐 차라리 이런 기억들 속에 가슴이 움직이지 않았으면 하는 마음까지 든다. 가슴에 담겨 있는 후회와 회한의 아픔들이 가시처럼 늘 나를 이렇게 괴롭힌다.

5월은 내 마음이 슬프다. 당신과 늘 어버이날이면 함께 대접받던 식당도 자녀들이 아빠 흔적이 생각나서 마음이 슬프다며 다른 식당으로 옮겨 올해는 식당도 다른 곳에서 남편 없는 나 혼자 자녀들에게 대접을 받는 마음도 공연히 어색하고 쓸쓸하고 미안한 마음이 든다.

자녀들을 보면 산다는 게 이렇게 행복한데도 불구하고 남편의 빈자리가 또 이렇게 슬플 수 있다는 게 사람의 마음이고 슬픈 인생 같다.

그렇게 세월은 흘러 익숙지 못한 새로운 생활에 가끔씩 밤을 꼴딱 새우는 날도 많아졌지만 가만히 생각하면 어쩌면 내 인생에 가장 편안한 시간일 수도 있고 지금이 내 인생의 쉬어가는 시간 같다는 생각이 들 때도 있다. 그런 시간인데도 불구하고 아직도 나는 쉬는 방법을 잘 모르면서 살아가고 있다.

부모 사랑

엊그제 지인으로부터 전화 한 통 받은 일이 잊히질 않는다. 통화 중에 이 친구가 하는 말, 큰딸이 외국인과 결혼해서 살다가 헤어져 다시 한국으로 온다면서 부모 심정이 매우 복잡하고 속이 많이 상하다는 말을 했다. 그러면서 그 딸내미가 입국하면 한국서 잘 살게끔도 해줘야 하는데 하는 걱정을 하던 말이 생각난다. 나는 그 친구가 많이 심란하고 속이 상해 엊그제 하던 말이 상황은 이해는 가지만 얘기를 듣고 나서 오늘 가만히 생각하니 속도 많이 상하겠지만 그 친구의 부모 사랑이 너무 무모하고 내가 생각하기엔 조금 맘에 안 들었다.

아니 그 나이 먹도록 키워서 외국에서 유학까지 시켜 결혼까지 했던 아이라면 대책 없이 귀국하고 또 부모의 가슴에 걱정과 근심을 안기는 것도 모자라서 부모의 쥐꼬리만 하게 버는 돈을 축내려 들진 말아야지? 아님 자기 앞가림도 못할 바엔 그곳에서 알아서 취직이라도 하던지 대책 없이 들어온다는 딸내미가 이해가 안 간다. 그래도 부모가 된 친구의 걱정을 듣고 나도 자식 키우는 부모지만 얼마나 부모 맘이 무거울까 하는 생각과 더불어 괜히 남의 가정사와 부모 자식 간의 일에 은근히 화까지 나면서 오지랖이 된 마음이다.

사람이 어느 정도 성장하고 어른이란 나이가 되면 스스로 자기가 선택한 길은 자기가 책임질 줄 알고 자식도 어느 만큼 성장했으면 오히려 부모를 호강을 못 시켜 줄망정 언제까지 저렇게 등골 빠지게 자식 뒤치다꺼리만 하려나? 하는 생각에 나는 그 친구에게 스스럼없이 내 자식 같은 마음에 한마디 던졌다. 그나마 외국에서 공부도 했다며 외국 아이들의 독립심도 못 보고 배웠나? 하는 생각에 남의 자식이지만 얄밉기까지 생각이 든다. 그 친구도 지금껏 자수성가하면서 힘들게 살아오다 요즘에 밥술이나 먹는 듯할 정도다. 우리네 부모들이야 다 가난한 시대에 크게 배우지 못하고 무모님 재산 없이 자수성가한다는 게 어디 그리 흔한 일인가. 그저 남에게 꿈질 않고 사는 것만 해도 감사하며 사는 우리네 평범한 삶들이 아니던가. 그 가운데 자식 유학까지 시킨다는 건 참 어려운 일인데 대책 없이 요즘에서야 부모가 좀 돈을 번다고 그걸 믿고 덜컥 배우자와 헤어지고 귀국하는 아이라면 참 철이 없어도 많이 없구나 하는 생각이 든다. 그런 아이라면 부모라도 따끔히 가르쳐야 하는 게 아닌가? 하는 남의 일이지만 걱정반 평가반 그런 생각이다.

어쩌자고 다 자란 자식을 오냐오냐 사랑만 하면 최고인가? 하는 생각 속에 나는 친구 듣는데 한마디 해놓고 혹여 친구가 자식일이라 섭섭해

할까 봐 은근히 걱정도 되어서 이내 후회했다. 좋든 나쁘든 자식일엔 누구나 부모라면 아무리 친한 친구라도 좋은 말만 듣고 싶은 게 부모가 아니던가. 어쨌든 나는 친구를 생각해서 같은 자식을 교육하는 어미 맘에서 내 뜻을 말한 것이지만 그래도 그 친구는 자식의 일이다 보니 아무리 절친한 사이라도 듣기 싫은 눈치인 것 같았다.

그 친구 하는 말 너는 네 자식이 아니니깐 그리 쉽게 야단도 치라 하고 또 교육도 들먹이지만 나는 내 자식 일이라 가슴만 아프지 아무런 대책도 아무런 말도 나오질 않는다며 목 매인 소릴한다. 딱한 가슴에 허긴 그 말도 아주 이해가 안 가는 건 아니다. 하지만 그래도 부모란 자식이 아무리 아프더라도 타이르고 야단칠 건 야단치고 자기 앞가림 정도는 하는 법을 알게 하는 게 부모 아닌가? 세상 사는 법을 다는 몰라도 대책 없이 행동하는 건 조금 가슴 아프고 냉정하더라도 알려줘야 하는 게 아닐는지 하는 생각이 든다. 하지만 그 친구 가슴이 되어보질 않았으니 잘은 모르겠지만 내 생각과는 자식 교육이 좀 다른 그 친구가 아쉬웠다. 간혹 있는 일이지만 요즘 딸 가진 부모들을 볼 때 참 어이가 막히는 일도 종종 본다. 물론 아들 가진 부모도 마찬가지겠지만….

옛날 같으면 딸이란 한번 시집가면 그 집 귀신이 되어야 한다는 고정관념 속에 여자란 남편 따라 살고 시집의 의미가 뚜렷했다. 요즘은 시대가 바뀌면서 남녀평등 속에 툭하면 여자고 남자고 집안 부모들도 모르게 이혼을 밥 먹듯 하는 시대니 참 어떤 것이 좋아진 세상인지 구분이 안된다. 물론 대책 있게 이혼이든 뭐든 하면 무엇이 그렇게 걱정이 되랴만 살 방도도 없이 덜컥 일을 저지르고 부모만 속을 썩으니 하는 말이다. 요즘 말로 돌아온 돌싱 캥거루란 말이 있다. 캥거루란 부모 밑에서 부모 도움만 받는 자식을 일컬어 하는 말이다. 약속을 소중하게 생각하며 살아간다면 그럴 리 없겠지만 어찌 보면 정말 잘못된 것도 많은 세상이다. 나는 그래도 아무리 바뀐 세상에 살고 있지만 부모가 가르칠 일만큼은 가르치고 또, 잘못된 것은 힘들더라도 바로 훈계 속에 바로잡아 줘야 한다고 생각한다. 언제까지 부모가 함께 사는 것도 아니고 성장을 했으면 성인답게 자기 앞가림은 자기가 책임질 줄 아는 성숙된 성인의 역할을 분명히 가르쳐야 되지 않나 싶다. 아들 가진 부모도 마찬가지겠지만 특히 딸 가진 부모라면 오냐오냐 키우는 것만이 능사가 아니라고 본다. 저렇듯 자기 앞가림도 못하고 대책 없이 부모만 믿고 이혼을 부모 허락도 없이 하면서 부모한테로 온다는 건 얼마나 무모한 짓인가. 우리 세대엔 결코 있을 수도 없는 일이고 지금도 결코 바람직하지 못한 것이라고 생각하면서 물론 잘잘못을 떠나 자식한테 모질지 못한 친구를 이해하면서도 나는 풀지 못할 안타까운 생각이 든다.

옛말에 소중한 자식일수록 매 한번 더 들어 키우라고 했다. 시대가 달라졌다 하지만 그래도 참을성과 대책 없이 인생을 산다면 비단 부모도 힘들게 하지만 그 또한 남에게도 유익을 주는 사람은 못될 듯하다. 우린 다 부모다. 그리고 그 아이도 부모가 될 것이며 다 부모들의 또한 자식이 아니던가. 그렇게 엮어사는 인생 속에 나는 좀 더 부모가 가져야 될 덕목을 생각해 본다. 내게만 예쁜 자식이 남에 눈엔 가시라는 말이 있다. 오냐오냐 사랑만 주는 게 부모의 능사는 아니다. 때론 가혹하고 냉정한 것도 부모가 할 일이다. 또한 부모가 된 나는 나를 뒤돌아본다. 또한 이제 부모도 자식에게 근심을 주지 않는 부모가 돼야지 하는 생각을 숙제 삼아 배워야 할 때다. 늘 깊이 생각할 줄 아는 사람과 대충 자기만 우선 생각하는 사람하고는 인생관이 다르다. 사람이 사는데 삶의 집착이 너무 강해도 인생이 고달프고 또 삶의 애착이 너무 강해도 인생이 고달프듯 자식에 대한 애착이 너무 많아도 힘들다고 했다. 세상에 자식 키우는 부모는 절대로 남의 흉을 큰소리내서 하면 안된다고 한다. 그리고 누구나 부모들은 입찬소리도 못한다. 그게 부모라는 자리지만 나는 어제 친구의 한숨 섞인 걱정 속에 마음이 안 좋다.

친구의 자식이 대책 없이 이혼을 하고 온다는 소식에 남의 일 같지 않게 내 속도 많이 상하고 걱정된다.

그 친구 역시 그 속이야 얼마나 많이 상하겠지만 겉으론 체념한 듯 안달하지 않고 느긋하게 느껴지는 친구를 볼 때 부모란 가끔 자식 일이라면 경우도 계산도 없는 게 부모 같다는 생각도 해보며 친구 근심의 깊은 속내를 생각하니 부모와 자식 간의 잘못된 사랑도 없는 것이고…. 다만 야무지지 못하고 모질지 못한 생각에 지나치고 마는 무모한 사랑이 우리네 부모라는 이름으로 살아가진 않나 하는 생각이 든다. 과연 참다운 부모 노릇이 어떤 건지 깊은 생각에 빠져 보는 날이다.

사랑은 과연?

사랑도 썩은 사랑이 있다.

사랑하면서 늘 감추고 혼자만 가슴에 넣고 사는 사람들이 있는가 하면 또 그런 사랑을 듣기 좋아 가슴에 품은 아름다운 사랑이라고 하지만 세상엔 함께 살아도 무늬만 사랑으로 살아가는 척하는 사람들이 있는가 하면 한쪽은 사랑하는데 한쪽은 다른 곳을 보고 사는 사람도 있다.

사랑하지도 않으면서 놓지도 갖지도 않는 이기적이고 고약한 사랑도 있다. 사랑이란 굴레로 묘하게 얽어서 사용하는 사람들도 있다.

사랑한다는 이유로 굴레처럼 가둬 자기 맘대로 인형처럼 만끽하며 살려는 독선적인 사람, 세상엔 이런저런 천태만상의 사랑놀이에 곪아 터지고 섞어져 가는 가슴을 안고 사는 사람들이 세상엔 심심찮게 같이 살아가고 있다.

아무도 모르게 혼자만의 사랑으로 혼자 평생을 가슴에 아름답게 품고 사는 사람들의 사랑도 있는가 하면 그리고 그걸 짝사랑이라고 하지만 그건 끝이 보이지 않는 가슴이 썩어문드러진 가엾은 사랑이라고 나는 말하고 싶다.

난 그런 사랑을 보면 답답하고 가히 바람직한 사랑이라고 하고 싶지 않다. 얼마나 불쌍한 사랑인가. 상대는 천하에 알지도 못하고 혹여 안들 원하지도 않아 사랑으로 받아주지도 않는 지극히 슬프고 불쌍한 사랑이 과연 소위 말하는 짝사랑이 아니던가.

말이 좋아 사랑이지 남모르게 얼마나 가슴에서 아프고 힘겹게 사랑하는 게 무엇이 그리 아름답고 좋았겠나. 우리는 가끔 영화나 드라마에서 보는 짝사랑을 아름답게 미화하는 모습들을 본다. 참 서정적이고 주인공이 아무도 모르게 짝사랑하는 걸 도와주고 뒷전에서 지켜보는 모습들을 볼 때는 나도 저런 짝사랑을 받는 주인공이 때론 부럽다 한 적도 있었다.

하지만 철이 들고 현실에서 살다 보니 짝사랑이란 그리 아름답지만은 않는다. 늘 더 많이 사랑하는 쪽이 아프고 그 마음이 애처로워서 가슴이 썩어 문들어지는 게 짝사랑이 아니던가. 이렇든 저렇던 홀로 사랑을 하는 건 슬픈 일이고 외로운 일이다. 사랑은 반드시 주고받는 게 행복하고 예쁜 사랑이다.

서로가 느낌도 감성도 행복도 같아야 진정한 사랑이라고 부르고 싶다. 물론 아가페적 사랑이나 친족의 사랑을 빼고는 에로스 사랑만큼은 반드시 둘이 같이 사랑하는 게 아름다운 사랑이라고 말하고 싶다.

나는 짝사랑은 썩은 사랑이라고 하고 싶다. 얼마나 아프고 속이 문드러지는 홀로 하는 사랑인가? 홀로 하는 사랑만큼 아픈 사랑이 또 어디 있을까? 혼자 속이 썩어 문드러지는 속 썩은 그런 사랑은 나는 하고 싶지 않다. 이건 좀 다른 얘기지만 오늘 남의 부부 사랑이야기를 들으면서 그들 부부의 사랑법을 훔쳐보는 날이다. 내가 아는 어떤 부부는 생일 달이 같다고 한다. 부인이 조금 먼저고 남편이 한주 정도 뒤라고 한다.

그 집에는 생일 행사를 어떻게 하느냐고 궁금해서 물어봤다. 아무래도 며칠 상간으로 부부가 생일이 같으면 자녀들이 바쁠 듯해 나의 궁금증이 도져서 은근히 물어보니 남편의 배려로 부인 생일날 한 번에 행사를 치른단다. 참 그 남편의 부인 사랑하는 마음이 감동할 만큼 존경스러웠다. 아무리 그래도 우리 한국의 정서는 남편의 생일에 맞추는 게 거의 대부분 상식화되지 않았나 싶다.

가부장적 풍습보다는 나이로 보나 가장이라는 순서를 보더라도 당연히 남편을 좀 우대시 하는 게 맞지 않나? 하는 생각이 든다.

그집 남편은 얼마나 아내를 끔찍히 사랑하기에 자기 생일이 뒤에 있는데도 불구하고 부인 생일에 맞춰 자기가 양보한다는 건 아직까진 우리 정서에 드문 사랑이다. 세상의 개관적 생각으로도 좀 그렇다. 물론 그런 게 사랑 앞에 무슨 대수겠냐만….

나는 아직 세련되지 못해 그런지 아들만 있어서 그런지 아니 아직 고루한 옛날 조선시대 사람이라 그런지 그 말이 그리 달갑지 않다.

나라면 혹여 남편이 아내 사랑하는 극진한 배려를 해도 부인이 사양하고 남편을 치켜세워 줘야 하는 게 아닌가 하는 생각이 든다.

남의 가정사에 내가 판단할 일은 아니지만 아무리 세월이 바뀌고 세상이 달라졌다지만 평생을 처자식 위해 일해온 남편이라면 적어도 나이를 보나 무엇을 보더라도 그만한 가장의 위세를 세워 주는 게 아내로써 맞지 않는가 하는 생각이다.

그걸 말이라고 자랑삼아 말하는 부부를 접하면서 나는 생각한다. 이것도 과연 사랑이라고 그 부인을 두둔 할 수 있겠는가 하는 반문이 든다. 사랑은 서로가 존중하며 질서를 파괴하지 않는 것이다. 가정도 부부도 연인도 자식과 형제지간까지라도 질서가 무너지면 기강이 깨지는 법이고 기강이 깨지면 모든 게 순조롭질 않는 법이다 물론 누구 하나가 가슴이 썩어 문드러진다면 평화 아닌 평화가 유지되겠지만….

그 집도 내 생각엔 남편이 퍽이나 온순하고 마음결이 고운 분인 듯하다. 누구나 속으론 자기 우선 주의라 마음은 인지상정인데 따뜻한 마음으로 부인을 사랑하는 그 남편이 퍽이나 착하고 존경스러워 보였다. 부인들은 남편들을 통해 자기 발전의 욕망을 채우는 게 살림만 하는 주부의 욕망이다. 사회서 진취적으로 본인이 나가서 진취하지 못한 욕구를 남편을 통해 채우려는 게 내조 즉 아내라는 역할이고 여성의 위상이라고 숨겨져 있는 여성의 욕구일 게다. 하지만 그 욕구를 잘못 채우며 사는 주부들도 만만찮다는 느낌이 든다.

물이 위에서부터 흐르지 아래서 흐르는 법은 없듯이 모든 이치는 아래 위는 반드시 정렬되야 흐르는 물처럼 아름답고 평화로운 법이다.

부부는 한날한시에 어른이 되고 부부는 동등한 관계지만 가정으로 넓게 본다면 그것도 아닌 것이다. 자식들이 무얼 보고 배우겠나?

아버지의 따뜻한 배려도 물론 좋지만 상대적으로 부인 역시 남편을 배려하듯 세워 주는 게 아내가 할 역할이 아닐는지? 부부도 엄연히 나이라도 더 먹은 아버지를 우대하고 기강이 세워질 때 그 가정이 바로 된 가정이 아니던가.

옛날 우리가 자랄 적엔 감히 아버지와 겸상도 못하던 시절이 있었다. 그만큼 아버지라는 존재의 위치가 대단했던 시절이 있었다. 그래도 자식도 부인도 누구 하나 그러려니 하는 그 가정이야말로 기강 잡힌 가정으로 늘 화목했다.

요즘에도 물론 아버지의 위치를 우대하는 가정이 적지 않지만 오늘 색다르게 살아가는 가정의 사랑을 접하면서 참 사람 사는 게 또 사랑하는 게 여러 가지라는 모습에 변하는 세월 속에 내가 잘못된 썩은 생각인가 하는 마음도 드는 시간이다. 분명한 건 사랑은 무례하지 않으며 사랑은 서로가 존중하는 게 사랑이라고 했다.

사람이 삶의 노예가 되는 것은 불행한 일이지만 사랑의 노예가 되는 것은 기꺼운 일이라고 누군가 말했다. 아마도 그 집 남편은 기꺼이 사랑의 노예로 사는 즐거움이 있어서 그걸 즐기며 행복하게 생각하는 그런 사람 같다. 그리고 평화주의라며 자기를 버리고 아내를 많이 존중하는 것 같다는 생각이 든다.

그래도 왠지 식견이 부족하다 해도 지혜는 있어야 하고 발군의 능력자라도 진심부터 갖춰야 하는 신망이 모자란 듯 보이는 마음이다.

나는 어쩐지 그들 부부의 그런 사랑을 그다지 부러워하거나 선호하거나 우대하고 싶은 마음은 전혀 없다는 생각이 드는 날이다.

노년의 아픔

아무리 아름답다 해도 벌레 먹은 장미나 시들은 장미는 꺼림칙하고 순수하다 해도 소담스러운 호박꽃은 탐탁잖다. 이렇듯 인생도 늙으면 마찬가지다.

노년의 준비는 어떻게 하는 건가? 돈 친구 건강은 기본이고 그 외 생각도 마음 씀씀이도 부단히 노력해야 되는 시간인 것 같다.

오로지 내가 선택하고 책임지며 연륜에 맞게 미움도 사랑도 절망까지도 품을 줄 알아야 되는 어찌 생각하면 비움과 내려놓기를 하지 않으면 살 수가 없다는 그런 게 노년인 듯 하다.

금방 들어도 노트에 적지 않으면 금방 잊어먹고 누가 뭐라지 않아도 공연히 서글픈 마음이다.

어느 틈엔가 나도 모르게 노년이 되었다. 노년이 되니 사실 득보다는 잃는 게 더 많다는 생각도 든다.

무엇이든 노년엔 나잇값 해야 한다는 부담으로 누가 뭐라 하지 않아도 이것저것 제한되는 게 많다. 어찌 보면 때맞춰 적당한 시기에 계절도 좋았고 끝까지 가족 품에서 떠난 남편이 요즘 나는 부럽다.

하지만 맘대로 못하는 게 인생의 노년을 맞는 게 아니던가 하는 고민 속에 요즘 나는 홀로된 노년을 맞이하고 보니 비우지 못하는 마음이 저녁만 되면 홀로 지내는 게 익숙지 않아 힘이 든다. 잠도 적어지고 외로움을 잊으려고 손에서 입으로 넣지 않고는 견딜 수 없는 나쁜 습관마저 생겨 버렸다.

그러다 보니 그 덕에 살은 불어나고 속 모르는 남들은 얼굴이 좋아졌다는 등 하며 위로인지 좋다는 건지 아리송한 소리도 듣기 싫은 소리가 되어 짜증으로 들려온다.

늙은 몸은 무거움에 여기저기 고장을 호소하는 듯 통증으로 힘이 들기 일쑤며 먹는 약도 많아졌다. 준비되지 못한 혼밥 혼숙이란 시간 속에 이 모든 것들이 살아가는 게 개념 없이 엉망이다.

마음은 아직도 남편이 떠나지 않고 죽어도 죽지 않고 날마다 함께 살아가는 듯한 그 사람의 체취가 남아 나도 모르게 깜짝 놀랄 때가 많다. 정신을 차리고 사실을 인정하고 나면 어느 틈엔가 나도 모르는 사이에 의욕은 달아나고 지금껏 느끼지 못하는 또 다른 허망함과 허탈한 고독이 밀려온다.

그럴 때마다 밤이면 냉장고 문만 바쁘게 여닫는다. 요즘은 닥치는대로 먹는 취미로 시간을 때우는 듯하다.

티브이를 틀어도 머리에 제대로 들어오는 프로가 없이 생각이 제멋대로 움직이는 그저 지나가는 그림자 같고 마음은 늘 맨붕으로 늘 멍하다. 잠을 자도 편하지가 않고 무언가 불안에 뒤척이다 보면 밤이 싫고 아침만 기다린다.

이렇게 밤이 길고 지루할 줄 미처 몰랐다. 전엔 누우면 그리도 잠이 잘 오던 그런 나였는데….

부부가 만나 함께 가정을 이루고 자녀들을 키우고 또 자녀들을 모두 출가시키고 나면 또다시 부부만 마지막엔 남아 살다가 먼저 짝꿍이 가버린 자리는 아무리 힘들게 병치레를 하다 떠났어도 그리움만 남는 법 도대체 다른 사람들은 이런 과정들을 어떻게 대처하면서 참으면서 살아갈까?

한 번도 해보지 않은 또 다른 삶의 공부에 요즘 나는 아주 엉망이 된 머릿속이 상념으로 그득할 때가 많다. 어떻게 살면 내 인생의 이모작을 멋지게 살 수 있을까 고민도 해 보지만 아직까지 대책 없이 허당 같은 생각 속에 마음은 늘 그 자리에서 허우적 된다.

아~마지막 내 인생의 노년이 행복하고 사람답게 살다 가고 싶은 욕구가 머리로는 계산이 되는데 가슴엔 보이지 않는 혼돈의 싸움 속에 마지막 노년을 다시 배우는 초등생의 뼈아픈 시간이다.

그저 사람이 할 수 있는 건 하나도 없다는 생각에 엎드려 하나님께 자녀와 내 노년을 위해 기도할 뿐. 나의 하나님 내게 노년의 은혜를 편 온하고 아름답게 베푸소서. 하는 기도만 중독처럼 늘 중얼된다.

어찌 보면 내 인생에 있어 지금이 가장 평화로워야 하고 사실은 자유로운 시간일 수도 있는데….

이런 것들을 찾아서 살기엔 아직도 긴 수업을 더 해야 될 듯한 힘든 시간들이다. 아직까진 좋은 생각이 떠오르지 않고 이리저리 혼자 가슴을 휘젓는 홀로된 노년의 아픔이다.

오늘도 노년을 배우는 과정에 낮에는 이리저리 사람들과 어울려 이곳저곳 다니며 살아가지만 밤이 되면 익숙지 못한 혼잠이 또 다른 내 영혼의 고독으로 빈 가슴은 문풍지처럼 흔들린다.

남들은 나에게 편하고 자유로워 좋겠다는 사람도 있지만 결코 그렇치만은 않다. 늙어도 젊어도 사랑 없이 홀로 산다는 건 정말 참기 힘든 인생살이 같다. 사람은 누군가와 사랑을 하고 사랑을 받으며 지지고 볶고 살아야 사람 사는 멋 같다. 그것이 결코 삶이 힘들더라도 행복이 있다는 걸 뼈져리게 느끼지면서 노년에 있어 나에게 또 다른 수업 시간이다. 하나님께서 내 노년이 더욱 겸손의 빛을 발하는 삶이 되게 하옵시고 진실로 이 땅에 사는 행복한 법을 또 다른 모습으로 알게 하소서 하는 기도와 함께 고독에서 벗어나 황홀한 노년의 자유를 마음껏 만끽하며 세상에 사는 또 다른 맛을 알게 하소서.

둘이어서 행복하다는 말이 혼자라도 노년이라서 행복하다는 말로 이젠 마음껏 바뀌면서 살게 해 주시고 노년을 자랑할 수 있도록 나를 인도하소서…. 하는 기도 속에 오늘도 이렇게 덤덤히 살아가고 있다.

어찌 보면 홀가분한 삶이라고 행복해야 되고 편하게 생각해야 한다지만 닥치고 보니 노년의 숙제도 만만찮다. 누구도 노년이라고 깔보지 않고 노년 앞에 억지로가 아니고 가식도 아니고 진실로 젊은이들의 가슴 깊은 곳에서 소망하며 바라보는 축복의 롤모델로 살고 싶다.

청춘이 우리 앞에 진심으로 고개 숙일 수 있는 자랑스러운 행복한 노년이 되고 싶은데. 노년의 고독은 편한 듯해도 자녀도 친구도 채울 수 없는 모두가 겉치레일 뿐이다. 휑한 가슴은 채워지지 않는 허기짐으로 방황하는 힘든 시기가 홀로된 노년이다.

하지만 이 또한 세상에 태어나 내가 다 감당하는 인생의 과정인데 어찌하랴. 그냥 또 힘을 내어 아름답게 가꾸어 가야 할 몫이다. 오래 산다는 게 재앙이 아니라 진실로 축복이라는 걸 만들고 싶은 간절한 마음인데 아직은 도무지 생각나질 않는다.

그저 낙엽이 썩지 않으면 제 구실을 못한다는 말이 생각난다. 그저 밟힐 뿐이다. 나도 날마다 음식으로 채울 순 없으니 다시 정돈된 가슴과 정화된 점진적 마음으로 은은하고 아름다운 믿음으로 무언가 노년의 획기적인 행복을 만들고 싶다.

그러나 모든 게 내 힘으론 안된다. 전능자 하나님의 뜻에 따라 정해질 것이다. 흐르는 시간 속에 그분의 긍휼함 속에 잠잠히 나를 감싸 안아 주시길 간절히 기도한다.

하나님, 나는 결코 외로운 그리고 늙은 꼰대라는 소리는 듣기 싫습니다. 내 노년은 누구에게나 존경받는 노을처럼 아름다운 선배가 되고 싶습니다. 배려와 존중으로 누구에게나 솔류션의 역할을 담당할 줄 아는 멋지고 인기 있는 늙은이가 아닌 선배라는 호칭을 듣고 싶습니다.

늙었다는 유세보다는 정겨운 선배로 아름답게 늙고 싶습니다. 홀로

된 외로움에서 진정한 나의 존엄성을 찾고 행복한 노년을 맞고 싶습니다. 외로워 비겁하지 않고 떳떳하고 멋스러운 나의 자유로운 영혼을 찾고 싶습니다.

이제 지나간 그리움에서 벗어나 양심의 실패를 하지 않고 나 자신한테만큼은 정말 당당한 가슴으로 내 남은 삶을 멋진 인생의 선배라는 소리를 들으며 살고 싶습니다,

이렇게 세월 속에 사람도 모든 세상의 민주주의도 결국은 다 아프면서 이루어지고 살아가나 봅니다. 하지만 나는 슬픈 노년이 되지 않고 자유로운 노년 속에 기품 있고 멋이 풍기는 외로움을 행복으로 아름답게 승화 시키는 그런 노년이 되고 싶습니다.

오늘도 이런 기도를 남모르게 하면서….

보이지 않는 또 다른 투쟁 속에 멋진 노년을 추구하기 위해 일기를 쓰듯 자판을 두드린다. 노년이라는 글을 놓고 나를 보는 이 시간만큼은 냉장고 안에 든 과자를 잊는다. 그러면서 나보다 더 불쌍한 노년들을 생각해본다.

오늘도 폐지를 주우며 하루하루 살아가는 가난한 노년들이 있다고 생각하니 내가 하는 말은 투정 같은 생각이 든다. 이 땅엔 돈도 집도 짝도 없이 홀로 살아가는 노년들이 얼마나 많은가?

부끄러운 마음에 이 땅의 노년들 모두의 남은 삶들이 행복한 노년이었으면 하는 바램의 시간이다. 노년을 각기 잘 누릴 줄 아는 공부로 해가 또 서서히 진다.

여보&당신

여보如寶는 같을 如(여) 자와 보배 보寶이며, 보배와 같이 소중하고 귀중한 사람이라는 의미라 한다.

그리고 그것은 남자가 여자를 부를 때 하는 말이며, 여자가 남자를 보고 부를 때는 그렇게 하지 않는다고 한다.

그러나 남자를 보배 같다고 한다면 이상하지 않겠느냐고, 하는 생각도 한번 해 본다. 그리고 당신當身이라는 말은 마땅할 당當 자와 몸 신身자를 써서 이 문장의 설명은 따로 떨어져 있는 것 같지만, 바로 내 몸과 같다는 의미가 "'당신'이란 의미이며 여자가 남자를 부를 때 하는 말이랍니다. 즉 당신이 나의 삶의 전부이기 때문입니다."라는 뜻이다.

세월이 흘러 지금은 '여보', '당신'이 가끔씩 뒤죽박죽이 되었고 젊은 사람들은 혹시 이 말뜻을 보배와 같이 생각하지도 않고 내 몸처럼 생각하지도 않으면서 '여보'와 '당신' 난무하게 쓴다.

높이려고 하는 소린지 낮추려는 하는 소린인지도 모르는 마구 써먹는 시대는 아닐는지 하는 생각을 한번 해본다.

어찌하면 이 단어는 정말 함부로 할 수 없는 소린인데 함부로 써먹는 그런 우리들이 아닌가.

신혼부부는 그 소중한 의미를 새겨서 서로를 소중하게 여기며 여보 당신이란 단어를 잘 알고 살았으면 좋겠다.

우린 가끔 이런 귀한 언어를 삭여보면서 '여보'와 '당신' 이란 말을 바르게 썼으면 한다.

요즘 인터넷이다, 책이다, 홍수처럼 쏟아져 나오는 시대지만 정작 우리네 글 속에 아름답고 고귀한 단어를 단어답게 정말로 옳게 알면서 쓰는 사람이 얼마나 될까? 하는 질문을 해 본다.

우린 뉴스 시대나 인터넷 검색 시대로 살아가면서 그냥 편리함에만 너무 중독되어 있다. 그렇게 내가 다 알고 살아야 하나 하는 생각을 해 볼 정도로 너무나 예전의 언어들엔 무관심이고 현대 준말 놀이에 중독되어 산다.

하지만 아무리 편한 시대에 살아가면서 애칭을 쓰는 것도 좋고 사랑하는 부부끼리 이름을 부르고 사는 것도 좋지만 그래도 부부란 이렇듯 소중한 존칭이 있으니 조금 모르면서 나를 찾아 사는 것도 가끔은 인문학의 교훈일 듯 생각이 든다.

요즘 시대에 많고 많은 소셜 미디어와 윤리적이란 모든 게 다 교육이라 하지만 나는 작은 것 하나에서도 제대로 된 교육이 아쉽다.

모든 부부들이 여보와 당신을 만나게 해준 하늘의 인연을 소중하고 감사하게 느껴보는 날들이 되었으면 한다.

갑자가 당신이란 단어와 여보란 단어가 이리도 고맙고 소중하다는 생각을 해보는 시간이다.

남편의 생일

내 남편이 80세를 맞이하는 추석날이자 생일이다. 생각해 보니 참 오랜 세월을 희. 비. 애락 속에 잘도 살아왔다.

남편이 병든지도 오래 됐지만 그래도 살아줘서 식구들과 함께 생일 축하 케이크를 먹고 추석을 맞이한다는 게 나는 흐뭇했다. 남편이 머리 수술 후유증으로 고생을 하는 게 거의 일 년이 다 되어간다. 머리 수술을 하고부터는 좀 달라진 남편이다.

온 가족과 형제들이 모여 떠들고 놀아도 남편은 아는지 모르는지 전에 같지 않고 거의 무표정한 가운데 있는 듯했다. 그래도 모인 식구들은 즐거운 한나절을 보내고 아이들과 형제들이 제각기 자기들의 집으로 돌아갔다. 아들 내외 처가댁에도 가야 되니 일찍들 가고 다시 우리 늙은 내외만 달랑 남았다. 아니 환자와 간호사만 남았다는 게 맞는 듯하다.

밀물 썰물이 왔다 간 듯하고 모든 식구들이 왔다간 자리는 허전하고 쓸쓸함이 속일 수 없는 노부모들의 공통된 마음일 것이다.

둘이 남은 우리 부부는 같은 일상으로 남아 모든 뒷정리를 마치고 나니 저녁때가 금방 왔다. 저녁을 한술 뜨고 남편의 저녁까지 챙겨 먹이고 나니 오늘 하루 일과도 이렇듯 끝났나 하면서 좀 쉬려하는데 오늘따라 이상하리만큼 남편 병의 발작이 시작됐다.

머리 수술 후유증 병으로 늘 힘든 가운데 있지만 오늘따라 자꾸만 안방으로 모셔 침대에 눕히려 하면 절대 눕질 않겠다며 떼를 쓴다.

아기처럼 되어버린 남편이 불쌍한 생각도 많지만 저렇게 한 번씩 병의 발작이 나면 아기처럼 생떼를 부리고 보채기 시작하면 내가 혼자 감당할 제간이 없다.

자꾸만 입으론 중얼중얼 어머니를 부르면서 이곳이 자기 집이 아니라며 우리 집에 가자고 보챈다. 나이가 몇인데도 몸이 아프고 나니 요즘은 가끔씩 아기처럼 어머니를 불러대는 것을 볼 땐 저 사람의 영혼 깊은 곳에 숨어 있던 옛날 어릴 적 일들이 지금처럼 느껴지나 보다.

여기가 우리 집이라고 아무리 우겨도 말을 듣질 않고 오히려 나한테 버럭 화를 내면서 나를 보고 답답하다고 한다. 누가 답답한지 모르겠다. 그래도 환자니 어떡하겠나. 우리 집에만 가자고 보채는 남편을 잠시만 쉬었다 가자면서 살살 거짓말로 달래며 겨우 침대에 눕혀놓고 나니 온몸에 나는 지칠 대로 지치고 힘이 쭉욱 빠진다.

나도 늙고 보니 환자 돌본다는 게 마음처럼 쉽질 않다. 한동안 침대에서 칭얼되다 잠든 남편의 모습을 보니 영락없는 늙은 아기다.

혼자 거실로 나와 소파에 앉아 멍하니 힘든 몸을 제키고 생각하니 인생이 정말 허무한 생각들뿐이다. 평소엔 내 마음에다 대고 남편은 환자니까 사는 날까지 잘해줘야지 하는 다짐을 수없이 뇌까려도 이럴 땐 너무 힘이 든다.

아, 이게 인생이란 말인가. 그리도 젊을 때는 당당하던 사람이 세월 속에 늙고 병든 몸 못쓸 병까지 들어 노년이 불쌍하기 짝이 없는 남편이다. 한가지 저 사람한테 커다란 축복은 끝까지 내가 곁에 있고 든든한 자식들이 이웃에 산다는 것.

그런들 무엇하랴 본인이 저토록 병들어 힘든데 그리고 느끼는 것이 중요한데. 옆에서 보는 나까지 왠지 더 불쌍하고 슬픈 것 같다.

아~이럴 때 나에게 딸 하나만 있었으면 그래도 영원히 내 친구로 살 수 있었을까? 하는 공상을 해본다. 딸이 없는 난 딸을 갖고 싶다는 마음이 그토록 간절하게 들었던 적은 없었는데 오늘 따라 딸이 있었으면 하는 생각이 간절히 난다.

며느리는 어디까지나 며느리다. 며느리가 딸이 될 순 없다. 딸 같은 며느리라 말들 하지만 어디 그런가? 그저 사랑스럽고 이쁠 뿐이지. 딸처럼 그렇게 흉허물 없이 이러쿵저러쿵 속내 말하면서 편할 수 있겠나. 마음먹기 달렸다지만 아무리 마음을 이쁘게 먹어도 아들은 아들 사위는 사위 딸은 딸 며느리는 며느리일 뿐이다.

그저 잘하는 며느리 못하는 며느리지 딸처럼 흉허물 없이 편하질 않으니…. 아무리 정겹게 가슴에서 사랑스러운 문자를 해도 부모가 열 자를 하면 며느리는 두 자로 답하는 게 부지기수며 그것이 아마도 정답인가 보다. 그만큼 딸 같진 않고 어려운 사이구나 하는 생각이 우리네 사는 촌수면서 지켜며 살아야 될 사이라는 생각이 불현듯 다시 든다. 어쩔 수 없이 운명적으로 허물없을 수밖에 없는 상황이 닥치면 며느리가 딸보다 나을지 몰라도 딸은 딸이다.

아무리 곰살맞은 며느리라도 며느리가 딸이 될 수 없는 사실을 잘 알면서도 가끔씩 쓸데없는 욕심을 내는 내 마음이 잘못됐구나 하는 생각을 해보는 이상한 시간이다. 오늘은 아마도 내가 너무 힘이 들어서 가슴에서 무언가가 아쉬웠나 보다.

이런저런 쓸데없는 공상 속에 이젠 내 시대는 다 간 듯 하구나 하는 쓸쓸한 생각이 밀물처럼 몰려온다. 내 나이 칠십이 넘고도 마음은 28세 그대로인데 인생의 변두리에서 서성이는 시대가 왔다는 게 서글프다. 젊은이들의 눈길도 멈춰졌고 이야기 나눔에서도 제외된 듯한 아쉬움에 서성대는 듯한 내가 조금은 서운한 생각이 든다.

물밀듯이 모든 게 자신이 없고 처량한 마음이 나를 돌아보며 기분마저 처량하게 움츠려 드는 시간이다. 꽃도 시들면 보기 싫고 사람도 늙으면 보기 싫은 게 자연의 이치인가 생각하니 젊어서 죽은 사람들이 오늘따라 부러운 생각까지 든다. 나는 아직도 마음만큼은 충분히 젊은이들과 얽히고 싶은데 젊은이들은 자꾸 내 곁에서 도망가는 듯하다.

그래서 인생은 끼리끼리라는 말이 나왔나 보다. 노인들이 (낄낄 빠빠)를 알고 살라는 말이 요즘 유행이란다. 그 말뜻은 낄 때 끼고 빠질 때 눈치껏 빠지면서 살라는 요즘 유행어란다. 어찌 보면 맞는 말도 같다.

새 대 차이 나는 데도 주책 없이 끼어 애들 불편하게 하는 것도 잘못된 거라고 생각이 든다.

세월 속에 세월아 어찌하여 이토록 마음의 삼팔선 같은 걸 만들어 놓았더냐. 달아달아 둥근 달아 너는 작년에도 올해도 변함없이 그 모양 그대로인데 왜 사람은 이렇게 변하고 불편하기까지 하는지….

허긴 세상에 우주 만물 속에 안 변하는 게 해와 달 빼고는 어디 있으랴, 다 변하는 게 맞지 않는가.

오늘은 어쩐지 가족 모임 속에도 나를 돌아보는 하루다. 몸이 힘들고 지쳐서 인가? 이젠 남편을 편하게 모시다 편안하게 생을 마감하게 하고 싶다. 내가 바라는 건 그저 계절 좋고 날씨 좋은 날 맘 편하게 붙잡지 말고 즐건 마음으로 보내주고 싶다.

그곳엔 저토록 초라하게 병들지도 않고 아픔도 슬픔도 고민도 없는 천국일 테니깐. 그저 내 곁에서 천국에 보내고 싶은 게 기도 제목이다.

요즘은 문틈으로 들어오는 서늘한 바람이 시원하니 좋아야 하는데 이상스럽게 서녘 바람이 시리고 가슴에 흐느낌이 된다.

마당에 귀뚜라미 소리도 청아하니 아름답게 들리던 것이 내겐 풀벌레가 슬피 우는 소리로만 구성지게 들린다. 병든 남편을 바라보면서 회환의 시간 속에 시계 초침 소리가 크게 들리는 밤 그래도 아직은 병든 남편이지만 내 곁에 있어줘서 고맙다.

만약 남편이 내 곁을 떠난다면 난 무엇을 할까? 누구와 놀까? 외로우면 어떡할까, 혼자 밤이 무서우면 어떡할까? 힘들어도 참자.

그래도 아직까진 다른 사람 이름은 가끔씩 잊어도 오로지 나와 자식들은 곱게 알아보고 사는 남편이 다행이고 정말 고맙다.

병든 남편이 내 이름을 기억해 주는 게 감사할 따름이다. 병이 들어도 이런 것이 바로 끝없는 사랑이구나라는 생각을 해 본다.

한참 동안 땡강을 부리다 늦은 시간 안방에서 잠든 남편의 코 고는 소리가 나를 위로한다. 오늘따라 아름다운 곡조의 음악 같다.

전엔 철없는 생각에 남편의 코 고는 소리가 탱크 소리처럼 시끄럽고 가끔 소음처럼 듣기 싫다고 했는데 지금 생각하니 내 남편의 그늘이 지금까지 얼마나 컸던가 하는 생각에 더없이 고맙고 크게 눈물이 나도록 감사하게 느껴지는 시간이다.

*이 글을 탈고할 때는 남편은 천국에서 볼 수 있는 글이지만
마지막 생일에 일기처럼 끄적여 논 것이라 소중한 날의 기억이다*

간병 일지

오늘 큰아들이 왔다. 요즘은 남편이 아픈 바람에 큰아들 작은 아들 할 것 없이 자식들의 얼굴을 자주 본다. 남편이 아파 간호하는 나는 힘들지만 덕분에 자식들 얼굴 자주 보는 재미는 그전보다 낫다. 또 덕분에 이쁜 손주 녀석들도 자주 방문해 기쁨조 노릇해 해주고 가는 게 있으니 이것도 남편 덕이라 말할 수 있는지 모르겠다.

암튼 남편이 살아 있으니 이런 작은 행운도 있나 싶다. 내가 혼자되면 과연 내 자식들이 저리 많이들 방문해 주려나? 하는 물음도 아직 닥치지 않는 고민도 혼자 해 본다.

오늘은 큰 며느리가 죽을 쑤어왔다. 여러 개의 죽을 쑤어서 큰아들이 갖고 왔다. 언제 봐도 듬직한 내 아들, 요즘 들어 지 아버지 아픈 핑계로 저도 바쁨이 많겠지만 자주 들려주는 아들이 퍽이나 대견하고 고맙다. 늘 현관문을 들어서면 아버지, 하고 몸이 편찮은 아버지부터 부르는 큰아들, 그럴 때마다 아들놈들 다 키워놓으면 아빠만 아는 게 아들이라는 생각을 하면서 조금은 서운한 마음이 들곤 했다.

그래도 그런 아들이 속으론 퍽이나 대견하고 사랑스럽다. 힘들게 제 아빠 병수발하는지 엄마를 먼저 찾아야지 늘 제 아빠만 신경 쓰는 것 같아 가끔은 철없는 내 가슴이 어린애 모양 조금 속으론 섭섭해서 무심코 아들에게 너는 니 아빠만 아냐? 고생하는 네 엄마는 안 보이냐 하며 퉁명스럽게 질러대니 아들이 하는 소리가 엄마 아빠 때문에 고생하는 엄마가 왜 안 보이겠어요. 그런 게 맘이 아파서 제가 자주 오는 거지요 한다.

아픈 아버지도 물론이지만 고생하는 엄마 걱정에 자주 온다는 말을 듣는 순간 나는 어린아이 모양 속으로 흐뭇했다. 전엔 속으로 지 아버지만 늘 찾는 아들인 줄 알았는데 사실은 그 속에 엄마를 생각하는 깊은 뜻이 있다는 걸 이제야 알았다니 참 나도 이 나이가 되어도 자식 상대로 밴댕이속이 되어 철이 덜든 엄마인 듯하다.

멀쓱한 마음이 공연히 민망하면서 눈물이 찡하니 난다. 아무래도 남편이 긴 병치레를 하다 보니 사랑의 결핍증이 걸렸나 보다.

무엇이 그리 맘이 슬프던지 아들이 가고 난 다음에도 자꾸만 눈물이 난다. 행복한 눈물인지 아니면 그동안 몰랐던 걸 알아서 그런지 이건 원 내 마음 나도 통 알 길이 없는 눈물이 요즘은 툭하면 난다. 아무래도 내가 늙긴 늙었나 보다. 툭하면 별거 아닌 것에도 감동받고 슬프고 눈물이 이렇게 흔하게 나니까 우울증인가?

병을 앓던 남편이 요즘 식구들도 헷갈려 하고 가끔 엉뚱한 소리에 나를 힘들게 하는 게 부지기수다. 그래도 조용히 나는 남편을 대화로 마음을 끌어내어 가슴을 나눌 때가 또 있다.

이렇때면 그간의 회포라도 풀듯 남편은 그 상황에도 진실함이 오고간다. 자식과 마누라 지금껏 그래도 늙고 병들었어도 자식 이름과 내 이름과 얼굴 또 옛날을 기억해 주는게 여간 감사하다. 그간의 살아온 일들을 생각 나는대로 도란도란 주고 받을 때면 남편은 연실 나에게 미안하단 말과 고맙다는 말과 더불어 이제 그만 살고 싶지만 목숨이 질기다는 말을 하면서 병들어서 나를 고생시키는 듯해 어서 죽어야 한다는 말을 서슴없이 한다. 나도 힘들게 할 때는 한없이 밉다가도 저렇게 정신이 있어 말할 때는 가슴이 아프고 측은한 생각에 눈물이 펑펑 쏟아진다.

나를 두고 죽을 수 없어 산다는 남편의 애뜻한 진실을 모르는 바 아니지만 나는 모질게 괜찮으니 내 걱정 말고 고생하지 말고 천국 가라고 욱 질어대었다. 그렇게 간간히 맘에도 없는 말을 해대는 날은 내 눈엔 눈물이 난다. 툭하면 쏟아지는 눈물, 요즘은 산다는 게 정말 고행이라는 말이 가슴에 와 닿는다.

그런 남편을 바라보는 것이 얼마나 마음이 슬프고 짠한지 더 잘해줘야 하는데 몸과 마음은 한계가 있으니 가끔씩 머리하곤 다르다. 가끔은 아픈 남편이 그리 야속한데 또 한편 혹시 죽기라도 할까봐 은근히 무섭다.

살다가 누구 하나 병이 나면 온 집안이 이렇게 모두가 혼란으로 접어든다. 그리고 뒤돌아 생각하니 혼자 사는 사람들이 정말 대단하다는 생각이 든다. 아직도 난 그늘밑에 피어나는 여린 나무인가 보다. 혼자란 무엇 하나 생각해 보질 않았으니, 닥치면 죽기야 하겠냐만은….

그래서 나는 오늘 혼자된 친구를 만나기로 작정하고 아줌마가 오는 시간을 내어 그 사람이 사는 방법을 들어보고 싶었다. 무엇이건 미리 배워 두는 게 좋지 않겠나 하는 생각을 하면서 부지런히 채비를 하고 시내 커피숍에서 반갑게 친구를 만났다.

사람은 이렇게 다 이 상황이 되니까 제 살 궁리를 하는 동물인가 보다. 나도 그런 생각을 하는 걸 보니 내가 정말 우스워 보이기까지 생각이 들지만 이것이 인간이다.

전엔 무심코 그 친구 사는 게 관심이 없었는데 이젠 속으로 내가 배우려고 나왔다. 우린 어떻게 지냈냐는 안부부터 시작해 그간의 얘기로 도란도란 꽃을 피웠다. 요즘 혼자 지내는게 외롭지 않냐고 나는 안부 삼아 슬그머니 물어봤다.

그 친구 왈 외롭지 않다는 건 거짓말이고 그냥저냥 사는 거지 뭐 하며 대답한다. 그래도 저녁에 외로움을 어찌 견디냐고 물었더니 그렇게 힘들게끔 외로우면 우찌 살겠냐면서 사는 사람은 다 살겠끔 하나님이 만드셨나 보다고 말하면서 이젠 혼자 사니 습관이 되어서 호젓하니 괜찮다고 한다. 한 일 년은 힘들었는데 이젠 누가 같이 있으면 불편하다면서 혼자 사는 걸 즐기는 듯 했다.

허긴 세상에 혼자 사는 사람이 태반일 텐데 나도 참 어린아이 같다는 생각이 든다.

젊은애들도 커지면 독립을 하고 싶어하는 세상이라 요즘 독신남녀들의 집이 많고 오피스텔 같은 혼자 사는 집이 인기인 세상이 아닌던가.

난 태어나서 지금껏 혼자 살아본 적이 한 번도 없으니 시대의 미숙아처럼 느껴진다. 그래 사람은 저렇듯 세월속에 환경대로 중독되기 마련인가 보다 라는 생각에 나는 오늘 혼자 사는 친구를 만나 조금 위로가 되고 또 인생의 공부를 배운 듯 하다.

필요한 사람이 함께 있어주는 것 만큼 행복한 일도 없겠지만 그게 어디 내 맘대로 사는 인생이던가. 이별은 원치 않아도 있을 수 있고 보고 싶어도 못보며 살 수 있는 게 인생일 수 있다.

오늘은 공연히 남편이 아프니깐 콩닥대는 가슴이 아직 오지 않는 이별을 생각하니 산다는 게 너무 힘들고 슬픈 것 같다.

남편이 아픈 걸 보고 또 내가 힘이들 때는 어서 천국에 가길 기도하기도 했지만. 내가 혼자 산다는 것엔 무엇 하나도 자신이 없는 것 같으니 나도 모르겠다. 닥치는대로 인생은 사는 거지 미리 걱정해 봤자 내 뜻대로 되는게 어디 하나나 있나. 모든 건 하나님의 계획이니깐 그 속에서 우린 목적을 이루는 도구로 잘 살면 되겠지.

어떨 땐 남편과 함께 그냥 확 죽어버리고 싶다가도 나는 지금껏 고생만 한 내 인생도 불쌍하고 하나님의 자녀로써 그런 생각은 나쁜 생각이란 것에 금방 회개를 했다.

살다가 이렇게 둘 중 누구 하나가 잘못되면 머리가 아픈 게 가족이란 촌수 인가 보다.

사는 게 어떨 땐 참 고행이다. 같이 있어도 외롭고 홀로 살아도 외로운게 인생인가 보다.

병원 풍경

항상 목덜미가 뻣뻣하니 늘 어깨가 한짐인 듯한 나날들이 계속되어 병원을 찾았다.

아들의 배려로 종합 진찰도 했다. 머리에 비싼 CT와 MRI도 찍으며 몸을 검사하다 보니 기계도 오래 쓰면 정비가 필요하듯 내 몸도 오랜 세월 속에 스트레스로 많이 망가져 있었나 보다.

10일 동안 입원을 해 치료를 받았다. 병원에 오면 늘 생각하는 거지만 건강이 최고의 축복이라는 걸 다시 한번 절실히 깨닫는 시간이다. 아픈 사람들이 어떻게 이리 많은지….

이만큼이나마 내 발로 들어와 혼자 입원을 할 수 있다는 것도 큰 축복이라 생각된다. 이제 고희을 넘게 살았으니 기계도 고장이 날 때가 되었는데 사람이라고 다를 바 있겠는가?

그저 감사할 따름이다. 생각하면 또 감사할 따름이다. 편한 마음으로 병원에 맞기는 마음으로 입고 왔던 일상복을 벗고 환의복으로 갈아입고 나니 천상 나도 갑자기 환자가 되었다. 이런저런 간호사와 면담을 마치고 나니 피곤이 몰려온다.

나는 병원을 방문하고 혼자 입원 수속을 밟고 폐 끼는 게 싫어서 자식도 아무에게도 알리지 않았다. 그냥 치료 겸 혼자 푹 쉬고 싶었다. 그동안 내 영혼과 육신이 너무 지쳐 병들어 버린 것 같았다.

하루 이틀 삼 일째 되는 날 이 사람 저 사람 어디 갔냐고 질문이 카톡으로 봇물처럼 많이 왔다. 그래도 그냥 영화에나 드라마에 가끔 나오는 것처럼 놀러 온 듯 아무에게도 알리고 싶지 않았다.

드디어 큰아들한테서 안부 겸 전화가 왔다. 치료를 받는 중 어떨결에 병원이라고 말했다. 그래서 결국엔 식구만 알고 나는 편한 마음으로 치료를 받았다. 아들까지 전화를 안 받으면 애들이 걱정할까 봐 자식들한테는 그냥 알렸다. 큰 병도 아닌데….

병실에 네 명씩 들어와 있는 방을 배정받고 나니 한 병실에 있는 사람들이 눈에 들어온다. 갖가지 병명으로 모두가 아픈 사람들이라 모두가 우울한 모습과 걱정스러운 표정들이다. 그래도 그중에 내가 제일 나은 듯해 정말 하나님께 감사한 마음이 들었다.

조금 있더니 앞 베드에 어떤 나이 지긋한 할머니가 입원으로 이 방에 들어 오셨다. 적어도 90세는 훨씬 넘어 보이셨다.

나는 의아했다. 저런 할머니는 요즘엔 효 병원이나 가실 듯한데 일반 병실에 입원을 하신 게 궁금했다.

남의 일에 궁금한 것도 병이지만 그래도 나도 나이가 드니 혹여 하는 생각에 무언가 알아둘 일이 있지 않을까 싶은 마음에서 더욱 내 궁궁증은 그 할머니에게로 향해 어렵게 조심스레 다가갔다.

시간이 좀 흐른 다음 나는 가만히 가족들이 바깥 볼일 보러 나간 사이 할머니에게 조용히 여쭤보았다.

할머니 어디 가 편찮으셔서 병원에 오셨어요? 하고 물으니 그 할머니 대답인즉 그냥 영양제 좀 맞고 잠시 쉬러왔슈 하신다.

속으로 다행인 듯 그래도 저런 할머니는 복도 많고 팔자가 좋으신 분이구나 생각하고 나는 또 물었다.

할머니 지금 연세가 어떻게 되세요? 하니 지금 98세시란다. 세상에 100세가 다 되어 가시는데 정정하시고 말씀도 조리 있게 잘 하신다. 그러면서 젊은이는 어디 가 아파 왔쇼? 하며 물으신다. 허긴 할머니에 비하면 70대인 나는 젊은이가 분명하다. 생각을 하니 어쩐지 조금 기운이 나는 듯하다.

이런저런 한 병실을 쓰다 보니 질문이 서로 오가는 건 사실이다. 그 할머니 말씀에 사실은 5년 전에 요양원엘 스스로 들어가셔서 현재도 요양원 생활 중이시란다. 가끔 기운이 없고 힘들 땐 자녀분들을 통해 영양제도 맞고 이렇듯 병원에 입원해서 쉬었다가 들어가시곤 하신단다.

나는 속으로 참 지혜로운 할머니라는 생각이 든다.

그 할머니의 말씀이 자식들은 같이 살자고 하지만 본인 스스로 자녀들을 위해 요양원 선택을 하셨단다. 그러고 나니 얼마나 마음이 편한지 그렇게 좋을 수가 없단다. 나는 요즘 요양원이라 하면 자식들과 헤어져 사는 현대판 고려장 같은 느낌으로만 치부했는데 오늘 이 할머니의 말씀을 듣고 보니 그렇지만도 아니다란 맘이 새롭게 든다.

어차피 세상은 빠르게 바뀌고 우리네 인생도 맘대로 할 수 없이 바뀌어 가는 시대가 아닌가.

저런 분처럼 본인이 늙어도 스스로 저렇듯 자식을 위해 알아서 자기 자리를 찾아서 사는 듯한 저 할머니의 선택을 들으면서 나도 예사롭게 들리진 않는다. 누구나 우리 모두는 늙고 병들어 마지막을 살아간다. 과연 어떻게 살아야 멋진 노인으로 삶을 살아갈까? 아니 멋진 인생으로 마감을 할까 하는 고민은 나이 든 사람이라면 누구나 할 것이다. 그러나 그 누구도 정답은 없지만 그래도 적어도 자식들에게 마지막 인생에 누가 되고 싶지 않은 건 세상 모든 부모들의 공통점일 게다, 요즘 100세시대라 하지만 과연 오래 사는 게 축복일까? 아니면 재앙일까? 하는 질문도 해보고 싶다.

나 자신은 그리 오래 살고 싶지는 않지만 어디 인생이 죽고 사는 게 맘대로 되는 게 있으랴. 누구나 맘대로 살고 싶겠지만 그렇게 뜻대로 되지 않는 게 인생이라는 걸 모두가 다 잘 안다.

나이 든 어느 분이 장난기 삼아 말린 복어알이라도 구해 놨다 혹여 치매 판정이라도 받으면 먹어야겠다고 하니 너도나도 나이 든 분들은 농담 삼아 구입해 달라는 장난기 섞인 농담 속에 아픈 진실을 쓴 어느 댓글 속에 나도 한 몫 끼며 스스로 슬픈 마지막 인생을 고민하는 모습들을 보며 마음이 씁쓸했던 일이 있었다.

100세를 넘겨 살아도 건강만 하다면 무엇이 겁나랴만 그렇지 않으면 오래 산다는 건 그리 달갑지 않은 스스로 재앙이 아닌가 하는 그런 생각도 혼자 해본다.

병원에 오면 모두가 아픈 사람들 뿐이니 마음이 더욱 참착하고 내 남은 생애가 고민이 된다. 언제까지 내가 살아갈지 모르지만 사는 날까지 남에게 폐끼치지 않고 덕을 쌓으면서 마직막까지 2막의 인생을 아름답게 수를 놓으며 살아가고 싶은 게 소망이다.

새롭게 들고 나는 사람들을 접하며 병원 풍경 속에 또 하나의 풍경들이 보인다.

삶은 죽음을 위해 태어난 듯하다

몸이 많이 아프고 견디기 힘들다. 병원에 가니 심한 몸살감기라며 주사와 약을 처방받았다. 아프고 힘든 나는 나도 이 세상에서 얼마나 머물지 모르지만 남은 세월 나에게도 이젠 고운 행복을 선물하고 싶다.

나는 사랑하는 남편이 죽어서 장사를 치르느라고 화장터엘 갔었다. 화장장 정문에서부터 영구차와 버스들이 밀려 거금을 들여가며 서울에서 벗어나 경기도에서 남편의 화장을 보았다.

산다는 게 무엇이며 죽으면 저렇듯 한 줌의 재가 되어 나오는데 화장터 흰 뼛가루가 줄줄이 컨베이어 벨트에 실려서 나오는데, 남편의 뼛가루도 조금 있으니 나왔다. 한 시간도 체 못되며, 사람의 뼛가루 분량이 한 되 정도였다. 직원이 뼛가루를 봉투에 담아서 유족들에게 하나씩 나누어 주었다.

미리 준비한 옹기에 뼛가루를 담아서 내 아들이 가슴에 안고 나왔다. 세상과 작별하고 가는 남편의 무게가 저것뿐, 금방 있던 사람이 금방 없어졌는데, 뼛가루와 그 사람의 흔적은 저것뿐 나는 너무나 허무한 인생 앞에 또다시 오열했다. 아빠의 뼛가루를 가슴에 안고 있는 내 아들이 엄마 따뜻해 한다.

그래 따뜻하지, 니 아빠가 원래 따뜻했던 사람 아니었니? 하면서 가슴으로 대답했다.

남은 사람들의 슬픔이 애도 속에 뼛가루만 남기고 간 나의 남편 어찌 보면 인간 생명의 종말로써 합당하고 편안해 보였다. 죽으면 저렇게 한 줌의 다시 흙이 되는데….

화장장에 다녀온 날 생각이 떠오르면 나는 저녁마다 삶의 무거움과 죽음의 가벼움을 생각하게 된다.

나도 죽으면 남편의 뼛가루 한 되처럼 더 가볍게 갈 텐데….

죽음은 그렇게 가볍게 죽어야겠다는 생각마저 들었다. 그토록 살면서 힘들었던 생각에 어찌 보면 인생이 너무 가볍다.

나도 사는 날까지 내 자녀들 힘들지 않게 또 내 주변 사람을 힘들지 않게 살다 죽기를 소망해 본다.

살면서 누구에게라도 힘들게 하거나 질척거리지 말고 살다 갔으면 하는 내 소망이다. 지저분한 것들도 남기지 말고 가고 싶다. 혹여 알게 모르게 지은 죄 있으면 사과하고 빌려 온 것 있으면 다 갚고 남은 것 있으면 나누며 살다 가야겠다란 마음에 나는 가볍게 죽기 위해서는 미리 정리해 놓을 일도 내가 해 놔야겠다는 생각이 든다.

남편이 죽고 나니 그 많던 옷이며 수납 장에 있던 것들이 다 쓰레기로 전락하는 것을 보고 평소에 그리도 챙기던 가재도구들이 주인을 잃고 나니 귀찮은 쓰레기가 되어 한순간에 없어졌다.

삶은 어찌 보면 죽음을 위해 태어난 듯하다. 삶은 무겁고 죽음은 가볍다란 생각을 처음으로 남편의 뼛가루를 보면서 생각해 본다.

나도 죽음이 오면 어찌 맞이할까, 차분히 맞아들여야겠지, 싸워서 이겨야 할 대상이 아니깐….

다 살았으면 누구나 한 줌의 뼛가루만 남기고 가야 할 그곳. 가볍게 살다 가볍게 죽고 싶다. 가는 사람도 보내는 사람도, 가벼운 뼛가루처럼 나도 가벼움으로 돌아가고 싶다.

이제 나는 사는 날까지 적당히 멋지게 사는 생활과, 적당히 아름다움을 풍기는 법을 공부해야겠다.

때론 적당히 웃지 못할 일에도 웃어가면서 나는 나에게 행복을 선물하고 싶다. 가끔씩 감성적이고 그대가 그리워 울보인 나에게 가벼운 마음으로 가끔씩 예쁜 꽃을 선물하고 싶다.

그렇게 길지 않는 내 인생 머지않아 나도 한 줌의 흙으로 돌아갈 것이 뻔한데 그 누구도 내 삶을 살아주는 건 아니니까.

내가 사는 날까지 내 방법대로 생각하면서 나를 제일 먼저 생각할 줄 아는 공부를 배우면서 즐겁게 하고 편하게 살다 가고 싶다.

하나님을 믿는 나는 그것이 지혜롭고 현명한 것이라고 생각하니까 가볍게 더 사는 법을 늘 생각하면서 우리들의 삶이 죽음을 위해 태어난 듯한 인생인 것 같아도 무겁지 않는 삶으로 살다 가고 싶다.

결코 죽는 게 겁나진 않다. 단지 사랑하는 자의 그림자마저 볼 수 없는 게 가장 아프고 슬픈 일이지만 어찌하겠나.

하늘이 하는 일이고 그게 바로 인생인 걸.

살면서 몸이 아픈 건 약을 먹으니 참을만 한데 마음이 외롭고 아픈 건 정말 참기 힘들다는 생각을 할 적마다 나는 생각한다.

이젠 외로움도 가볍게 생각하자고….

그래도 나는 하나님의 하시는 일에 토를 달고 싶지 않다.

다만 내 마음에 늘 행복하고 고맙고 감사할 수 있는 마음만 주시길 간절히 기도한다.

오늘은 남편과 오랜 세월 살아왔던 흔적이 담긴 사진서부터 정리를 하면서 서서히 나를 소각하리라….

나는 나에게 가슴 설레는 일보다 잔잔한 행복으로 가볍게 사는 지혜를 선물하고 싶다.

제4부

파랑새

파랑새

어느 날 전깃줄에 와 앉아 멋대로 짹짹거리며 내 귀를 현혹하더니 또 자기 멋대로 날아가 버리는 파랑새처럼 어여쁜 자태에 기다림만 남겨 놓고 영영 돌아오지 않는 파랑새, 세상사는 게 가끔씩 인간관계도 마찬가지인 것 같다. 어느 한 날 만나서 죽도록 사랑하다가 후르르 날아가 버리는 파랑새 같은 인연이 있는가 하면 날아가 영영 오지 않는 사람도 있다. 그래서 사람 관계도 사람들의 인연도 모두가 파랑새 같다는 생각이 들 때가 있다. 남몰래 내 가슴에 살짝 멋대로 놀러와 짹짹대면서 귀도 눈도 현혹해 놓고 맘에 들지 않으면 자기 멋대로 날아가는 게 인간들의 이기적 마음과 관계성 같기도 하다. 파랑새 같은 마음의 인연, 누구는 그 파랑새를 못 잊어 평생을 기다리는 그리움으로 사는가 하면 누구는 그 파랑새가 와서 또 자기만을 위해 사랑스러운 노래로 늘 짹짹거리며 찾아주길 은근히 바라는 사람도 있고 천태만상의 파랑새 같은 사람들이 살아가는 우리네 인생 속에 나는 과연 또 우리는 누구에게 기다림을 준 파랑새였나? 아니면 누구를 한없이 기다리게 하는 파랑새였나? 사람들은 저마다의 가슴에 누구나 파랑새 하나씩은 품고 사는 게 인생이다. 혹여 짹짹거렸던 옛 추억이 늘 가슴에 도장처럼 숨겨져 살지는 않았나. 이렇듯 우린 모두가 서로에게 파랑새의 모습은 아닐는지.

사람은 다른 동물과 달라서 약속을 만들고 그 약속을 지키기 위해 사는 게 세상을 함께 더불어 사는 사람들이다. 그래서 조금 힘들어도 조금 싫어도 어떨 땐 죽을 만큼 힘들어도 그 약속 때문에 참아야 하는 게 격이 있는 사람 모습이고 인간사다. 많은 동물 중에 유독 사람만이 그런 약속 속에 살아간다. 다른 짐승은 약속을 모른다. 오직 사람만이 하는 게 약속이란 단어가 있다. 그래서 때론 무서워도 파랑새 같은 얄팍한 마음 위에다 늘 묵직한 약속을 얹어놓고 살아가는 게 우리가 지켜야 하는 인간사다.

나는 이제 좀 알 것 같다. 지금껏 살아오면서 미련하도록 가능한 약속을 게을리하지 않는 사람으로 열심히 살았다고 생각한다. 나는 가끔씩 동물을 좋아하는 사람들을 보면 나와 같지 않다는 이유로 가끔씩 배타적이었다. 그런데 이 나이가 되고 보니 반려견이란 단어가 그리 배타적인 생각만은 아니었다. 사람은 늘 외롭다. 지위가 높건 가진 게 많건 식구가 많건 적건 사람은 외로운 게 사람이다. 그 안에서 우리는 늘 파랑새를 쫓아다니는 게 사람들의 모습이다.

사람이 친구가 필요하고 외로우면 왜 반려동물을 키우는가를 이제는 조금 이해할 듯하다. 나는 반려동물을 그다지 좋아하지 않아서 개를 못 키우지만…. 그래서 외로우면 늘 사람을 통해서 위로를 받으려 했지만 그럴 때마다 가끔씩 사람은 파랑새 마음이라 늘 아쉽다.

열 번 잘하다 한 번 마음이 상하면 여지없이 날아가 버리는 게 사람들의 마음이다. 부서지는 질그릇 같은 게 또 사람들의 마음이다.

애완견들은 주인의 말에 늘 복종하며 절대로 배신이란 것이 없다. 그저 일생에 같이 사는 식구들의 충직함만 있는 게 반려견이다. 그러나 사람은 조금 인격적인 성인이라 할지라고 사람만큼은 이기적 동물이라 여간해서는 자기 마음의 싸움에서 견디어내는 사람들이 드물다.

수양이 된 사람만이 사랑으로 뭉쳐진 약속이라는 묵직한 돌멩이로 마음을 누르고 산다. 그러니 요즘 사람들이 사람과 사람 사이엔 서로가 상처받고 상처 주는 관계가 비일비재 하여 마음을 의지하기엔 아마 부족해서 절대로 배신하지 않고 탈 없는, 내 말을 잘 듣는 개들을 반려견으로 많이 키우면서 사는 게 아닌가 하는 생각도 해 본다.

세상의 동물 중에 사람만큼 가장 뛰어나고 머리 좋은 이기적인 동물은 없다 그럼에도 불구하고 사람은 사람으로 인해 상처받는다.

함께 살아가는 부부도 가족도 때론 형제도 마찬가지다. 다 나름대로 자식으로 엮여 사랑으로 엮여 살아가지만, 서로가 그런저런 이기적 계산은 거의가 따르기 마련인 듯하다. 아무리 혈연관계라도 때론 이기적 동물적 근성이 있기 마련이다.

단지 부모 마음은 조금 무게가 있을 뿐이다. 인간은 누구나 자기의 꿈이 없는 드높은 파랑새는 하나도 없다. 그 꿈을 모두와 같이 사랑하면서 함께 이루어 갈 줄 아는 사람이라면 그 사람은 둥글고 아름다운 성인이라고 칭하고 싶다. 공동체의 세상에서 착한 마음을 인생의 길 언덕에 많이 걸어둘 줄 아는 좀 더 의식이 숨 쉬는 그런 파랑새를 많이 만나 날아가고 헤어져도 서로 아프지 않고 행복한 세상이었으면 좋겠다.

인간도 자연의 품에서 잉태되고 자연의 품에서 성장하기에 자연의 품에서 아름다운 꿈을 꾸는 자들이 되면 좋겠다.

인연

그리우면 참 인연이라 했던가? 글쎄 그리워도 모든 게 참아야 할 사람이 생기는 세상 같다. 어찌 생각하면 모든 게 다 그리움으로 뒤범벅된 삶이 포장된 듯 요즘 세상엔 자식이 그리워도 장가를 가건 또 군대를 가던 유학을 가건 맘대로 보고 싶을 때 어디 그렇게 다 보고 사는 사람이 얼마나 될까. 그리워도 자식 위해 참고 사는 게 인생 아니던가. 요즘 시대 핵가족 시대이기에 시부모 모시고 산다는 건 그리 흔치않는 모습이다. 그러니 부모 자식 간에도 보고 싶다고 며느리 사위 눈치 안 보고 자기 맘대로 들락대며 자식 얼굴 보고 사는 부모들이 과연 얼마나 있겠나. 내 지각으로는 그런 부모는 간이 큰 부모겠지 하는 생각마저 드는 세상이다.

딸도 역시 마찬가지다. 자기들끼리 사는데 장인 장모가 들락거리면 뭐 그리 좋아할 사위가 있겠나, 마지못해 그냥 부모고 가족이니 하는 마음으로 참는 거지, 자식들이 부모만큼 자식들의 그리움을 알리 없는 게 이 땅의 그 또한 자식일 게다.

어떻게 생각하면 세상살이가 좋은 인연은 다 그리움으로 물들어 있다는 생각이 든다.

그립지 않은 사람은 이생에서의 인연이 아닌 듯싶다. 그러니 나쁘고 미운 사람은 악연이라 하지 않는가. 그렇게 생각하면 인연은 참 소중하고 아름답다고 생각이 든다. 인연 속에 부모와 자식 형제와 친구 친척 수많은 이름의 인연들이 있다 그중 부부의 인연만큼은 무엇보다 신비롭다.

나는 남편이 곁에 있을 땐 가끔 벗어나고 싶고 남편이 부재중이었으면 하는 생각을 해본 적이 있었다.

그런데 이젠 남편이 저세상으로 떠나고 나니 문뜩문뜩 그리움이 솟구치며 참을 수 없을 정도로 서럽도록 보고 싶고 또 보고 싶다.

세상엔 수많은 인연들이 많지만 속을 탁 터놓고 허물없이 말할 수 있는 인연이 과연 얼마나 있을까? 어떨 땐 부모 형제에게도 친구에게도 말 못 할 일이 그래도 가장 허물없이 말하면서 벌거벗고 살아도 전혀 부끄럽지 않는 건 다만 부부일 뿐이다. 그런 부부가 해체되고 나니 나는 허허벌판에 내동댕이쳐진 천하의 고아 같은 느낌이 가끔씩 든다.

세월이 거듭될수록 인생이 허탈하고 고독이 산처럼 밀려올 때면 가슴 짠하도록 그리움이 버릇처럼 가슴에 생겼다. 누군가 과거에 붙들려 후회하며 살면 안 된다고 하지만 우린 기억 속의 인간이기에 떨쳐 버릴 수 없는 게 과거고 추억이다. 물론 앞으로 살아가는데 그렇게 지향적인 삶은 못되지만 그런 마음도 어디 내 의지대로 내 뜻대로 움직여 주는 게 그리 쉽겠나.

세상에 자기 마음 하나 마음대로 움직일 수 있다면 그건 보통 인간이 아니라 분명 도인 같은 사람일 게다. 성경에도 자기 마음을 다스리는 자는 성을 다스리는 것보다 훌륭하다는 말씀이 있듯이 요즘 나는 내가 꼭 실낙원 콤플렉스에 걸린 사람 같다.

과거에 붙들려 잊히지 않는 생각들이 주마등처럼 늘 나를 괴롭힐 때가 허다하다. 그런 마음을 탈출하기엔 내 삶이 너무 늙었나 보다,

이젠 내 감정이 무뎌진 듯 승자가 되어도 패자가 되어도 그렇게 절망하거나 그렇게 거만하도록 펄펄 뛰며 행복해할 것 같지 않은 기분이다. 덤덤한 인생이 미래 지향적 삶으로 그다지 그려지지 않는 나의 노을녘 같은 나날들이다. 다만 지금처럼 편안하니 아프지 말고 자식들 마음 아프게 하지 말고 되도록 남은 삶이 그리움으로 많이 아프지 않은 그런 시간들을 접하면서 살아갈 수 있는 좋은 프로그램이 있었으면 좋겠다.

나는 남편이 살아있을 때 간병을 하면서 많이 느낀 것이지만 인연이란 정말 어찌 생각하면 신기하고 하늘의 뜻으로 나를 그리움과 아픔으로 얽어매어 놓는 쇠사슬 같다는 생각도 해본다.

그 사람은 내 곁에서 그래도 외롭지 않게 살다가 떠났지만 남겨진 나는 어떤가. 고독을 견디며 살다가 이제 내 마지막은 또 과연 어떤 모습으로 맞이할 것인가를 가끔 생각하면 정말 조금은 공포에 휩싸여 무섭고 떨린다.

나는 우리나라도 빨리 인간 마지막의 존엄성을 달리 지켜주는 법이 생겨 본인의 뜻에 따라 우아하게 마지막을 장식하면서 가게 했으면 좋

겠다는 생각을 한다. 평생 고생하며 산 것도 억울한데 죽을 때에도 맘대로 못 죽고 고통을 받는다면 인생이 너무 슬프다는 생각을 해본다. 인간의 존엄성은 마지막에 제일 본인의 뜻대로 지켜줘야 하는 것 같다. 남편의 마지막에 자존심을 포기하며 나한테 미안한 감을 늘 표현할 때 나는 지금도 그 모습이 잊히질 않는다. 좀 더 잘해주지 못한 것만 후회로 남고 그럴 때마다 나를 돌아 볼 때면 내게 닥칠 마지막을 또 생각하지 않을 수 없다.

사람이 사는데 여행길엔 훌륭한 동행자가 있어야 재밌고 인생길엔 훌륭한 동반자가 있어야 살맛이 난다고 했다. 사랑은 아름다우나 이별의 고독은 정말 초라하고 삭막하다. 요즘은 혼밥 혼숙이 유행처럼 번져나도 나는 이해가 안된다. 죽음이 갈라놓지 않는 한 서로 사랑이 존재한다는 건 얼마나 축복받은 일인가를 요즘에 더욱 뼈저리게 느껴진다.

나는 가끔씩 내 삶을 돌아 볼 때 때론 행복하고 때론 불행하다는 생각도 하고 살아왔지만 그래도 세상살이에 동반자는 희망이다. 물론 살아서 새벽에 느끼는 시원한 공기 아름다운 꽃의 향기를 맡고 저녁에 넘어가는 노을을 볼 때 사람은 살아서 행복할 권리가 분명히 있음에도 불구하고 이렇듯 오만가지 걱정 속에 다가오지 않은 마지막 내 인생을 고민하며 생각하는 건 어쩔 수 없이 늘 고민 많은 나의 숙제다.

누구나 늙어간다. 그리고 누구나 맺은 인연 속에 이별도 함께 존재하면서 맞이하면서 살아간다.

오늘따라 인연은 이별을 위한 만남이라고 생각하니 왠지 오만가지 생각으로 가슴이 흔들린다.

연애란

연애를 하면 결코 행복하기만 한 건 아니구나. 가끔 자기 통제감이 하향되고 쓸데없는 불안감도 함께 오는 게 연애라는 걸 아는 순간 가슴은 처절할 정도로 망가져 버리는 게 그 또한 연애라고 말하는 사람들이 있다.

누군가가 인생은 일순간 내리는 여름날 소낙비 같고 인생은 일순간 날리는 겨울날 눈보라 같다는 말을 했다.

인생은 아무리 부귀영화를 향유한들 일장춘몽이고 부귀공명을 향유한들 일순간에 불과하다는 뜻이다. 그렇게 빠르게 흘러가는 게 인생인데 사람들은 천년만년 살 것처럼 욕심과 탐욕으로 온갖 주접을 나열하며 살아가는 게 사람들이 피하지 못하는 잘못된 마음들이다.

세상에 살면서 과연 어떤 삶이 잘산 삶이고, 잘 살았다고 당당하게 얘기할 수 있는 사람들이 과연 얼마나 될까?

삶이란 세상 속에서 우린 금전 관계로부터 청렴하기도 쉽지 않은 일이겠지만 또 누구라도 가끔씩 이성관계로부터까지도 떳떳하기도 그리 쉽지 않은 게 우리들의 인생사가 아닌가 싶다. 정답 없는 세상살이에 그중에 그래도 가장 행복한 건 속일 수 없는 사랑하는 것과 주고받는 연애 놀음이라고 했다.

살면서 출세도 좋고 돈도 좋고 좋은 게 많겠지만 그래도 삶에 가장 행복을 주는 건 사랑하고 사랑받을 때가 아닌가 싶다.

어느 노래 가사처럼 결혼은 선택 연애는 필수라 했다. 사랑과 연애는 그만큼 삶의 활력소이고 생존의 이유이며 존재의 가치이다. 하지만 연애라는 건 좋은 것만 있는 건 아니다. 가끔 싸우고 부딪치며 그러다 화해가 되면 또 소통하며 사는 게 연애다.

연애가 좋으려고만 하면? 그건 이기적이다. 연애는 서로의 노력도 있어야 성립되는 법, 연애를 하다 보면 가끔 원치 않는 터널이 나올 때도 있다. 그럴 때면 우리는 같이 풀어가며 같이 터널을 빠져서 걸어가는 게 바른 연애인 것이다.

모든 인생사가 다 그렇다. 내가 좀 양보하고 내가 좀 져주고 내가 좀 희생하면 결과가 좋고 내가 이기적이고 욕심을 부리면 어쩐지 모든 게 삐거덕 되는 게 인생살이 같다.

남녀가 콩깍지가 씌워 사랑하다 보면 아까울 게 없다. 하지만 때론 자기 욕심과 본능적 이기심이 솟을 때가 있는 게 사람의 마음이다.

진정으로 사랑하면 물론 모든 걸 다 주어도 더 주고 싶은 게 사랑의 마음이겠지만 그것도 한순간이지 지속되긴 어려운 마음이다.

언젠가 나도 그 옛날 연애를 할 때가 생각난다. 지금도 생각하면 피식 웃음이 나지만 그때는 몹시도 화가 났던 일이다. 그 사람은 나에게 사랑의 선물로 장미꽃을 나이만큼 사준다는 말을 서슴없이 뱉었다.

그 순간엔 얼마나 행복했는지…. 내가 저 사람한테 이렇게 사랑을 받고 있구나 하는 생각에 하늘을 나는 기분이었다.

나는 누구한테 그다지 꽃 선물을 받아본 기억이 많지 않다. 그런데 내게 나이 숫자만큼 꽃을 선물해 준다지 않는가?

이 얼마나 기쁜 일인가 싶어 속으로 퍽이나 행복하고 기대되는 말이었다. 연애를 하는 사람이라면 누구나 다 감격스럽고 달콤한 말이 아니던가.

그런데 며칠 후 그 사람과 점심을 먹고 데이트를 하던 중 요즘 장미꽃 값이 만만찮다는 말을 무심코 하는데 그 말을 듣는 순간 그에 대한 신뢰와 사랑이 한꺼번에 우르르 무너지면서 보이지 않는 내 마음은 처절할 정도로 자존심이 짓밟히는 순간이었다.

꽃값이 만만찮다는 말을 하는 걸 보니 그 사람이 야속도 했다. 은근히 화가 나고 이젠 속으로 치사해서 사줘도 안 받을 거다. 하면서 속으로 토라졌던 기억이 스멀스멀 나면서 연애에 대한 연구가 은근히 생각난다. 아무리 꽃값이 비싼들 얼마나 하겠다고 꽃값 타령이란 말인가? 금방 그 사람이 좀스러워 보였고 섭섭한 마음이 들었다.

사랑한다며 그까짓 꽃값이 뭐 대수겠나 금팔찌도 아니고 꽃 한 다발에 인색해 하는 모습을 보고 정나미가 다 떨어졌다.

이젠 다 지나가버린 웃지 못할 추억이지만…. 연애란 결혼을 전제로 하는 연애와 사랑은 확실히 다르다는 생각도 해본다.

아마도 그 사람은 나를 그 당시 결혼 상대로는 생각지 않았었기에 그러지 않았나 하는 생각을 해 본다.

돈이 뭔지? 요물 같은 돈 앞에 허점을 보이는 사람은 누구나 다 자기 것을 챙기는 욕심과 계산하는 버릇이 지배한다는 것이 느껴진다. 사람은 마음이 있는 곳엔 물질이 있다는 성경 말씀이 생각난다. 그 사람은 그때 아마도 나를 말로만 연애를 한 사람인 듯하다.

그것이 인간이고 속물적 근성의 마음들이다. 물론 그렇지 않은 진정한 사랑과 연애도 있겠지만….

사람이 진심으로 사랑하면 아까울게 뭐가 있겠나 생각하겠지만 말이 그렇지 그런 사랑이 어디 그리 흔하겠나. 사람과 사람 사이엔 아무리 연애라 해도 늘 이기적이고 돈에 대해서는 민감하고 계산을 하는 게 누구나 있다.

단지 드러내지 않을 다름이다.

그런저런 마음들이 함께 살아가는 세상에서 우린 하모니를 이루며 살아가는 지혜를 터득해도 우리 인생은 늘 부족함 투성이다.

그래서 말은 앞세우지 말고 늘 조심해야 된다고 한다. 말은 마음에서 움직여 나오는 법이기에 책임 못질 말을 뱉았던 그 사람의 생각이 잠시 떠오르며 씁쓸한 웃음이 난다. 세상에 비단 그 사람뿐이랴. 누구나 그런 마음은 가질 수 있다.

사람 마음은 다 거기서 거기인 게 사람들의 세계 아니던가. 서로 말을 다 솔직히 안 하고 살아 그렇지 부부인들 섭섭했던 기억이 없으랴.

우린 말을 통해 사랑하고 이별한다. 모든 건 말을 통해 인생이 흘러간다. 말은 마음의 통로인데 가끔씩 쓴 물이 맑은 물을 더럽히듯이 사람들은 담아놓고 걸러서 해야 될 말이 있고 그냥 뱉는 말이 있듯이 말은 항상 책임지지 못할 말을 먼저 해선 안된다는 생각이 든다. 우린 서로 살아가는데 짧은 인생을 건너는 자들이지만 말 때문에 긴 아픔이 될 수 있다.

내뱉는 말 속에 본인도 모르게 상대에게 인색함이 들켜 버리는 아쉬움이 있다는 걸 모르는 게 우리네 삶이다. 무심히 던진 책임지지 못할 서로의 말 속에서 서운한 마음이 잊히지 않고 긴 세월 속에 남겨진다는 건 슬픈 일이다.

연애도 사랑도 정말 상호 교류라는 것을 기억하면서 어찌 보면 사람과의 연애도 좋은 것만은 아니고 힘들다는 것이라고 생각된다. 이래서 사랑과 연애를 하면 어쩐지 짜릿한 것만 있는 건 아니라는 생각을 해보는 순간이었다.

가끔씩 잘못이 보여도 서로 참고 모른 척 이해와 배려로 이끌어 갈 때 서로가 돈독한 사랑으로 발전은 되겠지만 진실을 쌓는데 까지는 늘 연구 대상이고 멀고 먼 게 연애라는 생각을 해본다.

그때 그 상처는 아마도 아물지 않는 흉터로 남을 수도 있고 무심히 흘려보낼 수도 있는 게 연애를 하는 사람들의 몫이다.

지금 생각하니 그런 추억도 웃음이 나고 그런대로 좋았다는 생각도 드는 날이다.

사람은 누구나 작은 일에 목숨 거는 사람이 있는가 하면 정말 커다란 잘못 같으면 아마도 너무 힘들어 말도 안 할 것이다.

사람이 살아가는데 이런저런 작은 오해 속에 토닥거리면서 세월이 지나고 나면 그 모든 것도 다 아물면서 얼마나 소중한 시간인지….

그 옛날 한 시인을 사랑했던 사람 ㅇㅇ는 사랑을 위해 전 재산을 바치는 일화가 있었다. 정말 그게 진정한 사랑과 연애일까? 하는 의문도 물론 가져본다.

사람이 진실로 사랑하면 물질이 표현될 수 있다는 건 성경에도 있다-(물질이 있는 곳에 마음이 있다)는 말이 있듯이, 물론 연애도 사람들의 각자 생각이 다르겠지만 적어도 진실하게 연애를 한다면 인색함이 따르는 건 잠시 노는 연애 놀음일 뿐이다.

진정한 연애는 자기가 아끼는 걸 아까워하지 않는 게 진정한 연애일 것이다. 자기가 아끼는 시간과 돈과 모든 게 다 포함이 되겠지만.

사람은 영혼을 지닌 자들이기에 진정으로 사랑하면 몸으로 행동으로 표출되기 마련이고 그게 소중히 여기는 물질도 마찬가지다.

그래서 사람들은 결혼은 완성이고 연애는 단계라는 말을 쓰나 보다.

무엇이건 단계는 거쳐가야 하는 길목이니깐. 나도 그 옛날 그 길목에서 아마도 서성대다만 온 사람일 게다. 그리고 연애란 적어도 행복해야 하지 않겠는가? 상대를 신뢰하지 않는 연애는 연애가 아니라 연애하는 흉내일 뿐이라고 말하고 싶다.

적어도 머릿속에 계산기를 두드리는 연애는 연애가 아니다. 그냥 사귀며 노는 것이다. 연애는 문자 그대로 인연으로 만나 진심으로 전심으로 사랑하는 것이 연애다. 사람은 누구나 다 가슴으론 한 번쯤 진정한 연애를 하며 사랑하고 싶은 게 우리네 욕심이지만 마음대로 안되는 게 그 또한 연애다. 그렇다면 진정한 연애란 무엇일까? 영혼과 가슴으로 사랑하되 인연을 소중하게 여기면서 사랑하는 것이다.

참고 아껴주면서 서로가 예쁘게 사랑하는 모든 행위 속에 진실한 연애의 평가는 결정되는 게 아닐는지.

어찌 되었건 연애란 사람을 행복하게 하는 묘약임에는 틀림없다. 그러나 그것도 연애의 진정한 정답은 아니다.

그냥 연애하면 그 단어 자체가 좋고 행복하고 싶은 걸 보면 연애는 필수인가 보다.

편지

정말 오랜만에 나는 오늘 한 통의 편지를 받았다.

추억을 상기시키는 그분의 하얀 봉투의 편지가 오늘 내 마음에 촉촉하게 가슴을 덥혀준다.

그 옛날 우리 시대엔 무엇이건 편지로 주고받던 시절이 있었다. 지금은 발달된 시대에 편지 받는 일은 아마도 희귀한 일이 되어버린 시대이다. 요즘이야 카톡이다, 문자다, 인터넷이다. 얼마든지 해외에도 같은 곳에서 주고받는 것 같고 화상 채팅을 하면 얼마든지 보고 싶은 얼굴도 생활도 엿볼 수 있는 아주 편리한 시대에 살아가는 우리들이 아닌가. 이렇듯 편리한 시대에서 사는 우리들이 분명히 행복해야 하는데 이 시대에 사는 사람들이 꼭 그렇치만은 아닌듯하다.

옛날엔 외국에 나가 있는 자녀들이나 가족에게 편지 한 통 보내고 나면 한 달 정도나 보름 정도 걸려야 받아볼 수 있고 편지도 지금보다는 훨씬 늦게 주고받을 수 있었던 시대였다.

지금은 얼마나 좋은 세월인가, 무엇이건 택배로 다 시키고 모든 게 빠르게 주고받는 시대, 카톡으로도 크게 돈 안 들이고 해외고 국내고 빠르게 마음을 주고받을 수 있는 시대가 아닌가.

옛날엔 사랑의 메시지를 늘 편지로나 아니면 전화로 목소리나 겨우 들던지 아니면 그 다음에 나온 삐삐라는 기계로 연락을 취하면 공중전화로 목소리를 전하려 불나게 뛰어 갔던 시절이 있었다. 공중전화박스 앞엔 길게 줄을 서는 진풍경이 벌어지던 시대가 있었다. 그리고 반드시 공중전화를 하려면 전화 카드나 아니면 동전이 꼭 준비되어야 하는 번거로움이 따르던 시대였다.

공중전화박스 앞에서 성질 급한 사람들은 기다리는 지루함을 참지 못해 비극적인 사건도 심심찮게 기사화 되는 그런 시절이 엊그제 같은데 우린 지금 그런 비극은 없어도 또 다른 아쉬움이 있는 빠른 시대에 몰려다니며 살고 있다.

요즘 같은 시대에 하얀 봉투에 꾹꾹 눌어 쓴 글씨는 별로 볼 수 없다. 그런데 나는 오늘 하얀 봉투에 편지 한 통을 받았다. 가슴이 뭉클하다. 무엇이 쓰여있을까. 두근두근 내 가슴은 그 옛날 연애편지를 받던 그런 기분이다. 물론 흐르는 세월 속에 그 옛날 두근대던 가슴의 기억은 아니겠지만 아마도 그때 그 기분이 분명히 지금 같았을 것이다.

살포시 하얀 편지 봉투를 뜯어보는 내 마음이 칠십이 넘은 할머니의 마음은 어딜 가고 어느새 고왔던 청년 시절로 가슴이 마구마구 달음질

하는 것 같았다.

봉투 속 내용이 문제가 아니고 요즘 세상에 하얀 봉투에 메시지를 담아 보낸 그분의 마음이 고맙고 설렌다.

요즘엔 책을 보내도 문자로 잘 받았다는 고마운 마음 하나 던지면 끝인데 곱게 붙여온 편지 속엔 내 저서를 읽고 고마운 마음과 함께 고운 평을 써서 하얀 봉투에 마음을 담아 편지를 띄워주는 그런 분이 아직도 있다는 게 나는 매우 행복하고 글을 쓰고 싶은 마음이 생기게 하는 그런 행복한 날이다.

세상이 이렇듯 달라지고 고달픈 세상이지만 이럴 땐 가슴에 등불을 보듯 고운 마음을 읽는 날이다. 세상은 탐욕스러운 마음보다는 고요하고 순리적인 삶이 그립듯이 조금은 번거로운 듯해도 이런 따뜻함이 보이는 마음이 이렇듯 소중하다. 이럴 때면 깊은 강물 속을 가만히 들여다보는 듯한 묘한 기분이다.

사람이 인생을 살다 보면 천태만상의 사람들을 접한다. 곱게 안부를 전해도 대답도 없는 사람 또는 마지못해 문자인지 답인지 모르는 알쏭달쏭한 이모토콘 하나 찍 보내는 사람들도 많다. 그럴 때면 내가 안부한 것이 잠시 후회스러울 때도 있는 우스운 세상이다.

허긴 요즘같이 바쁜 세상 어떨 때는 홍수처럼 오는 안부인지 관심인지 헷갈릴 정도로 카톡이 오는 것도 공해가 되는 세상이다. 수많고 쓸데없는 동영상들이 무질서하게 낮인지 밤인지도 모르게 난무하는 시대가 아니던가.

그래도 그런 시끄러운 와중에도 마음을 담은 안부와 무심히 하는 나

늄은 분명히 다르다. 사람은 느낄 수 있는 감성이 다 있다.

허긴 사람들이 모두 같은 마음일 수도 없고 완벽할 수도 없겠지만….

석가도 자비스럽지만 가족에게 무심했고 계백 장군도 적군에겐 용감했지만 가족에겐 비정했다는 설이 있다. 이렇듯 사람들이 살아가는 세계는 천태만상이고 한계성과 양면이 존재한다는 생각이 든다. 이런 인간들이 살아가는 세상에 그래도 큰산이 작은산 모두를 어우르기 마련이며 큰물이 작은 물 모두를 아우르기 마련이다.

사람도 마찬가지 가슴이 따뜻하고 속이 넓은 사람만이 온 세상을 따뜻하게 해 주듯이 오늘 작은 것이지만 나는 편지와 함께 날아온 요즘 보기 드문 따뜻한 사람을 보았다.

별거 아니다 생각할 수 있지만 사람들에겐 그 사람만이 지닌 향기와 풍기는 인품이 있듯이 나도 작은 것 하나에도 진솔함이 담겨있는 자상한 마음을 가져야겠다는 생각을 해 보았다.

사랑니 뽑던 날

며칠 전부터 욱신욱신 사랑니가 아팠다. 치과를 방문했더니 사랑니를 뽑아야 한단다.

뽑지 말고 버텨 보려고 하니 그 옆에 다른 이까지 충치에 옮겨지니 어서 제거하라는 의사의 말에 할 수 없이 예약을 하고 와 오늘은 사랑니를 뽑으러 치과에 갔다. 치과는 정말 여러번 가도 언제나 무섭고 겁나는 곳이다.

드르릉 하는 소리만 들어도 몸에 소름이 돋듯 싫지만 어쩌겠나. 그래도 아프면 가야 하는 곳이 고마운 치과병원이 아니던가. 나는 의사의 지시에 따라 칠십여 년이 넘게 나와 동고동락하던 사랑니를 사정없이 버리고 왔다. 사람도 세월 따라 가고 사랑니도 세월 따라 갔구나.

생각하니 왠지 슬프고 마음이 찡했다. 내 남편도 하늘나라 간지가 그새 몇 년이 되었고 이제 오랜 세월을 나와 함께 한 한 개 남은 사랑니도 오늘 뽑아 버리고 오니 욱신거리는 아픔보다 마음 한구석이 공연히 시리다. 어느 지인이 인생은 시원 섭섭하게 사는 게 인생이라며 사랑니를 뽑고 온 나에게 위로라도 하듯 얼른 북엇국이나 끓여 먹고 원기 회복이나 하라는 말이 들린다. 그래 맞는 말이다.

모든 건 세월 속에 하나둘씩 잃어가지만 또 다른 것으로 새살이 돋고 채워줄 것이다 세상엔 영원한 건 하나도 없다고 했다. 늘 내 곁에만 머물러 줄 것 같은 사람도 때가 되면 떠나버리듯 누구나 세상에 혼자 태어나 혼자 가는 게 인생이 아닌가 싶다.

살다 보면 때가 되면 꽃도 지고 사랑도 지고 젊음도 다 내 곁을 떠나는 게 인생살이의 진리인 듯하다.

세상살이엔 사랑하는 대상이 있어야 하고 인생살이엔 존경하는 대상이 있다. 하지만 어디 그렇게 맘대로 사는 게 세상이 아니던가. 친구도 건강도 때가 되면 모두가 떠나는 게 자연의 이치거늘….

그래도 오랫동안 내 곁에서 나와 함께 긴 세월을 지탱해 준 나의 사랑니여 잘 가거라 네 고향으로. 그동안 고마웠다.

네가 있어 튼튼한 어금니를 곁에서 지켜주고 애썼다. 썩고 늙었다고 너를 어쩔 수 없이 버렸으니 내 마음이 미안하다.

내가 끝까지 너와 함께 가고 싶었지만 옆에 너희들이 너 때문에 힘들다고 아우성들이니 어쩌겠니 미안해도 너를 버릴 수밖에 없는 나를 용서해 다오.

이렇게 중얼중얼 혼잣말로 뇌까린다. 이 나이가 되고 보니 사랑니 하나 뽑고 와도 마음이 울적하고 잘 아는 지인이 아프다 해도 마음이 안 좋은 게 늙으면 매사가 외롭고 약해지는 것 같은 마음이 든다.

사람은 누구나 행복을 추구하는 동물이다. 수많은 걸 갖고서도 늘 부족한 듯 외롭고 또 행복에 목말라 사는 듯하는 게 인생 같다.

이렇게 우리나라처럼 살기 좋은 나라에서 늘 사람들은 저마다 외국으로 나들이를 하면서 즐긴다. 부의 상징처럼 다녀와서 자랑질을 서슴없이 할 때 보면 외국 나들이 못한 사람은 주눅이 들 정도다. 그만큼 요즘은 위 아드 월드 시대다. 못 다녀온 사람이 바보가 된 기분이다.

나는 내가 못 가서 그런 게 아니라 가끔 외국 나들이를 즐기는 사람들이 이해가 안 갔다. 극치로 촌스러운 사람이라고 나를 비난받을게 뻔해도 나는 우리나라만큼 사계절이 있고 아름다운 나라는 없는 것 같다. 도대체 한국처럼 살기 좋은 나라가 어디 있단 말인가?

봄이면 온천지가 지자체로 인해 전보다 훨씬 더 아름답게 꽃동네로 온천지가 화려하고 아름답다.

어디 가나 천지가 꽃이고 여름이면 얼마나 아름다운 산세 좋은 곳이 수두룩 하단 말인가. 가을이면 또 얼마나 아름다운가?

어디 가나 풍경이 화려하고 겨울산도 우리나라만큼 아름다운 산이 얼마나 많은가. 그럼에도 불구하고 그런 우리나라의 풍경도 다 못 가보고 죽는 사람들이 얼마나 부지기수던가.

나 역시 죽기 전에 우리나라 곳곳 아름다운 곳을 다 못 보고 아마도 죽을 거다. 그토록 아름다운 나라에 태어난 것이 얼마나 고맙고 다행이란 말인가. 요즘엔 외국 여행 한번 못 다녀왔다고 하면 바보 취급하는 세상인 것 같지만 무슨 외국 여행을 다녀와야만 여행을 잘하는 사람들로 여기면서 부의 상징처럼 떠드는 사람들이 많지만 나는 그런 말에 기죽지 않는다.

요즘에야 물론 글로벌 시대라고 해서 세계 방방곡곡 여건만 되면 못 가는 사람이 부족한 사람으로 치부하겠지만 나는 우리나라도 못다 보면서 해외로 가서 구경을 해야만 되는 것처럼 생각하는 사람들을 보면서 물론 그 사람들 나름대로의 생각이 다르겠지만 내가 사는 내 나라도 곳곳을 못 구경 하면서 굳이 외국 나들이만 즐긴다면 그건 좀 모순일 듯한 느낌이다. 어디까지나 외국 나들이를 못 다녀온 내 개인적인 마음이다.

아름다운 나라에서 태어나 칠십 평생을 살면서 나는 우리나라도 다 가보지 못한 곳을 추구하며 달콤하고 희망적인 커다란 꿈을 꾼다.

오랫동안 함께 해 주던 사랑니를 버리듯 이제 홀가분하니 내 곁에 근심 걱정 모든 집착까지 다 버리고 시원 섭섭한 마음으로 남은 삶은 훌훌 살기좋고 경치좋은 우리나라 금수강산 구경이나 실컷 하고 살다 죽었으면 하는 소원이다.

옆에서 돌봐야 하던 남편도 떠나 보네고 사랑니도 버렸으니 오늘은 어쩐지 허전하고 쓸쓸한 가슴이 맴돌면서 다시 남은 삶에 대한 애착을 지긋이 가슴에 담아 본다.

모쪼록 건강하고 행복하게 자녀들에게 피해 주지 않고 깔끔하고 멋진 삶을 다시 한번 추구하면서 다짐해보는 날이다.

선물

오늘 사랑하는 지인한테서 몇 권의 책과 그분이 아끼던 소장품 두어 개를 택배로 선물 받았다. 나는 택배로 부쳐온 선물 꾸러미를 접하며 그분의 마음이 담긴 물건들을 하나하나 정리하면서 하얀 봉투 하나를 발견했다.

봉투에는 정성 어린 편지도 있었다. 나이 칠십이 넘으면 남녀가 구별 없이 지인으로 애인처럼 사귀며 살아도 괜찮다는 말들을 한다.

하지만 그럼에도 어디 세상이 그러한가. 여기는 서양도 아니고 한국의 정서는 아직까지 남녀라는 구별은 늘 죽는 날까지 따라다니며 100살을 먹어도 남녀는 구별 있게 살아가는 게 한국의 정서다.

어느 백세의 학자 분이 쓴 글이 생각난다. 건강하게 오래 살으려면 첫째 일을 하고 또 신앙을 갖고 그리고 연애를 하라는 말이 생각난다.

늙으면 연애를 못해 빨리 죽는다는 우수갯말이 이해도 될 듯도 하고 안될 듯도 한 게 나는 어쩔 수 없는 촌스럽고 보수적인 사람인 것 같다.

나는 세상 살면서 그런저런 말도 다 맞겠지만 더불어 사는 세상 언제나 남을 이해하고 마음으로 베풀며 사는 것만큼 행복한 건 없으리라 생각된다.

물질이건 마음이건 학식이건 자기가 가진 것을 나누어가면서 살 때만큼 행복한 건 없으리라. 요즘 지각없는 사람들이 세상엔 얼마나 많은가? 조금 많이 가졌다고 거들먹거리는 사람 조금 더 남보다 많이 배웠다고 거만한 사람 자기의 콩알만 한 알량한 지식을 앞세워 남을 함부로 지적질 하는 사람들이 이 세상엔 심심찮게 많은 세상인가, 세상은 참 이런저런 소인배들도 많은 세상이다.

그럼에도 우리는 그런 세상을 함께 아우리면서 우리들의 행복을 찾으며 스스로 건설하면서 살아야 한다.

나는 누가 뭐래도 가장 건강한 삶은 열심히 벌었으면 열심히 쓸 줄도 아는 멋진 사람이 가장 건강한 삶을 살아가는 것 같다.

사람이 살면서 가진 게 많은 데도 너무 인색해서 사람들에게 깍쟁이 소릴 들으며 눈살 찌푸리게 하는 사람들도 얼마나 많은가.

그리고 늘 얌체같이 입만 달고 다니며 낄 때 안 낄 때 다 참견하면서 남의 말만 무성하게 퍼트리고 사는 사람들도 적지 않다.

입만 열면 늘 부정적인 말로 불만만 가득한 사람, 자기보다 조금 잘나 보이면 참을 수 없이 헐뜯으면서 비난을 난무하며 남의 잘난 꼴을 못 보는 사람도 얼마나 많은가.

그런저런 나와 다른 사람들과 우리는 세상을 함께 살아가는 사람들이다. 사람이 승승장구를 해도 하늘 높은 줄 알아야 되고 독야청청할지라도 세상 넓은 줄 알아야 되듯이 아무리 승승장구를 할지라도 자기 성찰은 꼭 필요하고 독야청청할지라도 자기반성은 필요하다는 생각이 든다. 세상에는 수완가의 술책보다는 인격자의 진심이 낫고 수단가의 술수보다는 교양인의 양심이 낫다고 했다.

우리는 세상을 살아가면서 많은 사람들을 날마다 접하면서 살아간다. 사회성과 협동심 속에 살아가다 보면 때론 남녀 구별 없이 서로가 서로에게 도움이 되는 사람으로 살아갔으면 좋겠는데 세상살이에 이런저런 모든 게 내 맘 같지 않은 걸림돌들이 많이 널려 있으니 사람 사는 게 이래도 저래도 늘 연구와 고민이 따른다.

오늘도 고운 마음이 담긴 소중한 선물을 보면서 나는 나눔의 사랑 앞에 잠시 감격으로 한참을 생각에 빠지는 날이다.

지인의 선물을 받아놓고 공연한 가슴에 이런저런 의문의 생각이 함께 휘날리는 날이다. 정성스레 보내준 편지와 책 선물을 곱게 챙기면서 좋은 세상 좋은 분들과 오래오래 세상의 빛으로 살아갔으면 하는 소망이다.

그래도 세상에는 이렇듯 마음을 나누는 착한 사람들이 많이 사는 세상이니 살맛 나는 세상이 아니던가. 아무래도 이래서 선물은 받아도 좋고 주어도 좋은 게 문자 그대로 선물인 것 같다. 물질이 있는 곳에 마음이 있다 하였거늘 오늘은 선물 속에 든 따뜻한 사랑에 잠시 가슴이 설레고 좋은 날이다.

회상

내 남편 그 사람은 어찌 보면 평생 한 번도 내 자존심을 건드리지 않고 산 사람 같다. 지금 생각하니 더없이 고마운 사람이다.

여자의 자존심을 지켜주는 것 중 가장 커다란 것은 사랑의 약속을 지켜 주고 끝까지 나만 사랑해 주는 거라고 믿고 싶다. 그 사람은 나와 평생 사는 동안 한눈 한 번 팔지 않고 오로지 나만을 바라보고 지켜주던 귀한 사람이라 믿고 싶다.

그래서 나 역시 그 사람을 평생 잘 모셨다. 잘 모신다는 건 그 사람의 마지막 가는 날까지 나도 약속을 지키기 위해 내 자리에서 평생을 그 사람만을 위해 마지막 힘든 병수발을 하면서도 후회하지 않았다. 그게 부부라는 약속이다.

병수발을 하는 동안에도 나는 그 사람의 자존심이 걸려있는 일은 절대로 남의 손을 빌리지 않고 힘들어도 내가 도맡았다.

그 흔한 소위 말하는 요양원도 효 병원도 생각하지 않았다. 왜 나도 사람인데 긴 병 끝에 효자 없다고 한두 번 고민이 없었겠냐마는 나는 최선을 다해 내 뼈가 으스러지도록 그를 지켜주었고 그의 마지막까지 나는 그의 곁에서 끝까지 그 사람과의 약속을 지켰다.

그렇게 우린 세상에 사는 동안 서로의 의지가 되며 열심히 살았다. 그렇게 살다가 그는 내 곁을 떠나고 말았지만….

세상의 인연을 끝내고 그를 보낸 내 마음은 아쉽기 그지없지만 그 사람과의 삶이 그다지 후회 없이 살았다는 마음도 있다.

죽고 사는 것이야 어찌 사람의 맘대로 하겠는가 모두가 하늘의 뜻대로 살아가야 하는 게 인간사가 아니던가.

우리가 결혼할 때 하나님의 이름으로 서약한 그 서약서 대로 나는 슬프거나 병들거나 서로가 서로를 지킨다는 그 약속 때문에도 아니 그보다 사랑의 약속 때문이고 내 자식들에 대한 도리와 인간의 도리 때문에도 우린 한치도 뒤돌아서 생각할 겨를도 없이 살아왔다.

이제 그 사람은 이 세상에 없다. 즐건 마음으로 그 사람은 사실 사랑을 듬뿍 받고 살다가 머나먼 천국으로 후회 없이 갔다. 홀로 남은 나는 외로움에 잠길 때가 부지기수다. 숙제를 마쳤다는 생각 속에도 그 사람이 없는 자리는 그 누구도 채워줄 수 없다.

자식도 형제도 친구도 그 누구도 그 사람의 빈자리만큼 늘 아무도 채울 수 없는 게 그 사람만의 자리다. 그래도 그 사람과 살아생전 한 약속을 지킨 나는 그 사람과 살면서 커다란 숙제를 마친 홀가분한 기분은 속일 수 없는 마음이다.

그 사람은 내가 잘해줘도 내가 못해줘도 그날 그 시간에 하늘나라에 갈 운명이겠지만 어쩐지 그 사람이 가고 나니 내가 좀 더 잘해줄 걸 하는 아쉬움과 후회만 남는 게 지금의 세월이 되었다.

그 사람이 세상에 없어도 끝까지 사랑한다고 당신만을 바라보고 살 거라고 서로 굳게 약속한 건 없다.

그저 우수갯 소리로 당신 없으면 우린 서로 다른 사람 만나도 좋다는 말을 던지며 마음에도 없는 농담을 주고받으면서 살아온 우리 부부의 세월이었다.

하지만 어디까지나 맘에 없는 소리였지 정말 그런 맘이야 있었겠나? 단지 농담일 뿐이고 이 세상엔 부부 인연은 오직 하나뿐.

부부란 저세상까지 함께 가는 게 아름다운 부부의 약속된 사랑이고 아름다운 모습이 아니던가. 그런 그 사람을 바람에 떠나보던 날이 그새 수많은 세월이 흘렀다. 그래도 한날한시도 내 머리에서 잊히지 않는 게 남편과 함께 살던 시간들의 소중한 삶이었다. 오늘처럼 무료하고 지루하리만큼 힘든 날 나는 이런저런 인생에 대해 질문과 함께 쓸데없는 생각과 회상에 잠겨본다.

내가 만약 다른 사람을 사랑하게 되면 그래도 괜찮은 건지? 하는 반문도 해본다. 얼마 남지 않는 이렇듯 무료한 날의 삶이 허무하게 흘러가고 있는 게 너무 쓸쓸하고 아쉽다는 생각이 넘실댄다. 이젠 그동안 고생했던 나만을 온전히 사랑하고 싶다.

사람이 사는데 어떤 게 나를 사랑하고 어떤 게 사람이 옳게 사는 건지? 홀로된 나는 가끔씩 생각나지 않는 정답으로 이런 질문이 든다.

나도 세상에 사는 동안 좀 행복하게 살고 싶고 사랑받고 싶은 욕구가 용솟음친다. 이런 욕심과 마음을 먹어도 되는 건가 하는 생각을 하면서도 사람인지라 나도 이제 나를 사랑하면서 행복하고 싶다.

가끔 그 사람이 남기고 간 빈자리에 누군가 와서 사랑한다면 과연 나는 사랑할 수 있는 용기가 있을까?

이 나이에 사랑은 와도 슬프고 부담스러운 게 사실이겠지만 이렇듯 햇빛 좋은 날이면 그 사람이 그립고 아쉬운 날이다. 홀로 쓸쓸한 바람이 불면 가슴에 찬바람이 일고 눈물 나도록 그 사람이 놓고 간 그림자라도 밟고 싶은 외로운 날이다. 우리가 살아가는 인생이 과연 세상이 쳐논 울타리에 갇혀 사는 건 아닌지? 하는 생각이 든다. 어떤 게 옳은 생각인가?

삶은 누구나 자기 것이고 선택도 자유라는 말들을 하지만 우린 늘 체면과 허세 속에 그물에 갇힌 새들 같다는 느낌이 든다.

용기 없는 자들은 나를 사랑한다는 사람이 있어도 자식들 눈이 무섭고 형제들 입이 무섭고 남들의 눈이 따가운 세상이 아니던가?

오늘도 허상 속에 꿈을 꾼다. 사람과 사람은 더불어 살아갈 때 행복한 건데 외기러기처럼 혼자라는 게 가끔 너무 슬프다.

그런데도 사람들은 미련해서 소중한 사람이 곁에 함께 있을 때는 소중한 걸 잘 모르고 사는 게 우리네 미련한 삶 들이니…. 조금 더 사랑해주고 조금 더 아껴줬을 걸 하는 아쉬움을 남기지 말고 모두가 있을 때 마음껏 사랑하고 살았으면 하는 생각이 든다.

가끔 이런 날이면 타인들의 모습과 많은 사람들의 이런저런 모두의 사랑이 내 눈에 들어온다. 혹여 나에게도 사랑이 온다 한들 편하고 아름다운 사랑을 할 수 있을까? 물론 사랑도 자주 오는 건 아니지만 사랑은 해도 고민이고 안 해도 슬프다고 생각한다. 사랑은 늘 이렇듯 이별이 따른다는 게 아프고 또 아픔이 아니던가.

그래도 오늘같이 쓸쓸한 날엔 사랑은 하다 죽더라도 위대한 선물이라는 생각이 드는 우습고도 쓸쓸한 날이다.

내가 사랑할 수 없기에 사랑하는 사람들이 부럽고 또 이런저런 생각이 드는 게 아닐는지 몰라도….

참 인생은 일순간 머무는 구름 같고 스치는 바람 같구나 하는 생각이 든다. 우리네 인생 바람에 날리는 민들레 같고 바람에 날리는 가랑잎 같은데 우린 그렇게 빠른 인생을 그렇게 허비하고 살아가나? 하는 생각이 드는 날이다. 생명력이 느껴지는 삶 속에 어떻게 살아야 잘 사는 건지 순간 풀잎에 매달린 거미줄이 내 눈에 들어온다.

가는 세월 잡지 못하는 유수 같은 세월 속에 늘 감사한 마음으로 살기 위해 오늘도 참고 참으면서 사랑하고 싶은 회상 속에 젖는 허망한 날 그저 고개를 저으면서 또다시 나는 내가 쳐 놓은 그물 속으로 들어가 아무 일 없이 평소처럼 용기 없는 나비가 되어 행복을 찾는 그런 날로 슬그머니 기어들어간다, 정답 없는 인생 속으로 기차를 탄다.

중독

2020년은 온 세계가 코로나라는 역병으로 모든 게 엉망이 되는 세월이다. 너나 할 것 없이 생활이 달라지고 어쩔 수 없이 집에 머무는 일이 많아지는 그런 시대가 되었다. 사람과 만남이 그립고 여행이 그립고 일상이 그리워지는 참 웃지 못할 이런 세월 속에 답답함을 겪는 건 처음이다.

모든 대면의 모임이 단절되어 버리니 자연히 핸드폰으로 인사와 안부를 나누는 일이 일상화처럼 되는 시기였다.

나 역시 어느 때부터인지 사람들과의 만남이 적어지고 심심하고 답답함을 때우려고 자연히 카톡 놀이가 일상화가 된 듯하게 많은 시간을 핸드폰으로 시간을 죽이는 날이 많게 되었다.

많은 지인들 역시 전에 없이 아침저녁으로 빠지지 않고 안부 메시지를 수두룩하게 보내왔다. 요즘 같은 시국에는 너 나 할 것 없이 그것이 모두의 놀이 겸 조금은 위로였고 사는 수단이고 행복이었고 기쁨이었다. 평소엔 그저 안면 정도의 지인들까지도 요즘엔 살갑게 안부가 자주 오고 가는 시대다. 그렇게 코로나라는 역병으로 달라진 그런 모습들이 생각하면 좋은 건지 나쁜 건지는 몰라도 암튼 요즘은 카톡이 공해가 될 정도다.

그렇게라도 시간들을 무료하지 않게 해 주는 건 그래도 요즘의 카톡이란 메시지들이다. 평소 오프라인에서 잘 알고 지내던 소중한 지인들은 만나질 못하니 매일같이 출퇴근하듯이 안부를 전해 온다.

어떨 땐 푹 늦잠을 자고 싶어도 늦잠을 못 잘 정도로 카톡이 난무하는 시대다. 자식보다 형제보다 더 신경을 쓰는 듯 빠지지 않고 안부 멘트를 날리는 사람들이 많고 보니 고마운 생각까지 든다. 몇몇 지인들은 임무를 하는 듯이 어김없이 아침저녁으로 늘 좋은 글과 안부를 전해 왔다.

한계를 잃으면 한계를 얻는다는 말이 있듯이 코로나로 인해 만나지 못하는 것 때문에 어쩌면 보이지는 않지만 영혼이 들락거리는 멘트들로 정감은 더욱 깊어질 수도 있다는 게 그나마 이 난관에 얻은 보물 같다.

고운 마음이건 친절한 마음이건 암튼 내게는 긴 외로움과 무료함의 시간 속에 반가운 안부는 늘 꽃 편지와 같았다.

아침저녁 잊지 않고 마음의 정겨움으로 폰 속으로 꽃 편지를 날리는 사람들과 나는 어느덧 고운 친구가 된 듯한 믿음이 생겼다. 안부의 향기를 날린 그 사람들 무심히 날마다 우정으로 던진 인정 어린 안부에 나도 모르게 가슴이 중독되어 있었나 보다.

갑자기 어느 날 날마다 오던 메시지가 뚝 끊기고 오지 않는 날이면, 웬일인가? 무슨 일이 생겼나? 어디 혹시 아픈건가?

무슨 일이기에 오늘은 안부의 메시지가 오지 않나? 궁금한 마음은 풍선처럼 부풀려지고 공연히 애매한 핸드폰 뚜껑만 바쁘다.

궁금하고 답답해서 물어볼라니 망설여지고 그럴 사이는 아닌 듯 허물없이 먼저 물어본다는 것도 내가 좀 쑥스럽고 웃습기도 하다. 보이지 않게 카톡으로 주고받는 것 하고는 조금 다르다는 생각에 쭈뼛한 마음은 사실이다.

그럼에도 불구하고 공연히 마음은 궁금하고 영 안절부절한 생각으로 숨길 수 없는, 솔직히 중독이 되어 있는 기분이다.

도대체 이 사람이 내 남편도 아니고 내 애인도 아니고 그렇다고 예전부터 오래된 친구도 아니련만 그저 사회서 같은 지인으로 살아가면서 요즘 신세대의 기계문명의 발달로 통해 이렇듯 주고받는 메신저로 별로 친하지 않아도 날마다 오고 가는 안부와 그저 카톡 카친의 지인일 뿐인데 오면 오고 안 오면 마는 거지 무엇이 이리도 궁금하고 안달이란 말인가? 생각을 하니 내가 웃습기도 하다.

남의 말하기 좋은 사람들이 알면 이런 맘도 흉잡힐 일이지만 그래도 궁금하고 한쪽 마음이 어딘가 허전한 건 속일 수 없는 사실이다.

참 내 마음이 잘못되도 한참 잘못됐다고 내가 나에게 검진과 함께 스스로 반문하면서 나무라기도 해 본다. 요즘 밖엘 못 나가 스트레스로 감정에 문제가 생겼나 하는 생각마저 해 본다.

나이 들어 홀로 외로움에 발광을 하며 살다 보니 아마도 나도 모르게 날마다 고운 안부가 오는 글 속에 중독이 되었었나 보다.

용케도 잘 버티면서 사는 척하지만 내 가슴은 늘 외로움으로 가득했었나 보다. 이만한 정에도 중독이 되다니….

여행길엔 훌륭한 동행자가 있어야 재밌고 인생길엔 훌륭한 동반자가 있어야 살만하다고 했건만 나는 동반자도 가고 동행자도 없다 보니 이런 자그마한 친절에도 중독이 되어 나도 모르게 이렇듯 웃지 못 할 일에 내 마음 쓸데없이 괜한 궁금증으로 속을 태우다니 내가 우습고 이상하게 생각이 들지만, 사람은 보지 않아도 허공 속에 정이 들고 중독이 되나 보다.

마음속에 보이지 않는 허상 속에도 맴도는 가슴들이 고독으로 물든 가슴들을 이렇게 주책으로 몰고 가는 듯해 얼른 정신을 차렸다.

누가 알면 쪽팔리고 주책스러운 감성이 아니던가. 연애를 하는 것도 아니고 그저 오고 가는 안부 속에 마음이 쏠린다는 건 요즘 같은 세월에 더욱더 중독성으로 이루어지는 것 같다는 마음이 들었다.

잠시 코로나라는 역병 때문에 시간이 무료하다 보니 아마도 여과 시간을 때우려 감성 소모 시간을 너무 투자했나 보다. 늘 오던 안부에 푼수 없이 중독돼 버린 내 가슴이 조금은 불쌍하고 가여운 마음이지만 호되게 가슴에 야단을 치고 나는 오늘도 메마른 내 가슴을 장악하고 중독되게 한 가슴을 잠잠히 다독거리면서 다듬어 준다.

아무리 외로워도 아무 데나 중독되지 말고 지혜롭게 나를 찾아 살아야지, 너무 남의 일에 궁금해하는 것도 교양 있는 태도는 아니니까 그저 물 흐르듯 인간관계도 즐거운 마음으로 아름답게 가슴을 디자인하는 법도 배워야겠다.

아직도 누군가에게 나는 관심받고 사랑받고 싶은 심장이 뛴다는 건 바로 살아 있다는 증거라 생각하면서도 중독이 되지 않으려면 빨리 코로나가 종식되어 전처럼 건강한 일상이 회복되길 바람다.

친절한 사람도 음식도 생각도 사랑까지도 중독은 무엇이건 과히 좋은 게 아니니까. 우리는 늘 중독을 조심해야겠다는 또 하나의 이상한 숙제를 하는 날이다.

일장춘몽

가을 하늘이 오늘따라 유난히 파랗고 맑고 아름답다. 가을바람이 왠지 쓸쓸하다. 넘어가는 가을은 아름다운 하늘과는 다르다.

이런 날 가슴은 민감하게 나만 아는 나만의 영화를 찍는다. 이렇게 우울한 날이면 나는 나를 즐거움으로 몰고 가고 싶다. 심심해서 못 견딜 만큼 고독한 날은 나는 머리에 필름을 돌린다. 혼자 연애도 하고 사랑도 하고 맛있는 것도 먹고 나 혼자만의 영화를 찍는다.

그 옛날 예고도 없이 시나브로 찾아온 사랑아, 그날 당신은 나에게 물었지 사랑해도 되겠냐고? 오랫동안 나를 사모했었나 보다고 나에게 슬며시 고백하던 날이 있었지. 당신과 나의 꽃다운 청춘은 어딜 가고 빈 가슴일 때 내게 달려와 내 가슴을 이렇게 노크 한단 말인가?

자기의 궁금증과 함께 나에게 끈질기게 관심이 있는 걸 보여주는 당신이 조금은 거슬렸지만 난 그다지 뿌리칠 용기가 없었지. 외로운 시간은 그런대로 유수처럼 또 흐르고 당신은 또다시 나에게 관심사로 슬그머니 바람처럼 다가왔었지.

고독한 내 마음엔 달 밝은 밤 창가에 드리운 나뭇가지 모습도 슬프고 골목에 전봇대마저도 왜 그렇게 쓸쓸하게 보였는지. 봄바람의 속삭임도 아무도 나를 위로해 주지 않는 내게는 모든 게 처절하도록 슬픈 나날이었지.

날마다 내 머릿속엔 돌아오던 길로 되돌아가고 싶은 마음뿐인 슬픈 생각의 나날이었다. 왜 그런 날이 있지 않던가.

꽃들이 피는 것을 보아도 저것도 언젠가 낙화가 되겠지란 생각이 들고 온 세상의 공기가 모두 슬픔을 위해 돌아가는 것 같았어.

밥을 먹어도 맛이 없고 살기 위해 먹는 건지 배가 고파서 먹는 건지 도무지 감정이 고장 난 듯했어. 내 모든 삶이 정지된 듯한 시간이었지.

공항장애라는 이름을 달고 날마다 내 머릿속에 공포로 나를 힘들게 하던 그 시절 나는 날마다 당신을 기다리는 어린아이가 되었다.

그러던 어느 날 난 사진 속 너에게 무언가 기대고 싶었어. 무언가 말하고 싶었어. 무언가 묻고 싶었어. 그렇게 너에게로 내 마음 흘러갔었어. 그리고 너는 기다렸다는 듯이 나에게로 다가왔어. 조심스럽게 오는 모습이 고와 보였지. 나를 많이 존중해 주는 당신의 모습에 나는 반했지.

너와 나는 이렇듯 오래전부터 예정된 것처럼 우린 세월도 잊은 체 시간 속에 이런저런 고운 말들이 아름답게 싹이 트기 시작했었지.

사랑의 싹이 뾰족하게 봄볕 속에 움 트는 새싹처럼 우리들 마음에도 하나씩 조잘조잘 사랑과 우정의 싹이 트기 시작했지.

그 옛날 청년 시절이 되돌아온 것처럼 그 옛날 학창시절 MT에서 만난 친구처럼 카니발에서 함께 춤을 추던 연인을 만난 듯한 그런 야릇한 기분으로 우린 그렇게 착각 속에 빠져 버렸어. 뒤늦은 세월 속에 아쉬움을 그득 안고 달려온 우린 철없는 애들처럼 늘 아침저녁 기다림은 그 옛날 교문 앞에서 친구를 기다리던 마음 같았고 그 감미로움은 라일락 향기 같았어.

그 설렘은 청년들 못지않았지. 새벽에 만난 사람도 소중했지만 해질녘 만난 사람도 만남은 모두가 노래가 있고 소중하다.

그 담부터 우린 서로가 좋아한다는 말을 아끼지 않았어. 서로 자기가 더 많이 좋아한다고 우겨대는 말도 정말 아름다웠어.

이제 우린 세상에서 가장 행복한 사람으로 탈바꿈 되듯 서로가 기쁨이 넘치는 듯 삶의 원동력이 되었지. 사랑의 꽃이 핀 거야. 나는 당신을 당신은 나를 부담 없이 너무 좋아하나 봐. 잠든 모습도 웃는 모습까지도 아마 세상에서 가장 이뻐 보였다고 말했지.

이렇게 우리들은 기쁨조와 수호천사로 사랑이 아쉽기나 하듯이 날마다 시간이 바빠졌지. 하루를 일 년처럼 쓰면서 정말 많은 이야기가 오고 갔었지. 이렇게 당신과 나는 서로를 알아보는 데는 그리 많은 시간이 필요치 않다는 게 너무나 신기했어.

짧은 만남이라도 영혼이 같으면 얼마든지 꿈을 나눠가질 수 있다는 것까지 우린 서로가 알아 버렸어, 정말 놀라웠어.

이런 너와 내가 영원하길 바랐지. 둘이는 서로가 서로에게 변치 않는 좋은 친구로 세상 끝까지 가자고 굳게 맹세했었지. 그리고 아침저녁으로 우리들의 사랑은 지칠 줄 모르고 오고 갔지. 온종일 당신과 나는 서로의 생각으로 관심은 폭발적이었지.

세상에 다시 태어나도 당신과 나는 서로의 사랑을 원했지. 절대로 헤어지지 말자고 약속하고 또 약속했지. 날마다 당신은 나에게 아름다운 멘트의 꽃을 보내왔지. 나는 날마다 마음의 답을 보내고 우린 서로 이렇게 가슴으로 행복했지.

과연 우리가 서로 이렇게 사랑하며 행복해도 되는가? 하는 질문이 들 때도 많이 있었지. 그럴 때면 가끔 두렵고 무서웠어.

세상이 무섭고 누가 우리를 갈라놓을까 봐 두렵고 누가 또 혹여 우리의 사랑을 해방할까 봐 몹시 두려웠어. 그렇게 조심스럽고 곱게 우리는 사랑을 키워왔지. 꿈도 키웠지. 간혹 미움도 아픔도 같이 더불어 키워온 우리들의 사랑이 홍시처럼 익었지.

당신은 나의 모습만 봐도 몸의 전율을 느낀다고 말하면서 사랑하는 마음을 전해 왔지. 그만큼 사랑하는 마음이 보이는 당신에게 내가 과연 무엇을 해줄 수 있을까. 고민도 해 보았지만 뾰족한 답은 당신의 사랑을 받는 것뿐이였지. 너무 고맙고 행복함 뿐이였지.

날마다 꿈같은 사랑의 대화로 당신이 내게 주는 코멘트와 나를 아끼는 마음은 나를 최고로 행복하고 황홀하게 했지. 늘 내게 공주님이라 불렀고 저녁에 잠자리에 들면서 당신의 굿나잇 인사는 나에게 중전마마라 칭했지.

날마다 귀엽다는 말을 아끼지 않았고 나에게 사랑한다는 말을 수없이 퍼붓는 당신을 내가 어찌 감사하고 사랑하지 않으랴.

세상에서 가장 멋있는 당신 나를 가장 많이 사랑하는 당신은 세상에서 나도 사랑하고 아끼고 싶은 바로 그런 당신입니다. 햇빛 좋은 날이면 당신의 손을 잡고 꽃구경을 했고 분위기 좋은 찻집에서 그윽한 차를 마시고 맛있고 고급스러운 음식점도 많이 찾아다니며 먹고 풍경이 아름다운 곳으로 나들이도 함께 하는 당신은 내 파트너가 분명했지.

세상에 살면서 당신을 뿌리칠 이유가 하나도 없었지요. 우린 누가 뭐래도 우리들의 아름다운 연애편지를 곱고 아름답게 가슴에다 함께 쓰면서 아름다운 세상을 살 것을 꼭 약속했지. 하늘이 허락하는 날까지 나를 사랑하는 당신, 나도 당신을 사랑할 것이며 많이 많이 감사하며 당신을 존경한다고 말했지.

당신이 나를 버리지 않는 한 나도 당신을 버리지 않을 것이며 당신의 뜻에 따라 나도 당신과 영원히 함께 할 것이라고….

당신과 내가 젊은 날에 함께 하지 못함이 아쉬워도 지금 우리들 사랑은 저 하늘의 구름도 지나는 바람소리도 아마도 아름다운 현악기가 되었으면 좋겠다고 가슴으로 기도하면서 소망했었지.

당신의 품 안에선 난 언제나 주연배우가 되고 싶었고 대본도 없이 사랑한 당신이지만 사랑은 언제나 이렇게 영화니까요. 그래도 기다리고 기다리다 보면 색은 좀 변하고 퇴색되었어도 아름다운 그림 속에 수준의 꿈은 이루어 진다고 했습니다.

세상의 귀한 인연은 먼 길 돌아돌아 만날 사람은 꼭 만난다는 말이 생각나지만 그게 어디 그리 쉽다던가요.

오늘 내가 꿈꾸는 이런 영화가 잘 상영되어 많은 이들에게 조금이라도 꿈과 희망의 묘약이 되었으면 참 좋으련만….

나의 능력은 한계가 있고 내 마음은 오늘처럼 우울한 날 허공 속에 꿈을 그려보지만 삶은 가끔 즐거운 꿈으로 연기한다. 지루하고 햇빛 좋은 가을날의 뭉게구름이 창가로 이렇듯 삶의 향기가 흐르는 날이면 백마 탄 왕자는 아니더라도 좋다.

아무도 오지 않는 그림자만 비켜 갈 수 있으면 나는 우울한 마음을 바람에 녹이고 싶다. 사랑하는 마음으로 꿈을 꾸고 싶다.

이렇듯 인생을 산다는 건 한낮의 꿈같은 건데…. 그때 한낮의 뜨거운 햇볕을 움켜쥐었던 것이 화근이었나. 유수 같은 세월 속에 되돌아가고 싶은 날들이 뭉게구름처럼 머릿속에서 생각나는 날 공연히 세월 속에 스멀스멀 심술이 난다. 후회 없이 잘 살아왔다는 현실적 속삭임에도 아쉬움은 남나 보다. 가끔 옛날의 환상 필름은 제멋대로 방황하면서 춤을 춘다.

인생은 이렇듯 일장춘몽인데 높은 곳에 계신 하나님께 허상의 날들을 가만히 물어보고 싶다. 저 멀리 가을 아지랑이가 곱게 피어오르는 산등선 넘어에서 그대가 아련히 웃고 있다. 바람 속에 인생은 일장춘몽인 걸 느낀다.

사람이 살아가는데 누구나 크건 작건 조끔씩은 미쳐 산다는데….

그러게나

내 친구 중에 어느 한 사람 화려한 걸 좋아하고 치장하길 좋아하고 모습도 이쁘장한 사람이 있다. 그 친구 집에 가면 예쁜꽃 예쁜 장식들이 늘 눈길을 끈다. 화려한 장식이며 꽃꽂이까지 친구의 모습처럼 예쁘게 꾸며놓고 사는 친구다. 그집에 가면 요런저런 악세사리며 성품처럼 치장도 잘하고 모습처럼 오밀조밀하게 꾸며놓은 집의 구석구석이 늘 눈이 심심찮다.

그런데 내가 보기엔 책꽂이가 하나도 없고 책이 한 권도 보이질 않는다. 눈씻고 돌아봐도 그 흔한 잡지책 하나도 보이질 않는다. 그렇다고 그 친구가 안 배운 사람도 아니고 최고의 학력을 가진 친구인데 글을 몰라 책 한 권 없는것도 아니련만….

저렇듯 이쁜 장식과 꽃들을 좋아하는 그 친구가 어쩜 책 한 권이 안보인다는것이 참 이상하리만큼 늘 나는 아쉬운 마음이 든다.

뭐 눈엔 뭐만 보인다고 물론 그건 내가 글을 쓰는 사람이라 먼저 보이는 게 책이고 관심 있는 게 책이라 그렇게 느낄 수도 있지만….

늘 아쉬운 건 내가 친구라 가끔 책을 선물한 다음에 은근히 신경을 써 그 집 방문할 때는 선물로 준 책이 속으로 어디에 있는가 하면서 내 눈은 레이저가 되어 그 친구 모르게 샅샅이 눈길이 바쁘다. 앗 드디어 책이 놓여 있는 곳을 발견한다.

서서히 책 곁으로 몸이 움직인다. 선물로 준 책은 여지 없이 아주 잘 펴보지도 않은 듯 얌전하게 봉투째 놀고 있다.

세상에 어쩌면 그나마 친구의 저서마저 눈길을 외면 당하고 차마 그래도 냄비 받침이나 버리질 않은 것만 해도 다행이라고 생각했다.

그래도 그나마 대접을 받느라 책이라곤 흔적도 없는 집에 달랑 나오지도 못하고 있는 책을 보면서 참 책을 지겹게도 안보는 친구라는 걸. 또 한번 깨달았다. 가무를 좋아하긴 하는 친구인데 눈도 돋보기라도 챙기며 보면 그다지 나쁜 눈도 아닌데 원래 책하곤 담싼 사람이다.

그 친구는 가만히 살펴보면 늘 방황을 한다. 집을 이쁘게 꾸며놓고 살면서도 마음은 늘 방황하는 들고양이처럼 허덕이는 모습이 보인다.

왜그럴까?하는 생각도 가끔씩 의문이지만 어느 한 날 그 친구의 속마음을 주고받는 동안 나는 그 친구의 마음을 조금은 헤아릴 수 있었다.

그래 그랬었구나, 그런 맘이였구나 하는 생각으로 그 친구의 마음을 헤아리려고 애썼다.

그 담부터는 나는 그친구에게 옛날보다 더 무조건 책을 선물했다. 그리고 마음이 울적할 때 꼭 보라는 당부도 잊지 않았다.

그런데 친구집에 갈 기회가 되어 가보면 여전히 선물한 책은 한번도 펴본 느낌이 안 들었다. 여전히 내가준 책은 먼지만 앉고 차마 버리지 못하고 준 사람 때문에 자리만 차지하고 있는 듯하다. 그래도 버리지 않고 그렇게 놓여 있는 게 다행이란 생각마저 든다.

속으로 안타까운 맘도 들지만 어쩌겠나. 그 친구 맘인 걸 사람이 다 같을 수는 없으니 하고 혼자 나는 나를 이해 시킨다. 방황이 길들여진 저 친구의 마음에 책이라도 읽으면 그곳에 묘약이 분명히 있을 텐데 하는 안타까운 마음이 그지 없지만 어쩌겠나.

책 읽는 건 담쌴 사람인 걸. 나는 세상에서 가장 무서운 사람이 책 한 권도 읽지 않는 사람이라고 알고 듣고 배웠던 거 같다. 책 속엔 무수히 많은 인생이 들어있고 세상이 보이고 마음이 보이고 그 곳엔 온 우주가 있는 법인데 그리고 책 속엔 모든 해결책이 들어 있다 해도 과언이 아닌데 방황하는 그 친구가 가끔은 책 속에서 해답을 얻는 인생이었으면 하는 바람이다.

허긴 사람마다 깨우침이 모두가 다르겠지만 그래도 책을 접한다는 건 최고의 행복이 아니던가? 나는 사랑하는 사람들이라면 남의 마음도 훔쳐보는 책 속에서 자기를 발견하는 그런 것이 참 좋을 것 같다는 생각을 해본다.

요즘에야 책을 안 봐도 티브나 모든 매체들이 많이 널려 있어 지식과 책이 홍수가 날 정도지만 그래도 아직도 책은 나에게 늘 보물같은 생각이 든다. 그리고 책이 없으면 내 삶이 얼마나 무료했을까 하는 생각이 드는 나지만 저 친구는 어쩜 한세상 책 한권 읽지 않으면서도 저렇듯 있는 멋 다 즐기면서 저렇듯 잘 살아 가는가 하는 생각도 내겐 좀 의문이고 색다르게 느껴진다.

글쟁이의 소망인지는 모르지만 많은 사람들이 책을 좀 선호해 줬으면 하는 바람도 글쓰는 사람들의 욕심일 게다.

사람이 살다 보면 너도 나도 쓸데없이 방황할 때가 있다. 그때마다 책을 읽는 습관을 가지면 얼마나 좋을까 하는 생각을 해 본다.

멍하니 있을 때도 한줄이라도 좋은 책이 손에 들려 있으면 그 얼마나 보기도 좋고 보배인가를 생각해 본다.

세상에서 가장 좋은 베스트셀러 성경책을 비롯해 작은 시집에 이르기까지 책은 삶의 묘약이 아닐런지….

한줄의 좋은 글이 인생을 바꿔 놓는다는 말이 있지않는가, 일부러라도 책을 가까이 하다보면 자연이 습관이라는 게 길러지고 그 습관에 의해서 삶은 또 달라질 수 있을 텐데 요즘은 종이책의 선호도 떨어지다 보니 더욱 안타까운 마음도 있다.

물론 전문 서적이나 좋은 책들이야 없어서 못 팔겠지만 교양서적이나 문학지는 누가 그리 사보는 사람이 있겠나 하는 생각이 든다. 저렇듯 겉모습은 예쁘고 고운 친구가 우정이라도 좋으니 내 책이라도 좀 선호 하면 얼마나 좋을까 하는 욕심이 든다.

꽃병도 좋고 이쁜 장식장도 좋지만 나는 가장 좋아보이는 게 책이 예쁘게 곁들여 장식되어 있는 집이 퍽이나 세련되고 아름다워 보인다.

오늘은 친구의 집엘 다녀와서는 어쩐지 마음이 아쉬움으로 물결처럼 친구의 모습과 함께 묘한 기분으로 씁쓸하다.

세상 사람들이 모두 생각이 다르고 취미가 다르지만 사랑하는 친구니까 조금은 내가 욕심을 내어보는 그런 날이다. 그 친구의 방황하는 마음도 무엇으로라도 달랠 수 없을 때 머리맡에 성경책이라도 놔두고 읽었으면 하는 바람이다.

이런 생각도 내 쓸데없는 욕심의 고민인지 몰라도 인생은 늘 듣고 보고 하는 곳에서 삶의 답이 있고 성장하는 법이다.

여백

일찍이 다산 정약용 선생님의 귀감어린 귀한 인생의 여백이 생각난다. 다산 정약용(丁若鏞: 1762~1836)은 조선 정조 시대 유학자요 실학자이다. 아명은 귀농歸農, 자는 미용美鏞, 송보頌甫, 호는 다산, 사암俟菴, 삼미三眉이며 당호堂號는 여유당與猶堂이며 시호諡號는 문 도공(문도공文度公이다.)이다. 그는 1789년(정조 13년)에 문과에 급제한 뒤 신유사옥辛酉邪獄으로 포항 장기에 유배되었다가 다시 강진으로 이배되어 다산 산장草堂에서 19년을 지내면서 많은 저술을 하였다. 1818년 57세로 풀려나 승지承旨에 제수되었으나 지난날을 뉘우치고 모든 관직에서 물러나 고향에 내려와 저술과 신앙으로 여생을 보냈던 우리나라의 아주 학문에 능통한 대가였다. 늘 가난하고 약한 사람을 보살피고 빈부격차를 조정하는 정치를 갈구하면서 나라와 백성을 걱정하고 모두가 함께 더불어 사는 세상을 만들기 위해 정치, 경제, 사회 전방에 걸친 개혁을 부르짖은 시대의 개혁자이며 애국애민의 길을 걸어간 선비였다.

수많은 작품이 있지만 지금까지 우리들이 가장 잘 아는 목민심서牧民心書, 치옥治獄에 대한 주의와 규범을 엮은 흠흠심서欽欽心書도 대표작이다. 그분의 깊은 인생관을 가만히 읽어보면 가볍게 생각지 못하는 멋진 논리가 있다. 그분의 글 속에 깨닫지 못하는 진리가 숨겨져 있다.

그 옛날 논을 연꽃 피는 밭으로 바꾼 집은 흥하고 그 반대로 더 많은 양식 쌀을 위해 연밭을 논으로 만든 집은 망하는 것을 보았다고 그는 말했다. 가슴에 숨겨진 사람에 대한 행복을 추구하는 깊은 뜻이 있다고 본다.

사람은 지금 모를 심다가도 연꽃을 보는 여유의 시간이 느낄 줄 아는 감성이 필요하다는 뜻이다. 지나가는 사람들이 자기 밭의 연꽃을 보며 여유를 갖도록 해 주는 그 커다란 배려가 필요하다는 인생의 깊은 뜻이 담긴 그야말로 마음의 여백을 강조하는 말이다. 가끔 우리는 고개 숙인 벼 이삭의 무게를 측정하기보다는 꽃밭에 가볍게 부는 바람의 가치를 느껴보아야 한다는 말이 정말 깊이 있게 다가왔다.

가끔 요즘같이 누구나 바쁜 일상 속에 우리가 살아가는 하는 세상 오히려 경제와 효율과 거리가 먼 여가 문화나 공감의 정서를 위한 계기를 찾을 때가 아닌가 싶다는 생각을 해본다 .

잘 사는 나라보다 가난한 나라 사람들의 행복 지수가 높다는 통계를 보면서 사람의 행복은 비단 부에서 나오는 것만은 아니라는 것을 깨달았다. 연꽃을 보며 경쟁과 상관없는 사색의 시간을 누구에게나 주는 문화 속에서 특히 커가는 아이들의 두뇌는 말할 것도 없고 우리는 다르게 성장할 것이다. 교육자나 우리 부모들은 이런 교육방침에서 자녀들에게 자존감을 높여주고 가슴에서 폭력성보다는 대신 사색과 배려가 자란다는 것을 다시 한 번 알아야 한다.

이 세상에 배려가 없는 지식은 폭력의 수단이 될 수 있다는 걸 배제할 수 없듯이 기성 시대이고 자라는 어린이들이고 문화 예술은 물론 또 마음의 양식이 되는 좋은 시 한 편 정도는 늘 가슴에 달고 다니는 것도 좋을 듯한 생각을 해본다,

요즘 티브이에서 신동이라는 가수 14세 짜리 어린 가수가 부른 여백이란 노래가 한참 유행이다. 어린 소년 가수가 부르는 것도 신기하도록 청아하게 잘 부르지만 그 가사를 가만히 접하니 정말 가슴에 와 닫는 아름다운 인생의 삶을 다시 재단하면서 추구해야 될 가사들이다.

'청춘은 붉은색도 아니고–사랑은 핑크빛도 아니더라'란 그 노랫말에 나는 흠뻑 빠졌다.

우리네 삶 속의 여백이란 단어가 참 마음에 와 닫는다. 인생의 여백이 있게 살아야 한다는 그런 생각 속에 여백이란 단어가 오늘따라 내 가슴에서 빨려 들 듯 깊은 생각을 준다.

나도 오늘따라 비우는 마음을 갖고 백지에 내 여백을 가만히 아름답게 수를 넣고 싶다. 여백 속에 들어가서 아름다운 하늘의 향기와 여백 속에 들어가 아무도 모르는 나만의 꽃과 사랑을 그려 넣고 싶다. 보이지 않는 것이 때론 보이는 것보다 깊고 아름다울 수 있다.

넉넉한 마음에 내 여백을 행복하게 수 놓고 싶다. 세상의 위선과 허식에서 벗어나 여유롭고 평화롭고 싶다.

아름답게 피어나는 꽃들은 다시 졌다가 내년에도 피어날 수 있지만 우리네 인생은 한 번 가면 다시 오지 않는다. 삶에 있어 이런 생각을 하니 우린 얼마나 여유 있는 삶을 누렸는가. 하는 생각이 밀물처럼 몰려와 가슴에서 출렁인다. 오늘따라 지금껏 살아온 나를 돌아보게 한다. 단순함에서 오는 여유와 평안함도 있겠지만 사랑하면서 누리는 고운 아쉬움 그리움도 가끔 여백 속에 채워 넣고 재충전하고 싶다.

나에게 멈춰진 인생 같지만 내 여백 속에 삶의 여유와 사랑이란 온기를 넣어주고 싶다. 여백의 사잇길로 살금살금 아름다운 길목을 내어 삶의 여정을 행복으로 걸어가고 싶다.

일상

비가 억수같이 쏟아지다 잠시 멈추고 맑은 파란 하늘에 뭉게구름이 떠있는 것만 봐도 기분이 이렇게 좋을 수 없다. 그동안 햇볕이 그리운 시간의 긴 장마철이 잠시 멈춘 시간인 듯해 마당에 나가서 떨어진 나무 잎새를 쓸고 고추나무에 달린 빨간 고추 몇 개를 따고 마당을 깨끗이 쓸고 들어와 샤워를 하고 나니 기분이 아주 상쾌하다.

거기다 오늘은 날씨도 좋고 내가 좋아하는 지인들과의 약속으로 만날 기쁨에 마음은 두둥실이다.

인생에 처음부터 아는 사람은 없다. 가족이 되는 초창기도 본래 알고 태어나는 건 없다. 모두가 남이 만나 애인이 되고 가족이 되고 자식을 낳고 또 한 울타리를 이루면서 살아가는 게 세상이다.

사랑하는 자식들이 자주 안부를 하고 든든하니 울타리 같은 내 가족이 있다는 것도 새삼 감사하고 감사한 날이다.

사랑스러운 두 자부들이 번갈아 가면서 반찬이다 용돈이다 넘치도록 주니 나보다 더 행복한 사람이 어딨겠나 그저 감사한 마음이다.

손바닥만 한 내 집 마당이라도 있으니 운동 삼아 낙엽도 쓰는 재미도 쏠쏠하고 봄이면 작은 마당에 꽃향기도 맡을 수 있으니 내 일상과 내 인생의 시간들이 이만하면 족하다는 느낌이 드는 아름다운 날이다. 지인들과 친구들이 있어 등산도 같이 갈 수 있고, 오늘 만나자는 지인들도 오래전부터 알고 지내는 깊은 인연이며, 친구이자 가족 같은 사람들이다.

이런 날이면 누군가 만날 수 있는 지인들이 있다는 게 얼마나 행복한가? 그런저런 생각을 하니 오늘은 왠지 잠시 스친 인연까지도 물론 모두가 다 소중한 인연들 같다는 느낌이 든다.

처음부터 친구가 어디 있으랴. 만나서 사귀다 보면 친구가 되고 아는 사람이 되면서 깊어지면 절친으로 살아가는 게 우리네 인생이다.

사람은 사람을 좋아하고 서로 더불어 살아가는 인생 속에 이렇게 햇빛 좋은 날 또 우울한 날 또 분위기 있게 비가 오건 눈이 오건 부르면 거절하지 않고 만나서 차 한 잔 하면서 자그마한 속내를 드러낼 수 있는 사람이 곁에 많이 있다는 건 분명한 축복이다.

왜냐구요? 내가 이렇게 마음이 기쁘니까요라고 대답하고 싶다. 물론 만남에도 부담스러운 사람들이 있다. 그런 사람은 모질어도 만나지 말아야 된다. 설명은 간단하다.

가끔 사람들과의 관계 속에서도 스트레스 받는 사람은 있다. 그럴 땐 건강을 위해서도 되도록 피하고 만날 필요가 없다. 인정에 끌려 싫은 사람 억지로 만난다는 건 우리 나이에는 커다란 무리다.

이젠 이 나이가 되고 보니 크게 걱정도 없고 크게 욕심도 없고 크게 바쁘지도 않고 크게 행복하지도 않지만 건강하니 감사하다. 그래도 나는 지금처럼 이런 일상에 이런 날이 가장 축복받은 기분이고 좋은 날이라고 말하고 싶다.

남들은 애완견에다 사랑을 하고 살아가는 사람들도 많지만 나는 고양이도 개도 다 싫다. 나는 사람이라 사람이 늘 좋다. 그저 산이 좋고 들이 좋고 오늘같이 함께 할 수 있는 문학 동지나 친구들이 좋고 동네 사람들이, 교회 지인들이 모두가 사람이 좋다. 부지런히 사랑하는 사람들을 만나기 위해 오늘도 내 일상의 하루가 열리고 있다.

연일 코로나로 입에다 마스크로 봉합을 하고 다니고 거리는 전에 없이 사람들의 모습이 다 걱정이 쌓인 듯한 모습들 같다. 요즘은 서로 보고 싶고 만나고 싶어도 제대로 된 모임 한 번 못 가고 여행은 꿈도 못 꾸는 세상이 되니 물론 공동생활엔 합리적이야 하기에 따라가는 요즘 같으면 온통 세상이 힘들어서 총칼 없는 전쟁 같다는 생각이 든다.

주일날 목사님의 설교 속에 우리가 사는 세상을 하나님은 얼마나 사랑하셔서 귀하게 주셨건만 사람들은 자연을 회손시키고 그 바람에 올해 같은 장마로 연일 이어지는 뉴스엔 수재민들의 아픔이 나오니 정말 사람은 사람이 저질러놓은 일로 또 이런 일을 당하는 게 순리같이 보인다. 요즘 또 눈살을 찌푸리게 하는 동성애 문제로 세상은 또한 떠들썩하다.

나도 개인적으론 동성애는 반대라고 생각한다. 엄연히 하나님이 남자 여자를 지으시고 생육하고 번성하라 하신 세상을 왜 사람들은 말도 안 되는 소리로 반대 찬성을 놓고 떠드는지?

창조주 하나님의 마음을 거스르면 재앙이 오느니라 하는 말씀이 무섭게 생각되면서 머리에서 떠나질 않는다.

동성애? 도무지 세상이 발전도 좋고 개성도 좋지만 이런 것들은 좀 확고하게 하나님에게 도전 좀 안 했으면 하는 바람이다.

무섭다. 하나님은 자기 영역을 침범하면서까지 방종한 사람들을 결코 용서하지 않으실 듯 요즘 세태가 무서운 마음마저 든다. 이런저런 것들이 모두가 다 같은 마음이 아니니까 혼란스럽고 힘들다. 누가 옳고 그름이 늘 세상엔 이렇듯 시끄럽다.

세상엔 공동체 의식 속에 우리 모두가 같은 마음일 수는 없겠지만 그래도 민족애가 살아있는 국가가 이뤄야 되는 건 분명하다. 난 내가 못하는 용기 있는 사람들이 부럽다. 자신만을 위해서가 아니고 나라를 위해 저렇듯 고생하는 사람들이 있는 한 한국은 분명 곧 평화로워질 것이고 곧 코로나도 물어갈 것이고 여전히 축복받은 나라가 될 것이다. 때에 따라 숨을 쉬게 하는 저런 분들의 또 다른 모습 속에 든든하니 진정한 애국자들을 보는 거 같았다.

요즘의 간절한 바람은 이 땅에 빨리 역병인 코로나가 사라지고, 지혜롭고 현명한 분들이 많이 있었으면 하는 바람이다.

그런 좋은 사람들 좀 많이 만나기를 오늘도 기도하는 마음이다.

살다보니 얌체족도 많고 못된 인간들도 많고 이기적인 사람도 많고–

정치판이라고 해도 늘 으릉렁대는 모습 속에 실망이 크다.

때론 가끔씩 서로의 가슴을 훔쳐 놓고도 모른 척 이용 깜으로만 늘 궁리하는 사람도 있고 앞에서는 칭찬하는 척 뒤에선 무시하고 잘나지도 못한 게 잘난척하는 소인배들을 보면서 인생이 씁쓸하다.

이 땅엔 애국자도 많지만 고양이 같은 인간들도 심심찮게 본다. 인간은 어디까지나 자기를 희생한다는 생각 없이는 저런 용기 있는 데모도 못하는 법이다. 나라를 사랑하고 지키고 또 가정을 지킬 줄 아는 게 제일 큰 사람이라고 나는 크게 외치고 싶다.

(코로나) 2020년 전염병 도는 시국에

일을 하지 않고 먹고사는 것과 일을 하며 먹고사는 기분은 다르다.

전엔 병든 남편을 놓고 하루에도 열두 번씩 고민할 때가 있었다. 어떨 땐 오래오래 살아줬으면 하다가도 내가 너무 지치고 병마로 얼룩진 남편을 볼 땐 그만 고생하고 그냥 편안하게 그 사람도 나도 고생 그만하고 죽어줬으면 하는 그런 모진 생각들이 머리를 흔들게 하는 나날들도 있었다.

사람이 살아가는데 보통 사람들은 다 자기 몸이 피곤하고 지치면 나의 이기적인 생각이 먼저 드는 게 인지상정인 듯하다.

누구도 닥쳐보지 않고는 큰소리칠 수 없는 게 인생이다. 그러나 이제 세월이 흘러 시간이 지나고 보니 모든 게 후회 속에 내가 나를 나무랄 때가 너무 많다.

그렇게 나를 힘들게 한 남편이지만 살아 있을 때가 훨씬 사람 사는 생활 같아서 좋았던 것 같으니 사람의 마음이란 참 변덕스럽다.

요즘은 끼니 챙겨 먹는 것도 귀찮을 정도니 내 삶이 무기력해지고 삶의 의욕이 떨어진 듯 편해도 이런 형상이 오는구나 하는 생각이다.

그래서 사람은 늘 일거리가 있고 사람과 사람끼리 부대끼며 사는 게 더 없는 행복이라는 걸 뒤늦게서야 깨닫는 시간이다. 이렇게 시간은 나름대로 자기 할 일을 하듯이 멈추지 않고 유유히 흐른다.

이제 과연 나 역시 하나님이 세상에 사는 내게 주어진 시간이 얼마나 될까? 하는 고민도 해본다. 뒤돌아보면 나는 늘 시간에 쫓기며 살아왔던 것 같았는데 요즘은 남아도는 시간을 주체 할 수 없으니 그래서 어떨 땐 내 마음이 처량하리 만큼 고독하고 무료하고 어떨 땐 사는 게 적막강산이다.

옛날엔 흐르는 물길을 바라보며, 아직도 그리 슬프지 않다고 위로하면서, 격동하는 가슴속 시간을 잘 달래 왔었는데 어느 날부터 무기력해지는 나에게도 문득 시간이 얼마 남지 않은 듯한 느낌이 들기 시작하며 극심한 무력증에 빠진다.

이러고 있을 때가 아니다. 하고 깜짝 놀라기도 하고 내가 하고 싶은 일, 또 해보고 싶은 일들이 무엇이었나 하는 생각 속에 나는 바삐 일어나 시간을 조율하기 시작해 본다. 밀린 설거지도 하고 책장도 뒤적이며 이런저런 잡동사니들도 정리해 본다.

마음이 바쁘다 보니 이러다 내 시간이 나사못처럼 토막토막 흩어진 과거의 기억들을 짜 맞춰 주는 시간으로 변한다.

그것들이 모여 새로운 인간을 탄생시키고 세상이라는 무대에 또다시 올라서서 무기력의 소용돌이에서 벗어나려 또 애쓴다.

이런 모습이건 저런 모습이건 움직이며 내가 애쓰는 모습이 진솔할 때, 우리는 기어코 살아있음에 또 살아감에 감동하고 만다. 이것이 나의 남은 인생이다. 나는 석양처럼 아름답게 살다 갈 것이라고 속으로 외쳐본다.

참 사는 게 별건가. 그때그때 주어진 시간을 어떻게 알차게 살아가느냐가 중요한 듯하다. 누군가 말했잖는가. 지금이 가장 소중하다고 사람이 할 일이 없고 무기력해지면 더 낮아지는 늪으로 빠져드는 게 할 일 없는 사람들 같다.

2020년 요즘 연신 티브이 뉴스에선 신종 코로나의 전염병 때문에 연실 비대면으로 모든 게 마비되는 듯 난리도 아닌 세상이다.

시중에 사상 최초로 기이한 현상 속에 마스크는 동이 나고 장사하는 서민들은 사람들이 많이 다니질 않으니 굶어죽겠다고 난리 정말 전쟁만 난리가 아니라는 생각이 드는 무섭고 공포적이고 험한 세상이 되었다. 이런 시국일수록 많은 사람들이 더 위축돼 있고 문밖 출입을 적게 하는 시기에 나도 힘을 내서 살아야겠다는 마음이다.

어쩐지 모두가 힘이 들고 아우성 속에 우린 더욱 마음속으론 분발해야겠다는 그런 생각이 드는 날들이다. 돌아보면 지금까지 나도 여러 가지 일들을 해 왔다. 이제 이 나이가 되어보니 나도 나름대로 성공한 사람이라 자부한다.

대한민국의 여자로 두 아들의 엄마로 한 남자의 아내로 손주들의 할머니로 이제 내가 이루어 놓은 것에 원도 한도 없지만….

나머지 내 인생이 좀 더 하고 싶은 건 타인들과 잘 어우러져 수준 있는 사랑을 이루면서 우아하게 마무리 짓고 싶은데 요즘 같으면 만나고 싶은 사람도 제대로 못 만나고 가고 싶은 데도 발이 묶인 듯 못 다니는 세상이 온통 코로나라는 역병으로 마비된 듯한 사회에서 이제 기다리는 인내만을 배우게 되는 힘든 세상이 되어 버린 듯하다.

언제고 시간이 가면 지나가겠지만 어서 지나가기를 기다리는 우리들은 힘들고 지루하다. 코로나가 세상에서 종식되기를 간절히 바라는 마음이다.

제5부

세상엔 공짜가 없다

세상엔 공짜가 없다

세상엔 거저가 없다. 수고 없이 크는 것도 수고 없이 자라는 것도 이 세상엔 공짜가 하나도 없다. 하물며 남에게 물 한 모금도 거저가 없는 게 세상 이치다. 주고받는 게 모든 세상의 정이고 삶이다.

내가 거저 받는 듯하고 거저 주는 듯해도 그건 나중에 다른 통로로라도 꼭 하늘은 공평하게 돌리신다. 그게 세상의 이치고 진리고 살아가는 것이다. 공짜는 하나님만이 우리에게 주시는 분이지, 인간은 주고받는 게 당연지사다. 간혹 얌체 같은 사람들이 있지만 사람과 사람 사이엔 주고받는 게 도리라 생각한다. 꼭 줄 것 없다면 마음이라도 주어서 상대가 읽을 수 있게 하는 게 도리다.

그렇지 않을 땐 이미 사람 마음은 떠나 버린다. 물론 보이지 않는 봉사라든가 베풂도 있지만 그것도 어찌 보면 자기와 자기 사이에 마음을 주는 만족도일 게다. 봉사를 하고 나면 행복하니까.

들꽃도 혼자 크는 것 같지만 혼자 크는 게 아니다. 바람이 건드려 세워주고 비가 내려 먹여주니 그래서 곱고 아름답게 크는 법이다. 미련하고 생각이 모자란 사람들은 늘 얌체족에 속하며 살아간다. 사람들 중 혼자 약은 척 잘난척하는 사람들도 있다. 남들은 모르는 것 같지만 자기 욕심을 위해선 온갖 쓸개까지 내어주는 것처럼 아낌없이 베풀며 정작 자기가 신세 지고 불쌍한 곳에는 외면하는 철판 같은 인간들도 세상엔 있다. 자기만 나타내려 하는 것은 무리며 그건 세상에 더불어 살아가는 곳에선 멍청하고 잘못된 정말 얌체족이다.

예를들어 작은 일에서도 인간들의 마음은 보인다. 요즘 카페지기를 하다 보니 자기 글들만 날마다 카페에 도배를 하다시피 하고 남의 글은 거들떠보지도 않거니와 댓글 하나 없이 날마다 본인 얼굴만 커다랗게 던지고 가는 그런 얌체족들을 가끔씩 본다.

댓글을 달아줘도 답글 한 마디 없이 날이면 날마다 자기 글만 자기 얼굴만 도배하고 가는 사람을 보면 그런 곳에서도 사람들의 얌체 같은 마음이 보여서 눈살이 찌푸려진다.

별거 아니라고 생각하겠지만 이런 작은 것에서부터 마음을 읽을 수 있는 게 사람 살아가는 세상이다.

어쩌면 일 년 내내 아니 몇 년 동안 한결같이 그리도 속이 훤이 보이는지. 참 대단한 용기다. 글이 아무리 번드르르하고 좋으면 뭘 하나? 살아가는 매너는 아주 꽝인 걸.

인격은 아무것도 아닌 듯한 것에서부터 시작되는 거다. 적은 데서부터 품성을 엿볼 수 있는 법이다.

이런 거 하나를 보면서도 그 사람의 됨됨이를 알 수 있는 게 우리네 삶이다. 한두 번은 참고 봐줄 수 있지만 한결같이 그런 사람들을 접할 땐 뻔뻔스러운 생각이 든다. 정말 보이지 않는 사이버 공간이지만 이해하기가 힘들다. 한 일을 보면 열 일을 안다고 했다.

그런 작은 것에서부터 마음을 측량할 수가 있는 게 사람들의 양심이고 됨됨이가 묻어있는 매너다. 자기는 남의 글도 안 읽어 주면서 자기 글만 읽어주길 바라는 건 글 쓰는 사람의 마음이 아니다.

그런 마음을 가졌다면 우리는 내 마음을 한 번 점검해 볼 필요가 있지 않는가 싶다. 그리고 무엇보다 자기 작품에 대한 인사에 답글 하나 없다는 건 글을 아무리 잘 써도 잘 쓴 글을 덮어버리는 격이다. 우리는 더불어 사는 사회다. 적은 것에서부터 매너를 지키는 사람이라면 그 사람은 정말 모든 일에 믿어도 될만한 큰 사람이라고 봐도 된다.

사실은 그보다 더 무서운 사람은 위선 덩어리 사람이다. 입은 무성하니 혼자 잘난척하는 사람들 입으론 그럴 듯하니 매너 있고 경우에 맞는 척하고 해박한 척, 혼자 은근히 잘난 척만 하는 사람들, 행동과 사생활은 그 반대로 무질서한 사람들을 본다. 참을성 없고 남을 헐뜯는 소리를 늘 입에 달고 사는 소인배 같은 사람, 정말 그런 사람들은 구제불능의 헷갈리는 사람들이다.

어떡하면 남의 약점만 잡을까 하면서 꼭 기회를 노리는 무섭고 쓰레기 같은 사람들이 함께 살아가는 이런 사회다. 자기에게 조금이라도 이득이 있다면 오랫동안 주고받은 의리는 쓰레기 버리듯 팽개치고 살살

대며 간에 붙었다 쓸개에 붙었다. 하는 그런 사람은 처음엔 모르고 다 속지만 조금 시간이 흐르면서 사귀다 보면 여지없이 본색을 드러내 모든 사람들이 결국엔 다 알 수 있는 게 사람 마음들이다.

모를 땐 예민한 선수들도 속지만 그런 걸 알면서도 속아 주는 건 정말 가끔씩 힘들고 짜증나는 일이다. 정상인들은 이해하기 정말 힘든 사람들과 함께 우리는 이렇듯 더불어 살아가는 세상이다.

이렇듯 가끔 사회 속에 얽킨 인간관계가 수행자 못지않게 무관심하기엔 너무 힘들 때가 많다. 그렇게 독특한 사람들을 보면서 나는 늘 불쌍하다는 생각이 든다. 그것도 고칠 수 없는 커다란 병이겠지만 고칠 수 없는 병이라면 약이라도 먹던지.

타고난 좋은 머리로 좀 더 긍정적이고 좋은 생각에 투자한다면 얼마나 좋을까 하는 아쉬운 생각이 든다. 사람이 몇백 년 사는 것도 아니지만 그렇게 얌체스럽게 살아 무엇이 그리 좋고 행복할까?

자기의 유익을 위해선 뻔뻔하기 짝이 없는 사람들을 볼 때 차라리 동냥하는 사람보다 못하게 보인다. 사람은 주고받는 것에서부터 그 사람의 마음이 보이는 게 상식이다. 있다고 베푸는 게 아니고 없다고 못 베푸는 게 아닌 게 우리네 세상살이다.

인생은 뿌린 만큼 거두는 법이다. 그게 하늘의 진리다.

그렇게 비겁하게 사는 사람일수록 남의 입에 오르내리니 그 또한 벌을 받는 격이니 공짜는 없다. 마음은 보이지 않는 거울이다. 그 거울 속에 비추는 아름다운 사람들이 많을 때 온 세상은 편안하다.

관계

사람이 살아가는데 서로 이해하면 되지 하면서 내 일이 아니면 쉽게 얘기할 수 있다. 그렇게 그저 남의 말은 하기 쉽지만 정작 무슨 일이건 내게 닥치고 보면 힘든 게 우리들의 삶이다. 사람과의 관계를 유지하는 데도 마찬가지다. 서로가 사랑과 희생이 없이는 늘 삐거덕거리는 게 우리들이 살아가는 모습이라 느낀다.

세상에는 수많은 사람들이 있다. 얼굴 모습도 다 다르듯 생각도 다 다른 법이다. 까만색 하얀색 무지개색 그렇게 많은 색깔을 지니고 사는 게 세상의 사람들이다. 어떨 땐 이해가 안 가는 타인과의 원만한 관계 유지가 정말 난이할 때가 많다.

이건 아니다 싶어 바른말을 하면 지금껏 좋았던 사이가 섭섭한 마음으로 삐거덕거릴 때가 많다. 그런다고 늘 참고만 살면 또 바보 취급받을 때도 있으니. 그렇다고 항상 배려가 계속되어주면 으레 그것이 자기 권리인 양 착각하는 사람들도 세상엔 정말 심심찮게 본다.

그것이 계속되다 보면 늘 자기가 상전인 양 상대의 배려를 악이용하는 사람들이 있다. 그럴 땐 서로 상호 관계는 여지없이 가슴속에서 허물어져 갈 수밖에 없다.

얼굴도 모습도 다르듯 사람들 생각도 버릇도 다 다른 게 인간이다. 아니 어쩌면 모든 동물이고 우주 속에 들풀까지도 같은 건 하나도 없는 것끼리 살아가는 게 이 세상이 아니던가.

부부도 형제도 다 다른 게 세상의 사람이라. 그래서 관계란 모두가 다 다르다. 하지만 사람만큼은 생각이라는 지성과 지혜를 하나님이 주셨다. 과연 이걸 어떻게 잘 쓰며 살아야 사람들과 화평하며 융화 속에 덜 스트레스를 받고 살 수 있나 하는 것이 우리들의 화두고 세상을 살아가는 숙제고 고민거리다. 그리고 그것이 지혜다.

살다 보면 어떨 땐 가끔 내가 결정 장애 같은 답답함을 느낄 때가 많다. 이렇듯 인간관계는 미묘하고 가끔은 풀리지 않게 힘들 때가 많다.

얼마 전 일이다. 내 돈을 들여 식사 대접을 한다고 지인에게 연락을 하니 그 지인이 하는 말 자기가 원하는 곳이 아니라며 완강히 거절 해왔다.

내 상식으론 도저히 이해가 안 됐지만 속으로 삭히고 그냥 다른 지인들과 함께 아쉽지만 다음으로 미루고 우리끼리만 약속을 해놓았다.

그런데 그 지인은 자기 뜻대로 되지 않는다는 태도로 토라져 버렸다.

아무리 생각해도 납득이 되지 않는 태도였다.

자기가 대접하는 것도 아니면서 대접하는 사람의 마음을 좌지우지 하려다 안된다고 토라지는 행동에 나도 영 기분이 상해 버렸다. 나 같으면 못 가서 미안하다고 초대해 준 사람의 마음만으로도 고맙다고 해야 옳지 않은가? 생각하니 화가 났다.

이런 어처구니없는 일을 당하고 보니 나는 사람처럼 못됐고 두 마음을 품은 동물도 없구나 하는 생각에 그날은 몹시 불쾌하고 마음이 언짢았다. 며칠을 말없이 고민하다 내린 결론은 다 무시해 버리자 하고 내 마음을 스스로 달랬다.

이렇게 세상에 인간관계는 늘 미묘한 데가 많은 게 어렵고 풀기 어려운 숙제처럼 힘들다. 조금 잘해주면 무시하고 조금 못해주면 못된 사람으로 매도하며 사는 이상한 취미를 가진 사람들을 만나게 되면 참 운이 나쁜 것처럼 힘이 드는 세상이다.

사업만 잘 되는 게 운이 아니다. 사람은 인덕이란 말이 있듯이 사람관계도 정말 운이 따라야 하나보다. 그래서 인덕이란 말이 있나 보다 하는 생각을 해본다.

세상엔 어제의 친구가 오늘의 원수가 되고 오늘의 원수가 내일의 친구가 된다고 하듯이 참 인간들의 관계란 늘 풀지 못할 수수께끼 같기도 하다. 비가 오면 햇빛이 나고 바람이 불면 잔잔할 때도 있듯이 살아가는 데도 파도타기를 잘하며 어떻게 하면 너도 좋고 나도 행복한 인간관계를 맺어가며 살 수 있나 하는 생각을 해보는 날이다.

세상엔 사람 위에 사람 없고 사람 밑에 사람 없다는 인간의 공평한 순리 속에 겸손하면 좋으련만 쓸데없이 교만한 사람들 앞에는 잘못하면 내 것 주고도 욕먹는 시대에 살아가는 현대인들 속에 우리는 늘 상처받고 오늘도 살아남는 법과 사는 기교를 배워야 하나보다 하는 생각을 해본다.

옛말에 공연히 줘도 미운 사람이 있고 안 줘도 이쁜 사람이 있다고 했다. 정말 그런가 하는 생각을 해본다. 가장 꼴불견은 교만한 사람들이다. 교만은 패망의 지름길이라 했고 겸손은 출세의 지름길이라 했는데 쓸데없이 교만한 사람을 보면 늘 사람의 마음을 우울하게 만든다. 그런 사람들과는 관계도 정말 싫다.

인간들의 이중적 감정을 볼 때면 가끔 짜증나는 삶이 이래서 우리는 산다는 게 늘 힘들다고 하나 보다. 인간관계처럼 예민하고 힘든 게 없는 것 같다. 오늘도 그런 숙제를 놓고 허우적댄다.

모두의 인간관계가 좋은 사람은 성인이 아니면 자기희생과 무조건적 사랑이 없는 한 인간관계는 가끔씩 삐거덕거리는 소리가 멈출 수 없을 듯하다.

사람 관계

세상 살아가면서 사랑이 참 힘들다는 생각을 해보는 시간이다.

나는 얼마 전에 꽤 인연이 오래된 지인에게 새로 나온 신간 시집을 한 권 선물했다.

예전 같으면 잘 받았다는 인사말이 올 때도 되었는데 영 감감 무소식이다. 참다못해 문자로 지인에게 혹시 책을 보냈는데 받지 않으셨냐고 물어봤다. 한참 동안 답이 없더니 긴 문장의 답이 왔다. 그 문자를 받고 나니 하루 종일 마음이 묵직하고 괜히 우울한 느낌마저 든다. 그분이 하는 말 선생님의 책은 오래전에 받았노라고 그런데 마음이 묵직하고 공연히 죄스러운 마음에 속히 인사를 못했노라고 죄송하다 하면서 이유를 긴 문장으로 내게 알린다.

어렵게 쓴 그분이 하는 말은 내게서 책이 오면 그분 부인이 영 못마땅

한 표정으로 다시 반송하라는 등쌀에 몰래 소중한 선물이라 숨겨놓고 아내가 없을 적마다 꺼내 읽고 하다가 얼마 전에 감춰놓았던 책을 부인에게 그만 들켰단다. 세상에 이 무슨 해괴한 소리인가? 난 이해가 안 됐다.

선생님 무슨 말씀이세요? 아니 왜 제 책을 못 보게 하시나요? 하고 물었더니 저자가 여자라 그런단다. 난 어이가 없어 그 부인에 대해 의처증 같은 병이 있나 생각했는데 그게 아니라. 그의 아내는 우울증과 그외 작은 병을 안고 살기에 매우 조심스럽게 산다는 말을 들었다. 어떻게 이해를 해야 할지 도무지 내 생각으론 이해가 되질 않는다. 한 번도 만난 적도 없는 오로지 독자로 책을 통해 안부로만 아는 그분인데 내 글이 좋다고 연락이 와서 그것이 인연이 되었다. 요즘 카톡이 유행이니 서로 안부 정도로만 했는데 얼굴도 뵌 적 없이 오랜 세월 가끔씩 인사만 하고 살아가는 사이였는데 그런 힘든 사연이 있었다는 말에 공연히 죄도 없이 내 마음이 무거웠다.

그것도 내 글이 좋아서 개인적으론 아무런 느낌 없이 독자로서 팬의 대접으로 그저 오가는 안부일 뿐이었는데 그분이 도대체 부인에게 어떤 모습을 보였기에 내 작품을 읽어보지도 않고 질투의 대상으로 남겼단 말인가? 아무리 머리를 굴려 이해를 하려 해도 나 역시 찝찝한 마음은 지울 수가 없었다.

그분이 얼마나 힘들게 결혼생활을 하는지 눈에 훤히 보이는 듯했다. 세상에는 별의별 사람들이 참 힘들게 살아가는 부부들도 있구나 하는 생각이 든다.

그래도 한편으론 웃음이 픽 난다. 젊고 예쁜 여류 작가도 아니고 늙고 나이 든 작가인데 남의 부인의 질투의 대상이 된다는 건? 처음 겪는 일이라 좋아해야 되는 건지 속이 상한 건지 도무지 좋은 방법의 이해가 영 안 떠오른다.

나는 곧바로 답을 하길 차라리 제가 남자 작가였더라면 좋았을걸 그랬네요? 하며 농담 어린 쓴웃음으로 답하고 별것도 아니니 괜찮다고 그분을 위로했다. 그리고 가족이 우선이니 다음부터는 내 저서는 보시지 말라고 정중히 말해줬다.

참 사람과 사람 사이엔 이상하리만큼 장벽이 많은 듯하다. 뵙지도 않은 독자의 사랑하는 사람의 질투의 대상이 되는 작가라면? 나도 혹시 여류 작가 아닌가요? 하면서 혼자에게 다독다독 위로했다.

아무리 질투가 많기로서니 얼굴도 모르는 작가와 남편의 독서에까지 그렇게 부인이 힘들게 한다면 세상사 어찌 사회생활을 할 수 있겠나 싶은 마음이 들면서 참 힘들게 사는 부부를 훔쳐보는 시간이다.

한편으론 그 상대에게 무언가 속상하게 하셔서 그랬겠지라는 생각으로 매듭을 졌다. 돋보이는 꽃은 쉬이 꺾이기 마련이고 돋보이는 인물은 쉬이 낚이기 마련이라는 말이 생각난다. 그래 맞아 내가 그들에게 아마도 돋보이는 인물이라 그랬나 보다 하고 그래서 그냥 시비거리가 되었나 보다 하고 억지 생각으로 나를 다독이는 시간이다.

아, 확실히 나도 글을 쓰는 작가이기 보다 인기작을 겸비한 스타가 맞나 보다. 하는 생각으로 나름 스스로 자존감을 돋구어 준다. 참 세상엔 많은 독자들도 있지만 나도 모르는 생소한 별별 독자가 다 있다.

힘든 상황에서도 내 글을 훔쳐보실 정도로 애독을 해 주시는 그 독자분이 너무 고맙다. 내 글을 사랑해 주시는 것도 감사하지만 나는 그분의 가정에 평안이 있길 바라는 마음이고 그분이 더욱 금술 좋은 부부로 남은 인생을 모든 게 편안하고 행복하시길 기도하는 마음이다.

가슴 아픈 꿈

나이가 드니 세월이 너무 빠르게 가는 듯하다. 엊그제 나는 꿈을 꾸었다. 남편이 저세상으로 간지도 어연 일 년이 되었다. 아직도 나는 내 곁에 늘 남편이 있는 듯한 마음인데 내 곁을 떠난 지 일 년이 되었다.

오늘 새벽에 꿈을 꾸는데 죽은 남편이 평상시에도 그렇게 멋진 양복은 입은 걸 보지 못할 정도의 아주 예쁘고 멋진 양복에 햇볕이 눈이 부실 정도로 머리 위로 비추고 환하게 웃는 모습으로 다가왔다.

나는 꿈에서도 당신 죽었잖아? 그런데 왜 살아있는 사람처럼 왔어? 하고 물으니 실실 나를 놀리듯 웃으면서-당신이 죽으라고 해서 그냥 죽었어 하질 않는가 세상에….

꿈에서도 조금 미안했다. 그래놓고 뭐가 보고 싶다고 해? 하는 게 아닌가?

그래서 나는 꿈에서도 생시처럼 당신이 날 너무 힘들게 해서 그랬다며 그 말이 진실이었겠느냐고 반박하려는 찰나에 남편은 친구랑 놀러 간다며 서서히 사라져 버리는 걸 보며 내가 변명 아닌 바른말을 하기도 전에 꿈이 저절로 깨어 버렸다. 눈을 떠보니 새벽이다.

너무 희한하고 허망해서 나는 한참을 멍하니 있다가 아~정말 영혼이 있는 게 확실한가 보다 하는 생각에 무릎을 꿇고 아침 기도를 하면서 엉엉 울었다. 그래 내가 힘들어 모질게 포악을 떨던 말이 그 사람 마음에 맺혔었나 보구나 하는 생각을 하면서 정말 혼이라도 있다면 내 진실도 알 것 아닌가?

지금 같으면 정말 미안하다고 할 수 있을 텐데 그게 진심이 아니었다고 하면서….

꿈에도 실실 웃는 남편이 웃음 속에 정겨움이 담겨 있는데 나를 많이 사랑한 남편이란 걸 새삼 느끼게 해 주고 간 남편이 그립다기보다 너무 부끄럽고 미안해서 꿈속에 하고 간 말이 더더욱 양심에 가책이 되어 울면서 회개를 한들 무슨 소용이 있겠나.

죽어서도 내가 질병으로 남편의 병 치다꺼리를 할 때 하도 힘이 들어 차라리 당신도 나도 힘드니 그만 편안하게 천국 가라고 하면서 허물없이 죽어 달라고 말한 게 이토록 부끄럽고 가슴에 맺힐 줄 정말 몰랐다. 그때 마음은 아무리 힘이 들어도 어찌 그리 모진 말을 했을까.

아무리 허물없이 사는 부부지만 입장을 바꿔놓고 생각할 줄 몰랐던 미련하고 모진 나였던 것 같다.

사람같이 이기적인 동물이 어디 있으랴. 남편에게 내가 너무 솔직하게 허물없이 했던 말이 부끄럽다.

차라리 외로워도 참을 테니 어서 나를 위해 죽어 달라고 이렇게 사는 건 당신도 힘들고 나도 못 살겠다고 폭언을 했던 생각을 하니 이런 내가 너무 했다는 생각에 많이 아팠다 .

그런데 그땐 나도 너무 힘들어 마구 말을 하고 참지 못했던 게 지금은 가슴에 못이 박혔다. 그래도 그런 내 마음을 알았는지 아니면 하나님이 내 눈물을 눈물병에 담으셔서 눈물의 기도를 불쌍하게 여기셔서 내 기도를 곧바로 응답해 주신 건지 몰라도 그 사람은 춥지도 덥지도 않는 내 말대로 죽으면서까지도 내 말을 잘 듣는 사람으로 화창한 가을에 나를 위해 나를 두고 훨훨 떠났다.

그런데 그 말이 많이 섭섭했는지 그렇게 멋진 모습으로 꿈에 나타나서 그래도 화를 내지 않고 정겨운 모습으로 예전처럼 나를 사랑하는 눈빛 속에 장난기 어린 모습으로 여보 당신이 죽으라 해서 죽었잖어? 하는 모습이 살아있을 때 늘 나를 놀리던 모습처럼 익살스러운 웃음을 놓고 나타났다가 떠나갔다.

참 기이한 꿈을 꾸고 나니까 너무 보고 싶어서 한참을 울고 나니 가슴이 먹먹하다. 세상을 살면서 좀 더 참고 말조심을 했더라면 이렇게 아프게 후회하는 일로 힘들게 아픈 건 덜 했을 걸.

사람이 그도록 한치 앞도 모르고 부끄럽게 산다는 게 얼마나 어리석은 인간들인가 생각을 하니 아파서 살아 있을 때 모진 내 말이 얼마나 섭섭했을까? 그래서 내게 일깨워 주려고 나타났나?

그래도 나 같으면 꿈에라도 괘씸해 저렇게 웃음 띤 즐거운 모습으로 장난기 있게 정겨운 농담처럼 그런 말을 던지진 않을 텐데 남편은 그래도 나를 많이 아끼고 사랑했나 보다 생각하니 정말 하나님 앞에 부끄럽기 짝이 없어 눈물만 주룩주룩 흐르는 슬픈 아침이었다.

긴병에 효자 없다고 똥오줌 받아내며 간병을 하면서도 절대 내 남편은 요양원엔 보내지 않고 내 곁에서 천국 가게 해 달라고 나는 하나님께 수없이 기도를 했었다. 그 가운데 나는 몸도 마음도 지칠대로 지쳐 가끔씩 모진 포악도 서슴치 않고 환자인 남편에게 쏟아냈던 생각을 하면 너무 미안하고 부끄럽다.

이젠 그런 일도 없겠지만 사는 날 동안 참는 법을 좀 더 배우고 살아야겠다는 생각을 해 본다. 가깝다고 마구 대하면 회의감이 들기 쉽고 믿는다고 함부로 하면 의구심이 들기 쉽다. 우리네 인생은 사랑을 위해선 진실과 능력도 중요하나 함께 나누는 기술과 재주도 필요한 듯한 생각을 뒤늦게 해보는 시간이다. 하늘나라에 간 남편도 내 진실한 마음을 알겠지만.

그래도 왠지 참지 못했던 일들이 자꾸 부끄러운 가슴이 되는 쓸쓸한 가을 아침이다.

애통하는 자에게 위로하시는 나의 하나님 철없었던 이 죄인을 용서하소서.

본성

사람 위에 사람 없다 해도 사람 수준은 있고, 사람 밑에 사람 없다 해도 사람 본질은 있는 것 같다.

나는 오늘 사람마다의 뽑지 못하는 뿌리 같은 게 있는 걸 느낀다. 제 아무리 교양으로 다져지고 제 아무리 신앙으로 고쳐져도 저마다 갖고 있는 특징적인 그 사람만의 고치지 못하는 독특한 본질 즉 뿌리 같은 건 없어지지 않고 은연중에라도 사람들 가슴 깊은 곳에 물구덩이처럼 숨겨져 있나 보다. 다만 이리저리 다듬어져 가려질 뿐이지. 언젠가 그 사람의 본성이 드러날 일이 생기면 여지없이 보이는 게 각자의 본성인가 싶다.

같은 수목이라도 훌륭한 재목은 따로 있고, 같은 인간이라도 훌륭한 인재는 분명히 따로 있는 것 같다.

인간이 살아가는데 도리라는 게 있고 지켜야 하는 게 있듯이 다 저마다의 감추어져 있는 인성이 있다.

오늘 나는 친구와 함께 둘레길을 걷고 나서 작은 단골 커피숍에서 도란도란 정담을 나눴다. 오래전 친구이지만 그래도 가끔씩 속을 모르는 게 인간의 마음이다. 그 친구는 나이답지 않게 귀염성도 애교도 많은 사람이다. 가슴은 늘 뜨거움이 있는 (영화)차타레 부인 같은 매력 있는 여자다. 본디 애교가 많고 살갗도 고와 남정네들에겐 늘 인기 많은 친구다. 어떨 땐 사랑에 늘 굶주린 여인처럼 가끔 영혼이 방황하는 모습도 조금 색다르게 보이는 사람이다.

세상엔 다 부부의 그림은 예쁘게 보여도 무늬만 부부가 살아가는 사람들도 간혹 있듯이 가끔 그의 쓸쓸한 모습에서 나는 그 친구의 마음을 조금은 훔쳐서 읽을 수가 있었다. 허긴 세상엔 늘 고슴도치 사랑들이 얼마나 많은가? 사랑한다는 이유로 구속하고 가시로 찔러대는 우리네 인생이 아니던가. 그런데도 불구하고 그래도 고슴도치들도 사랑을 하며 새끼를 낳듯이 사람들도 남모르게 지지고 볶고 싸우면서도 가정이란 굴레 속에 살아간다.

우리는 가끔 내 마음은 넓은 척 상대를 이해 하는 척 하지만 언제나 돌아보면 늘 내 시각에서 상대를 판단하는 경향이 많다. 상대의 모든면을 공감한다고 대화를 하면서도 뒤로는 감정의 노동이 가끔 따른다. 공감과 약간의 헷갈림 속에 감정의 노동은 각기 다르다. 내가 납득이 되는것 만큼이 공감하는 것이다.

우리 사람 관계도 마찬가지다. 친하다 하면서도 대화속에 느낌이 다르지만 그냥 넘어가는때가 많다. 공감되는 척 만나며 말꼬리가 싫어서 그냥 편한 척 그렇게 가식으로 놀다 오는 친구들도 흔하다. 마치 그런 게 많은 사람들의 친화력과 화평한 대화법처럼.

늘 진솔한 마음은 가둬두고 좋은게 좋다며 희희락락 하다 오는 게 사람들과의 관계다.

어쩌면 사람들은 피곤한 걸 피하며 살아가는 게 지혜인 양 그렇게 두루뭉술 관계를 선호한다. 사람이 정말 진실한 친구라면 그 사람의 있는 그대로의 존재 자체를 봐주고 이해하고 사랑해 준다면 그 사람은 진정한 친구고 아름다움이라는 생각을 해본다.

그러나 그런 진실한 친구가 과연 얼마나 있을까 하는 고민도 해 본다. 그래서 가장 대화 속에 정감 가고 아름다운 대답은 공감을 잘해주는 "그래, 그랬었구나."라는 말이 있듯이 친구와의 대화 속엔 언제나 그런 말만 오고가면 좋으련만 어디 사람들이 다 그럴수 있나. 때론 그 상대를 내 기준으로 질책 아닌 질책 속에 대화로 인한 논쟁 때문에 아프고 투정하며 사는 게 또다른 모습들이다.

오늘 나도 친구와 대화를 나누면서 나와는 너무도 다른 듯한 성격의 친구지만 때론 재밌고 때론 친구라도 내 생각으로만 볼 땐 이해가 안될 적도 많은 친구지만 사람은 다 같은 사람이 어디 있으랴. 각각 얼굴도 모습도 다르듯 다 마음도 생각도 모든 게 다르다는 게 모든 사람이 아니던가?

나와는 많이 다른 친구지만 오늘 나는 또한번 깊은 생각에 빠져들게 하는 게 피할 수 없는 내 성격이다. 아침에 친구한테 어디 나갈까봐 좀 일찍 전화를 걸었다. 오늘 운동 함께 갈까? 하고 전화를 하니 무조건 다자고짜 잠시 전화 올 때가 있으니 끊으란다. 조금은 황당해 나는 무슨 중요하고 큰일이나 있나 하고 기다리는 동안 궁금한 마음이 들었다.

한참을 기다려도 이 친구 전화가 안 오기에 내가 궁금해 참지 못하고 다시 전화를 했다.

그런데 참 어이가 없다 할 정도로 다른 친구를 만나러 간단다. 그래서 그 친구 전화를 기다리느라, 나는 혹여 다른 곳에서 전화 올때 그 친구 한테 전화가 올 줄 알고 조심하면서 기다렸는데 세상에 다른 약속을 하느라고 그리 큰일이나 난듯 전화를 끊으라 독촉했구나 생각을 하니 너무 괘씸하기도 하고 마음이 섭섭했다 아니 그럼 지금까지 몇십 년을 사귄 친구보다 그 친구가 더 소중해서 그런 식으로 내 전화를 받았나 생각하니 속이 너무 상했다.

지금까지 저 친구 한테 얼마나 우스워 보이는 하찮은 친구였기에 저런 무례함이 보였나 싶은 게 아무리 오래 정을 준 친구지만 섭섭함은 이해가 안 되고 가시질 않았다. 난 그럼 여지껏 뭐였지?

자기 시간 나면 심심풀이로 놀아준다고 생각했단 말인가? 하며 이런 저런 생각을 하니 얄밉고 괘씸한 생각에 다시는 너에게 내가 먼저 전화하나 봐라 저 필요할 때만 나를 이용하는 여우같은 인간같이 느껴졌다.

혼자 너무 얄미워 씩씩대고 있노라니 그 친구에게서 전화가 왔다. 오늘은 그 사람과 만나기로 해서 나랑 못 만나니 미안하다며 생글대는 목소리속에 얄미운 얼굴이 머리속에 뾰족한 가시처럼 느껴진다.

다음에 보자고 말하는데 속으론 괘씸해도 어쩌겠나 이렇듯 또 전화를 받고 보니 아까보다는 조금 내 마음이 누그러졌다.

하루 이틀 사귄 친구도 아닌데 저 성격 모르는 바도 아니고 그냥 내가 너그러운 척 하자 하면서 내 마음을 달래본다. 그리고 뭐 잠시 시간이 없어 내 마음 헤아릴 틈 없이 그럴수도 있겠지.

그렇게 억지 이해를 하면서 잘 놀다 오라고 나는 별로 티내지 않고 전화를 끊고나니 그래도 마음에선 내가 저 친구 한테 이 정도 뿐이구나 하는 생각에 속으론 섭섭한 마음이 남아있다.

그런데 저녁에 그 친구에게서 전화가 왔다. 나는 아침에 얄밉던 마음은 꾹 참고 오늘 잘 놀다 왔어? 하며 낮에 서운한 생각을 접고 속이지 못하는 퉁명스러운 말로 물어봤다. 그 친구 왈 오늘 그 친구랑 재미도 없고 짜증나는 일만 있었노라고 푸념한다.

나는 속으로 고소하다고 생각했다. 그렇게 날 홀대하듯 내 전화를 제쳐놓고 눈 빠지게 기다리게 하다가 만난 사람과 왜? 깨가 쏟아지도록 놀다 왔다하면 내 속이 좀 그럴 텐데 그 친구가 오늘 나가서 만나고 온 친구와 속이 상해 일찍 들어왔다는 말에 그제서야 그 친구에게 퍼부었다. 아니 그렇게 나를 제치고 좋다고 나간 친구랑 왜 그랬어? 하며 또 참을 수 없이 가슴에 가시가 튀어나와 퉁명스럽게 약을 올렸다.

그 친구는 그제서야 제 정신이 돌아온 듯 미안해 소리를 연발하지만

이미 내 마음에선 섭섭함의 앙금으로 그 친구의 점수를 놓고 계산하고 있었다.

그래 사람이 아무리 친하다가도 가끔씩 본심을 들키고 나면 신뢰가 떨어지듯 마음 한구석에서 또다른 인간의 이기심이 도사리고 있다는

걸 깨달았다. 그 친구는 어찌 생각하면 너무 솔찍해서 그런가도 모르지만 본성이 가볍고 혼자 공주병에 걸린 조금은 이기적인 게 늘 커다란 흉이다.

평상시에 너무 좋은 친구인데 옥에 티처럼 조금은 덤벙되고 참음과 절제가 부족한 친구다. 자기가 필요하면 좋고 조금 맘에 안 들면 느닷없이 변덕스럽게 떨쳐버리는 가끔은 이해 안되는 부분이 있는 친구지만 오랜 세월 보아온 덕에 나는 나대로 그런 친구에게도 중독이 된 듯 여지껏 인연이 되어 살아왔다.

그게 그 사람의 본성처럼 보이는 게 가끔 실망은 있어도 정이 뭔지 그러다가도 보고 싶어지는 친구다.

친하다가도 그렇게 까끔 실망을 주긴 하지만 또 남다른 재미도 매력도 있는 친구다. 그럴 때마다 함께 해 온 세월을 세어보며 나는 그 친구를 이해 하려고 감정노동을 가끔씩 한다.

나 역시 내가 모르는 남에게 가시 같은 흉이 있을 줄 모르겠지만 그 친구나 나나 이 나이가 되어도 고치지 못하는 본성은 누구에게라도 있는 게 사람 모습 같다.

남들이 나를 볼 때도 또 마찬가지로 어떤 흉이 있을 수 있지 않을까 하는 생각을 해 본다. 이런 모습을 지닌 사람도 친구가 되고 보니 그 오랜 세월 속에 떼어버리지 못하는 그런 친구가 있다는 게 가끔 행복하다는 생각을 하며 지금껏 살아온 것처럼 앞서거니 뒷서거니 하면서 오래도록 건강했으면 좋겠다.

그 친구가 갖고 있는 그대로를 감싸주며 사랑하면서 계산하지 말고 그저 옆에서 든든하게 함께 좋은 친구로 남아 주었으면 하는 바람을 가져보는 날이다. 나이가 들고 보니 무엇이건 오래 인생을 함께해 온 사람들이 더 없이 소중하다는 느낌이 든다.

이렇게 투덜대며 같이 살아가는 사람들 속에 가끔 고칠 수 없는 본성이 드러나도 피식 웃음으로 이해하면서 살아가는 게 우리네 인생이 아니던가. 엄마 아버지도 못 고쳐놓은 본성은 누구도 못 고친다. 그냥 좋은 점만 보고 우린 행복했으면 좋겠다.

친구라면 장점도 단점도 사랑해야 된다는데….

늙으니까…

요즘 연일 찌는 듯한 더위에 내가 너무 짜증이 나면서 예민한 건가? 이상하게 툭하면 섭섭이 병이 든 듯하다.

오만 가지 생각 속에 긍정은 도망한 듯 이해보다는 오해로 달음질 하는 생각 속에 공연히 적은 일에도 서운한 생각이 자주 나는 생각에 오늘도 공연히 심술 난 가슴이 이런저런 심술보를 만들고 있다.

내가 잘 키웠다고 자랑하는 자식이었는데 내가 자식을 잘못 가르쳤나? 하는 서운함이 슬그머니 고개를 든다. 왜 이렇게 전에 없던 이런 생각이 자꾸만 요즘 심하게 들까 생각하면서도 서운함을 제어할 생각이 나질 않는다.

세상에서 가장 소중한 자녀이고 제일 착한 우리 며느리들로만 알았는데 내가 너무 오버하고 착각을 했나?

아니면 그냥 착하다고 자꾸만 나를 위로하기 위해 너무 부모로서 할 말도 못하고 아이들을 풀어주며 살아왔나. 아니면 알면서도 혹여 잘못하면 자식들과 서로 마음 상할까 봐 억지로 꾹 참고 살았다는 게 맞나?

공연히 소중한 자식들을 놓고 병에 걸린 것도 아니 건만 자그마한 것까지 예민하게 내 마음이 섭섭하니 우울하다.

섭섭이 병에 들고 나니까 아무것도 아니 듯한 일에도 오해로 똘똘 뭉쳐 내 가슴을 장악한다.

제들이 과연 엄마를 사랑하는 애들인가? 정말 내가 엄마이긴 한 건가? 왜 이리 내 마음이 꼬부라지게 불편할까?

이런저런 자존심마저 상한 듯한 기분이 드는 괴팍한 날이다. 이래서는 안 되는데 머리로는 누르면서 속은 씁쓸하니 부아가 난다. 이래서 남들이 자식 소용없다는 말을 하는 사람이 많이 있나 보다.

전엔 그런저런 일들이 그렇게 섭섭한 걸로 다가오진 않았는데 내가 긍정적이 못 되는 이런 마음이 어디서 오는 걸까?

외로움에서인가? 요즘은 매사가 과민하다. 한 번도 자식한테 기대는 마음으로 서운하고 섭섭한 일들로 그리 오랜 시간 생각하며 고민해 본 적이 없었는데. 오늘따라 내 마음이 자식들한테 서운하며 오해하는 마음이 샘솟듯 생겨나 마음이 스스로 도를 닦듯 참고 또 참는 날이다.

남들이 자식보다 남편이 최고지 자식 소용없다는 말을 들을 때마다 나는 그 사람들이 잘못된 거라고 도통 이해를 못했다.

자식은 그냥 꽃처럼 예쁘고 사랑스러운 존재가 아니던가? 하는 그런 마음으로 늘 자식을 평가한다는 그들이 이해가 안 되고 자식이 장성해

결혼을 시키면 자기들만 잘 살면 되고 부모가 소소한 건 참견하지 말고 사랑하기만 하면 되지 뭘 저토록 자식들한테 여념 하면서 바람들이 많나 하면서 속으로 그러는 사람들을 자신 있게 흉보며 살아온 내가 아니었던가?

그런데 오늘 내 마음이 성경의 말씀을 잊은 체 마냥 섭섭한 마음에 힙쓸려 너무 쓸쓸하고 이상하게 눈물이 난다. 우울증인가?

긴 병치레를 하더라도 이럴 때 남편만 곁에 있으면 함께 자식들 흉이라도 실컷 같이 볼 텐데…. 하는 아쉬움이 있는 날이다.

그러면 항상 내 편이 되어주던 내 남편 끔찍하게 자식을 사랑하던 남편이지만 내 쏘삭질엔 늘 자식을 혼내켜 주던 내 편인 내 남편, 저세상으로 간 남편, 이젠 자식 일로 속이 뒤집혀도 흉볼 데도 없고 편들어 줄 사람도 없으니 맘이 더욱 허전하고 외롭고 쓸쓸하다.

며칠 전 아들 내외가 와서 해외로 여름휴가 겸 여행을 간다고 한다. 전에도 늘 휴가 때면 해외로 가끔 놀러 나가던 애들이었는데 별로 마음 쓰일 것도 상할 것도 전혀 없는 늘 있던 일이 건만 왠지 이번엔 쓸쓸하고 허전한 마음이 든다.

이상하게 해외여행 한번 제대로 못한 내가 너무 초라한 생각이 든다. 남편 병치레 간병하느라 여행 한번 해보지도 못한 어미한테 빈말이라도 좋으니 엄마 같이 여름휴가 가자고 하는 말이 없다는 게 은근히 가슴으로 걸린다.

엄마도 이제 혼자니 우리랑 같이 해외 구경 한번 가실래요 하면 어디가 덧나나? 같이 가자고 해도 내가 안 가지만 빈말이라도 그런 인사치레라도 하면 기분이 좋을 텐데, 그리면 내가 마음으로 자식 잘 둔 기분에 얼마나 흐뭇해 할까.

그런데 같이 가자는 말은커녕 자기들끼리 희희락락이다. 속으로 서운한, 속 마음을 감추느라 나는 애를 먹었다. 목구멍에서 혹여 나도 모르게 훈계 아닌 잔소리가 나와 애들 마음 다칠까 봐 꾹꾹 누르고 참다 보니 부모 노릇에도 한계를 느낀다.

아들 내외랑 예쁜 손주들은 이런 내 마음도 모른 체 전에도 늘 하던 대로 어머니 저희들 잘 다녀올게요 하면서 일어섰다. 나도 늘 하던 대로 속으론 괘씸한 것들 하면서도 그래 잘 놀다 오라고 이것저것 당부를 하면서 내숭을 떨면서 보냈다.

애들이 자기 집으로 돌아간 다음에 가만히 생각을 가라앉히며 가슴을 더듬는다. 그래 빈말을 뭐 하러 들으려 한단 말인가?

자식들이 가자고 해도 따라나설 생각도 없는 나인데…. 무엇 때문에 빈말을 그리 가슴에선 원한단 말인가?

언제나 하던 일들인데 왜 하필 오늘은 그렇게 서운한 마음이 들어서 안 하던 짓거리로 마음을 받아들이는지 모르겠다. 내가 좀 많이 잘못된 듯하다고 스스로 꾸짖으며 내 마음을 돌려 제자리로 돌아왔다.

그래 자식은 자기들만 행복하면 그게 바로 어미 행복이지 왜? 내가 그런 생각을 하면서 안 하던 심술병이 생겼나 하고 생각하니. 혼자 외로워지니까 괜한 욕심이 나고 굶주린 사랑에 내 처신을 잃었구나 생각하니 정신이 뻔쩍 난다.

그러고 나서 일주일의 시간이 지나 애들이 해외서 다녀올 날짜가 지났는데도 전화 한 통 연락이 없으니 또 갑자기 궁금한 생각이 난다.

왠지 속으로 잘 다녀왔는지 묻고 싶지 않았다. 마음은 많이 궁금하지만 그것마저 내가 먼저 물어볼 생각을 하니 또다시 부모 마음이 서운하고 자존심도 상하고 괘씸한 생각까지 또 든다 .

날짜가 지났으니 잘 다녀왔으니 소식이 없겠지 생각하면서도 무언가 섭섭함이 가슴 한쪽에 도사리고 떠나질 않는다.

부모는 어딘가 어른 대접을 받기보다 부모 대접을 받고 싶은데 그게 커다란 것도 아니고 관심이고 자식 된 자의 배려라는 생각이다.

내가 전화해서 물어보려고 해도 공연히 자존심이 상하고 서운한 생각이 가슴을 장악한다.

그리고 혹여 자부 입장에선 일일이 시모가 참견하는 것 같은 부담도 줄까봐 궁금함을 참고 참으면서 내 가슴을 달랜다. 그래 무소식이 희소식이지 그냥 모른척했다. 애들 편한 대로 살게 일일이 참견 말자고 자꾸만 내 머리에 쇠뇌를 한다.

그래도 왠지 가슴 한편이 은근히 서운한 마음이 부모가 홀대당한듯한 마음이 들면서 어쩐지 기분은 별로 안 좋다. 먼 거리 여행을 다녀오면 부모한테 전화라도 해서 잘 다녀왔습니다 하고 얼른 알려주면 그것이 걱정하는 마음의 부모들 기쁨이 아니던가?

고얀 것들 같으니 하는 생각이 나면서 은근히 부화가 난다. 어찌 그리 자식은 부모 맘을 모르는지. 자기들도 자식을 키우면서 그래라, 자기들도 지 자식이 크면 이 어미 맘 알아줄 날이 있겠지 하면서도 그래 이래서 남편 없이 혼자 사는 게 더 슬프다는 생각마저 든다.

혼자 살다 보니 시간도 많아지고 공연히 걱정하지 않아도 되는 것까지 이렇듯 오만 가지 걱정 속에 예민해지는 듯한 내가 싫어진다.

언제는 내가 자식들 따라다니며 해외여행 같은 걸 생각이나 했단 말인가? 그리고 걔들도 바쁘니 연락을 못 하겠지 좀 기다리면 될 걸?

무슨 그런 섭섭이 병이 들어 빈말이라도 홀로 된 어미한테 친절한 말 한 마디 한번 해 줬으면 하는 바람으로 시대에 맞지 않게 이런 쓸데없는 유치한 생각에 빠졌단 말인가? 나도 참 늙긴 늙었나 보다.

다녀와서도 곧바로 연락도 인사도 없는 애들 내외가 오늘은 영 못마땅하고 화가 나는 걸 보니 참 늙는다는 게 나도 모르게 슬프다. 허긴 이미 애들한테 이런 말을 하면 엄마는 같이 여행 가자고 해도 안 갈 거 뻔히 아는데 뭔? 또 생뚱맞은 소리냐고 자식들한테 말만 들을 듯 뻔하지만 부모 맘이라고 변덕이 없으라는 법이 있다던가? 세상의 자녀들아, 네 이놈들아?

부모늘 마음은 자녀들에게 은근히 빈말이라도 관심받고 싶다는 걸 모르느냐? 하는 헛소리로 벽에다 고함을 질러본다.

또 한편으론 가슴 깊이 자식들에게 언제나 작은 짐이라도 되지 않기를 기도하며 소원하는 그런 마음이다. 혹여 자식들 걱정 근심거리 될까봐 노심초사하는 게 부모 마음 아니던가. 그리고 너희들 행복이 바로 부모의 행복인데 그러면서 때론 이렇게 철없이 부모도 자식들과 함께 하고 싶은 그리고 대접을 받고 싶은 욕구가 일 때가 있다는 게 부모의 마음이다. 그래서 부모도 투정하고 싶고 자식에게 머리와 생각과는 다르게 기대고 싶은 게 홀로된 부모들의 마음이 아니던가.

그런 마음을 알아서 입에 혀처럼 해주는 자식이 이 세상에 과연 몇이나 되겠나마는….

요즘 예민하다 보니 공연히 호강에 초치는 소리로 나도 한번 주책을 떨어본다. 우리 자식처럼 부모에게 잘하는 자식들도 드문데 복에 겨워하는 소리지만…. 배 아프지도 않고 얻은 내 딸 같은 두 자부들도 감사하고 내 아들 내 손주들 다 얼마나 소중한가.

요즘 나도 홀로 되다 보니 은근히 자식에게 많이 의지하고 기대고 살아가는 것 같다. 마음은 항상 자식 맘 힘들게 하고 싶지 않은 게 내 철직처럼 늘 가슴에서 머리까지 세뇌를 한다. 그저 자식 앞에서 아프지도 말고 자식 앞에서는 쓸쓸한 척도 하지 말자는 철칙을 세워 놓고서도 가끔 이런 지각없는 생각 속에 자식들에게 알게 모르게 섭섭할 적이 있는 건 어쩔 수 없는 늙은 부모의 마음인가 보다.

그래 너희들만 잘 살고 행복하면 그것이 선물이고 내 행복이지 그리고 내 자식들과 내 자부들만큼 부모에게 잘하는 애들도 요즘 세상엔 드물다는 생각에 늘 하나님께 감사하며 속으로 고맙고 또 고맙다는 생각으로 살다가도 이렇게 늙으니까 안 하던 생각을 하면서 가끔 남모르게 섭섭한 마음이 있다는 건 아마도 자식들이 아무리 잘해도 늙은이의 막지 못하는 병 같다. 그래 내가 늙어서 그렇구나 늙어서 미안하다 애들아. 너희들과 함께라면 세상 사는 자체가 아름답고 행복하고 커다란 여행인데 거기서 무얼 더 바란단 말인가. 그럼에도 불구하고 하루에도 열두 번씩 변덕스러운 게 늙은 사람 마음인가 보다.

이런저런 마음에 감사하지 못한 내 마음이 이렇게 문득 시끄럽다가 다시금 부끄러운 생각으로 달린다. 한 번도 부모 속 썩이지 않고 공부 잘해주고 건강하게 살아주는 자식이면 최고의 훌륭한 자식이 아니던가? 그럼에도 늘 부모 생각에 남다른 아들 며느리들인데 보기도 아까운 내 새끼들을 잠시 복에 겨워 투정했던 내 모습이 얼마나 철없는 늙은이가 되었나 이래서 늙으면 또다시 아기가 된다는 말을 누군가 했나 보다.

이제 남은 삶 정신 똑바로 차리고 무엇이건 긍정적으로 바르게 보고 바르게 느끼며 예쁜 마음으로 살아야 되겠다는 생각으로 몇 번이고 다짐하면서도 오늘도 자식들 생각에 공연히 전화기를 들었다 놨다 하는 내 모양이 조금은 우습고 한심하고 불쌍한 생각이 든다. 과연 이런 부모 마음이 쓸데없이 과잉 사랑일까?

이래서 세상 부모들은 늘 짝사랑 속에 한평생 살아간다는 말이 생각이 난다, 늙으니까 다시 어린아이처럼 철이 없어진다.

생각

이젠 그리 가슴 뛰는 일도 마음 설레는 일도 없으니 여행도 그저 귀찮고 그냥 설렁설렁 편하게만 살면서 놀고 싶다.

언제까지나 내 곁에 있을 거라고 믿어왔던 많은 사람들 부모 형제 남편 친구 그 모든 사람들이 나한테 허락도 없이 그냥 하나둘씩 떠나는 인생길을 보고 나니 허망한 생각 속에 그 수많은 아픔 속에 지금도 가슴은 이런저런 일들로 마음이 먹먹하니 아프다.

세상을 살다 보니 서로를 가장 잘 알 거라는 사람도 나를 많이 사랑할 거라는 사람도 거의가 다 믿을 게 못 되는 게 또 인생이더라.

강물은 바다를 향해 늘 달음질하고 사람은 무엇을 위해 그토록 달음질하며 사는 건지 정답이 없는 우리 인생이 아니던가.

그럭저럭 지금껏 살아온 걸 뒤돌아보면 참 많이도 아픈 것들이 삶을 찌르며 살 때마다 굽이굽이 잘도 넘기며 살아온 게 기특하기도 하다. 우리 인생이 무엇으로 묶이건 묶여야만 살아가는 세상 같다. 가족에게 묶이고 자식에게 묶이고 사랑에 묶이고 우정에 묶이고 그런저런 피할 수 없는 정에 묶여 살아온 세월을 돌아보니 참 많이도 참으며 삶의 숱한 방황도 하며 살아온 듯하다.

이젠 두 아들 다 자기 짝 찾아 살고 손주들의 커가는 모습 속에 또 다른 행복이 뒤섞이는 세월 앞에 그래도 이만하면 잘 살아왔다고 내가 나에게 머리를 쓰다듬으며 가끔씩 토닥토닥 칭찬해주고 싶은 그런 마음의 나날들이다.

남편의 뒷바라지는 그리 잘 해주지 못했지만 그래도 마지막까지 내 손으로 치다꺼리하다 천국에 보냈으니 그 또한 감사한 노릇이다.

오늘 문학하시는 아는 지인이 한 달 전에 부인을 저세상으로 보냈다며 너무 마음이 허전하시다는 전화가 왔다. 동병상련의 마음이라고 그분의 허전함을 왜 모르겠냐만 상대가 남자분이라 둘이 식사라도 대접하며 위로하긴 그렇고 해서 같은 여자 선생님과 셋이 식사 자리를 마련해 이런저런 인생 이야기를 하면서 그분의 위로와 더불어 귀한 시간을 함께 했다.

서로가 주고 받은 인생 이야기 속에 사람이 살다가 혼자될 때는 그래도 남자가 먼저 가는 게 더 나을 듯한 생각을 한번 해본다.

그래도 여자가 혼자된 분보다는 남자가 혼자된 분을 뵈니 어쩐지 더 측은한 생각이 들고 초라해 보인다.

남자분들이 들으면 어찌 생각하실지 몰라도 내 생각은 그분을 만나 이런저런 얘기 들으며 확실히 그런 생각이 드는 게 사실이다.

물론 사람이 죽고 사는 걸 내 마음대로 할 수 있을까. 그분을 만나고 와서 어쩐지 산다는 게 뭔지 또 사람이 많아도 외로운 게 인생이라는 것이 뚜렷하게 생각이 된다.

그분도 서울의 명문 고등학교에서 평생 교육자로 정년퇴직을 하셨다니 수많은 일가친적 선후배 제자할 것 없이 많은 지인들이 있으면 무엇하랴. 정작 저토록 외로울 때 함께 할 사람이 그다지 많지 않으니 노년의 외로움이 오죽하랴. 돌아보면 모두가 다 거기서 거기인 인생이 아니던가? 저분도 젊으실 때는 시간이 없어 쩔쩔매던 사람이었을 게 뻔한데….

지금은 노년이 되어 삶의 변두리에서 오늘은 무엇을 할까 또 누구와 오늘은 만날까 하는 고민을 하면서 아침을 여신단다. 홀로 되고 나니까 먹는 것도 노는 것도 늘 고민이라고 우스갯소리 삼아 하시는 모습 속에 쓸쓸함이 묻어난다.

사람이 늙어도 이 넓은 세상에 진심으로 마음을 주고받을 벗이 하나쯤 있다면 좋겠다는 생각을 해 보는 씁쓸한 시간이다.

그러나 그것마저도 어디 그리 쉬운 일은 아니다. 사람은 늘 외로운 존재인가 보다. 숱한 세월 속에 단 한 사람의 짝을 잃고 나면 인생의 외로움은 저렇듯 당해보지 않고는 누구도 모르는 일이다.

우리가 인생을 살아가는데 많은 소유가 행복이 아니라 작게 살아도 사랑하는 사람과 함께 즐기고 살아야 행복한 삶인데. 그분은 평생 교직에서 커다란 교회에서 30년을 장로라는 직감으로 가족들과 직장만 알고 쉴틈없이 인생을 달려오셨을 게다.

교회서도 70세면 목사도 장로도 권사도 모든 직감을 은퇴라는 말로 다 내려놓고 후배들을 위해 그냥 기도하는 일 뿐이다.

그러다 보니 요즘 70세면 건강하신 분들은 한참인데 이것저것 잘못 도우려 참견하려다 보면 혹여 꼰대 소리나 안 들으면 다행이다.

그렇게 우리 인생은 생각처럼 되질 않는다. 신앙이 있어도 사람은 어디까지나 사람인지라 믿음도 잘 믿어야 되겠다는 생각이 든다.

믿음은 공식도 철학도 수학도 모두 아니다. 신앙은 이론이 아니라 믿고 즐기는 거라는 생각 속에 그것도 잘못 생각하면 신앙이 무슨 놀이터라고 생각해서도 안되지만 어쨌든 봉사도 서로 즐기며 한다는 뜻이다. 그리고 나면 끝이라는 생각의 굴레에서 조금은 벗어날 수 있지 않은가 하는 생각도 해 본다.

누군가 말했듯이 지금이 가장 소중하다는 말이 이상스럽게 오늘따라 무의미하고 부담스럽게까지 느껴지는 날이다.

노년이 되어 홀로 된다면 즐길 수 있는 건 친구뿐 일 것 같지만 그런 친구인들 어디 그리 흔하랴. 평범한 말들 같지만 세상에 내 마음을 알아주고 보듬어 주는 친구가 과연 얼마나 되겠나.

너와 함께라면 인생도 여행이고 너와 함께라면 죽음도 두렵지 않다고 하던 사람도 세월이 빼앗아 가는 인생이 아니던가?

자식들이야 그저 울타리고 자기 할 일 해 주고 잘 살아주는 것만도 감지덕지 아니던가. 그들도 얼마나 자기네 할 일이 많은가.

늙은 부모 비위 맞추며 함께 놀아주는 자식들이 이 세상에 어디 그리 있으랴. 자식들은 자주 관심만 주는 것만도 최고의 시대인데 이런 모든 것들이 노년의 길에 서서 보면 모두가 쉽지 않은 일이다. 물론 봉사도 즐기면서 한다면야 좋은 축복이지만.

어쨌든 노년이란 삶은 근엄만 갖고 있어도 외롭고 그런다고 낄 때 안 낄 때 다 끼어 놀아도 안 되고 너무 편한 것 빼고는 참 외롭고 쓸쓸한 게 노년인 것 같다. 하고 싶은 일을 하면 최고의 노년이 되겠지만, 어디 그런 것도 그리 만만하게 널려 있겠나.

이런저런 생각 속에 요즘 나는 고민을 한다. 장수하는 것이 과연 복인지 재앙인지 한 번쯤 생각해보는 헷갈리는 시간이다.

노년은 아무리 건강해도 슬픈 게 노년 같다. 사람들은 건강만 하면 된다고 말하지만 그것도 말뿐이지 노년은 특히 외로운 게 아픈 거다.

아무리 건강해도 정말 오래 산다는 건 그리 바람직하지 않은 게 내 생각이다,

산속 작은 암자

요즘 스트레스인지 살이 점점 찌는 듯해 걱정이다. 아무리 나이가 들고 생긴 게 못나도 누구한테 잘 보일 일이 전혀 없어도 자신의 만족도에 의해 살이 찌는 게 왠지 나는 싫다.

여자라면 비단 나뿐이 그런 마음이겠냐마는 살이 찌니까 몸도 무겁고 옷을 입어도 볼품이 없다. 사람 맘은 아무리 순수하다 해도 소담스러운 호박꽃은 탐탁잖다고 누군가가 말한 게 생각난다.

오늘은 날씨 탓인지 왠지 몸이 묵직하고 기분마저 쳐져 운동이나 갈까 하고 망설이고 있는데 따르릉 핸드폰 벨이 울린다. 오래된 지인이 잠시 오늘 시간이 된다며 보고 싶다는 전화가 왔다.

나는 기다렸다는 듯이 쾌히 승낙하고 운동 겸 둘레길을 걷기로 맘을 먹고 일단 점심 식사를 함께 하고 내 작품이 전시되어 있는 둘레길을 운동 삼아 걷다가 지인이 이 동네에 옛날 친구가 산다고 말한다.

나는 어디냐고 물었다. 그랬더니 둘레길 근처에 작은 암자가 있는데 거기가 친구네 집이란다. 암자? 하면서 나는 의아하게 물었다. 나는 기독교 신자라 암자라는 말에 조금은 궁금증과 함께 그래? 그런 친구가 있어? 하니까 지인이 하는 말 글쎄 아직도 거기 사는지 잘 모르겠다며 한번 들러보자고 한다.

나는 어차피 오늘 운동 겸 시간도 되니 같이 한번 들러보기로 마음먹고 그곳으로 향했다. 그런데 세상에 그곳은 길이 예쁘고 내가 늘 둘레길을 운동하면서 들어가 보고 싶던 곳이었다.

전엔 그곳 가는 길이 너무 아늑하고 아름다워 다른 지인들과 문 앞까지 갔었는데 덥썩 들어가 구경하진 못했다. 그런데 오늘 어찌 횡재인 듯 그곳 구경을 할 수 있게 되니 속으로 너무 좋았다.

둘레길 운동할 때 근처까지 가서 그 집의 꽃이 예쁘게 피어있는 아름다운 마당을 훔쳐볼 때면 어떨 땐 나이 드신 할머니가 보이고 어떨 땐 런닝티와 파자마 바람의 남자가 보여 섬뜩한 마음에 한 번도 그곳에 마음 놓고 들어가 구경해 보진 못하고 근처에서 늘 맴돌며 훔쳐만 보고 온 풍경이 아주 좋은 자그마한 암자다.

그러면서 저긴 어느 스님이 있나? 별로 신도들도 드나드는 걸 보질 못했으니 늘 조금은 의문이었다. 그리고 가끔씩 먼 발치에서 볼 때마다 스님의 의복으로 갖춰 입은 사람은 한 번도 보질 못하고 왔다.

경치 좋고 마당이 예쁜 그 집 가는 길이 너무 아늑하니 좋은 오솔길이라 기억에 남는 집이었을 뿐이다.

그런데 오늘 그 집 구경을 하게 생겼다. 일단은 지인의 어릴 적 친구라니 사는지 안 사는지 물어볼 겸 그 집 마당 구경을 오늘은 맘 놓고 하게 생겼다. 같이 간 지인이 문을 똑똑 두드리며 계세요? 하니까 잠시 후 문이 열리면서 어느 남자분이 옛날에 몰래 훔쳐보고 무서워 내려온 그 차림의 그 모습으로 문을 연다. 헐~저 사람하며 나는 속으로 전에 저 사람의 차림새와 모든 게 무서워 도망치듯 내려오던 때가 번뜩 생각이 난다.

누구시죠? 하고 묻는 그에게 같이 간 지인은 나다 나, 아무개다, 너는 누구 맞구나 하는 게 아닌가 와 세상에 맞구나 저 지인의 친구가 지금도 살고 있다는 게 확인되는 순간 옛날에 산속 작은 암자에서 의복도 갖추어 입지 않은 지금 같은 모습에 공연히 무서워 빨리 벗어나서 내려오던 생각이 스친다.

그 사람이 바로 내가 같이 간 지인의 친구란 말인가. 참 세상을 살아가는 데는 여러 가지 일들을 보게 되는구나 하는 생각을 하면서 겉모습만 보고 무서운 생각을 했다는 게 잠시 무색했다.

사람은 똑같아도 그때그때 환경과 서로가 알아감에 따라 이렇게 마음이 달아지는구나 하는 생각을 하면서 나는 잠시 이 야릇한 결과에 내가 너무 사람을 겉모습만으로 경계했던 마음이 조금은 부끄러웠다.

두 사람은 오랜만에 만나 반가운 인사를 나눈 후 나를 소개하고 안으로 초대받아 들어갔다. 둘은 오랜만에 만난 회포를 풀면서 가족들의 안부와 다른 친구들 안부까지 나누는 모습이 보기 좋았다.

참 사람의 만남과 인연이 묘하다는 생각이 들면서 저분을 모를 땐 깊은 산속에 있는 무서운 사람으로만 기억되었는데 그들의 대화 속에 속세의 사람들과 다를 바 없는 친구들의 수다는 역시 똑같았다. 전에 그 오솔길이 예뻐서 멀리서 훔쳐보며 무서워했던 그분을 가까이서 말하면서 웃는 모습을 보니 어쩌면 저렇게 눈도 어질어 보이고 인상이 너무나 착해 보이는지.

저런 사람을 알기 전엔 무섭다고 줄행랑을 쳐 내려오던 그때 등산할 때 생각하니 공연히 미안하고 속으로 혼자 웃음이 났다. 세상이 하도 험악하고 무서우니 첩첩산골에서 자기 집인데도 갖춰 입지 않고 서성대던 그의 모습을 훔쳐보고 사람이 무서워 내려왔던 생각을 하니 너무 내가 소심한 의심 덩어리 같은 인간인가? 하는 생각도 해 보는 혼자만의 뻘쭘한 시간이었다.

같이 동행한 지인의 말의 의하면 그분이 학교 때는 늘 우등생으로 아주 모범생이었단다. 듣고 보니 대학도 서울서 일류로 나오고 직장도 잘나가는 대기업에서 근무를 했단다. 이곳은 그분 어머니가 경영하며 지내는 작은 암자인데 근처 땅도 다 그분 네 것이란다. 그분이 몸이 안 좋아 지금은 공기 좋은 그곳에서 어머니와 함께 살다 어머니가 병원에 잠시 입원하셔서 현재 혼자 암자를 지키는 중이란다.

겉으론 아름다운 이곳엔 가끔 산돼지가 자주 내려오면 조금 무섭다고 얘기한다. 같이 간 그분 친구가 묻기를 경치는 좋고 공기도 좋고 환경도 좋지만 사람이 드나들지 않으니 무료하지 않냐고 물어보니 그분 말이 전혀 그렇지 않단다. 조용해서 독서하기도 너무 좋다고 한다. 글쎄 나 같으면 잠시 머무는 건 힐링이 되지만 늘 살라고 하면 나도 답답할 것 같은 느낌이 든다. 그런데 저분은 오랜 세월을 이곳이 좋다며 산속 사람이 되어 자연을 닮은 조용한 모습에 편안한 삶을 닮은 그런 미소를 짓는다.

저렇듯 좋은 분을 산돼지 보듯 무서워 도망치듯 잽싸게 피한 것이 이내 자꾸 미안한 마음이다. 때묻은 세상에서 살다가 저런 분과 가까이에서 보는 행운을 얻은 듯한 시간이었다.

덕분에 그곳의 집 구경과 잔디가 깔린 예쁜 마당을 마음껏 구경하고 산속 물맛까지 보고 오니 오늘은 마음이 조금 정화된 듯 기분 좋고 후련한 마음이다.

좋은 분이 사는 공기 좋고 풍경 좋은 곳엘 이제는 언제고 맘만 먹으면 가고 싶으면 갈 수 있다는 선물도 하나 발견한 듯한 마음이 들어 훈훈했다. 다음에 기회가 되어 놀러 오게 되면 내 저서를 선물하겠다는 약속을 하면서 헤어졌다. 시간이 여유로워 보이는 그분은 꼭 내 책을 다 읽어 줄 것 같은 그런 기분이 든다.

글을 쓰는 사람의 욕심은 누구나 자기 저서를 많이 읽어주는 사람이 늘 고맙고 예쁘더라.

다음엔 조용하고 아름다운 암자에 사는 그분께 맘 놓고 오늘 대접받은 찻값을 하러 가야겠다는 생각을 하면서 둘레길을 내려오는 길이 어쩐지 더 가볍고 행복하다.

헤매는 사람 마음

남편이 천국 가던 날 나는 며칠 동안 정말 태어나서 처음으로 원 없이 소리 질러 울었다. 한 번도 내 생애 그렇게 펑펑 시원스레 울어본 날이 없었다. 부모가 떠나실 때도 이렇게는 아마 울지않은 듯하다. 이렇게 망가지도록 미친 사람처럼 우는 모습을 난 누구에게도 지금껏 보여주고 싶지 않았는데 내가 할 수 있는 게 한계가 있었다. 울어도 울어도 내 눈물샘은 지금껏 열려있는 듯하다. 당신이 불쌍해서 내가 불쌍해서 당신한테 좀 더 잘해주지 못한 게 미안해서 모든 게 그리움보다 더 미안함과 불쌍함이 더 견딜 수가 없었다.

당신을 동작동 국립묘지에 모셔놓고 영원한 이별 속에 아프지만 한쪽으론 하나님께 감사했다. 이 땅에서 괴로움을 털고 간 당신한테는 편안한 길이라 생각을 하면서.

내가 당신한테 잘못한 일들이 너무 미안하고 언제가 될지 모르는 긴 이별이 또한 너무 슬펐다. 장례를 다 마치고 집으로 돌아와 당신이 쓰던 가재도구들을 거의 모두 일사천리로 하루 이틀 만에 아이들이 다 정리를 해 버렸다. 엄마에 대한 배려로 빨리 정리를 해 준 듯했다.

그런다고 남편 생각이 나지 않겠나만 그렇게라도 슬픔을 좀 덜어 주려는 식구들의 배려다. 형제들도 며칠 동안 한 집에서 같이 머물러 줬다. 큰아들 내외는 나를 데리고 며칠 동안 자기네 사는 동네로 이사를 시키려고 이집 저집 집을 구해보자고 데리고 다니며 구경을 시켰다. 아무런 생각 없이 맨붕된 상태에서 나는 집을 보자는 대로 따라다니며 구경을 했지만 대답은 하지 않았다. 그때 마음이 아무것도 결정할 수 없는 내 마음이었다. 혹여 집에 가서 나 혼자 남아서 살면 무서우면 어쩌지 하는 공포의 마음도 있었다.

갑자기 정든 집과 동네를 떠나 단지 내 새끼들 있는 곳으로 온다는 것도 무리일 듯했다. 아들은 엄마를 옆에 데려다 놔야 마음이 편할지 몰라도 자부는 그 또한 스트레스가 될 수 있다. 나 역시 애들 바라보기 엄마는 되기 싫었다. 또는 애들한테 집착해서 서로가 부작용이라도 있을까. 하는 걱정도 우려되었다.

내 신조는 아직까진 누구에게도 피해를 주고 살고 싶진 않다. 그게 자식한테든 남한테든 그런 맘이다. 물론 누구나 세상에 똑바로 된 부모고 사람이라면 다 같은 마음일 것이다.

성경에도 자식이 짝을 지어 살면 마음에서 내어보내라는 말이 있다.

내 자식이라고 끌어안고 사는 게 절대로 사랑의 능사가 아니라는 게 내 생각이다. 그저 저희들 가정 행복하게 사는 게 부모들의 커다란 바람이고 감사하는 소망의 마음일 것이다.

그럭저럭 시간이 좀 흘렀다. 나는 남편과 내가 함께 살던 우리 집에서 그냥 살기로 작정했다. 현관문을 열고 들어오는 순간 남편의 체취가 흐르는 듯 그대로의 내 집은 잔잔하고 포근했다.

52년 간 함께 한 남편의 빈자리가 무섭고 힘들 줄만 알았는데 생각보단 그다지 무서운 것은 없었다. 허전하고 외롭고 그립지만 나는 그런대로 견딜만했다. 그래도 내 집이 이렇게 편안하고 생각보다 그런대로 무섭지도 않고 참을만하고 남편의 영혼이 꼭 내 곁에 있는듯 하면서 포근하니 견딜만 했다. 하나님이 그렇게 나를 지켜 주셨다.

나는 누구에게도 남편의 부고를 거의 알리지 않았다. 가까운 분들 몇 분에게만 일을 다 치른 후에 이런 일이 있었다고 조용히 말했다.

여기저기서 소문을 듣고 많은 지인들의 위로가 왔다. 지나간 일인데도 불과하고 밥 한 끼를 사주는 사람 또는 먼 곳도 마다않고 마음을 들고 달려오는 사람 또는 요즘 쉽게 마련된 우체국으로 마음을 전달해 주신 분들 여러 모양으로 수많은 위로와 사랑의 빚을 많이 지게 되었다. 이런 분들을 보면서 그래도 지금껏 내가 잘못 산 건 아닌가 보다는 생각을 했다.

교우들은 새벽부터 늦은 밤까지 인사가 넘쳤고 남편의 장지까지 마무리를 다 해주신 목사님과 지인들이 이런 일을 겪으면서 새롭게 정말 더 고맙고 소중하다는 생각이 든다.

형제들도 많았지만 그래도 타인들이 베푸는 것과는 사뭇 다르지 않나 형제는 당연한 거지만 물론 아이들 손님은 애들이 감사할 일이고 나는 내 지인들께 감사하다는 말을 가슴으로 꼭 하고 싶다.

이럴 땐 지인들이 너무 고맙고 벅찬 만큼 감사한 마음으로 장례라는 큰일을 치르고 마음엔 큰 빚을 졌다. 이런 큰일을 겪고 보니 사람인지라 또 다른 마음의 두 갈래 사람들의 마음들이 보였다.

어느 정도 세월이 흐르고 마음의 정리를 슬슬하다 보니 진심으로 고마운 사람들 속에 또 다른 사람들이 하나하나 눈에 보인다. 이럴 때 꼭 마음을 받았으면 하는 몇 사람들이 있는데 모른척한다.

물론 나는 아무에게도 내가 남편의 부고를 알리지 않았지만 마음이 통하는 사람은 아니 마음이 인색하지 않은 사람들은 어떤 방법을 통해서도 자기들의 우정과 사랑 표현을 하더라는 것에 놀라웠다.

그 가운데 다 알면서도 내가 그렇게 정을 주고 인사를 아끼지 않은 지인인네노 불구하고 이런 큰일에 모르는 척 넘어가는 사람들을 볼 때 사람은 믿어서도 아니 된다는 생각이 든다. 또 한번 인간의 마음인지라 섭섭하고 그런 사람들의 인색함에 내 마음이 실망을 또 한 번 느끼게 한다.

자기네 애경사 때는 열심히 마음의 위로를 나도 아끼지 않고 주었건만 그들은 내가 가장 슬픔을 당한 때 모른척할 땐 정말 마음이 씁쓸한 건 사실이었다.

내가 베풀 때 꼭 그들에게 받을 것을 예약했던 건 전혀 아니었지만 꼭 믿었던 사람이 그 사람만큼은 내가 가장 슬플 때 밥 한 끼라도 사주며 위로해 줄 사람인 줄 알았는데 모른척한다는 건 정말 속으로 너무 배신감이 들고 얄밉고 괘씸한 생각마저 든다. 그런가 하면 서로 그리 친하지도 않은 사이인데 그리고 평상시에 그리 살갑지 않던 사람이 두서없이 자기들 애경사를 알리는 것도 요즘 세상 꼴불견스럽다.

이것이 내 마음이 나빠서 그럴까? 아니면 모든 사람들의 마음이 아마도 다 그럴 것이라고 믿는다.

그런 것들이 사람과 사람과의 관계성과 서로가 셈세하게 살아가야 될 우정과 덕목인가 싶다. 말 한마디에 천 냥 빚을 갚는다 하였지만 입에 발린 소리보다 진솔한 마음이 아쉬웠다.

사랑도 마음도 남에게 받으면 줄줄도 아는 게 인간 관계성의 도리가 아닌가라는 마음이다.

생각해본다. 성경에도 마음이 있는 곳에 물질이 있다고 했다. 그것이 보이는 마음이고 행함이 있는 믿음이 아니던가. 큰일을 치르고 나니 그런저런 고맙고 섭섭한 두 갈래의 마음이 보인다.

이제 그런저런 마음은 접었다. 내가 이제부턴 어떻게 살아야 하는가를 잘 연구하면서 나도 누구에게 혹여 나도 모르게 섭섭한 마음을 준 적은 없나 하는 생각을 해 본다,

남의 눈의 티는 보면서 혹여 내 눈에 들보는 보지 못하는 게 사람인 것 같다. 늘 마음을 닦고 쓸어도 인간은 신이 아니기에 실수투성이다. 나 역시 모든 게 실수투성이니 이렇듯 말없이 무심한 세월은 흐르고 남편이 내 곁을 떠난 지도 벌써 많은 세월이 흘렀다.

그리도 염려하던 이별이 모진 병마를 이기지 못하고 그 사람은 결국

천국으로 갔다.

그동안 나는 아무것도 제대로 할 수가 없었다. 마음은 늘 낙엽처럼 할일없이 그냥 이 친구 저 친구를 불러내어 시간을 죽이면서 거의 방황했던 것 같다. 닥치는 대로 타인들과 맥없는 시간을 바람처럼 낭비하면서 이렇게 덧없는 시간은 흘러갔다.

그래도 시간이 약이라고 이렇게 산 사람은 또 그런대로 깔깔대기도 하고 이렇게 살아간다. 아직까지 남편의 생각을 피하는 데는 무리인 듯하지만 아마도 어찌 살아 있는 동안 잊으랴.

요즘 뉴스에 나오는 요양병원의 크고 작은 문제들을 접할 때마다 나는 너무 하나님께 감사한다.

한편 생각하면 적절하게 정말 복 있게 간 남편이 아니던가. 하지만 왜 그리 생각만 하면 미안하고 죄스러운 생각만 드는지 살아있을 때 좀 더 잘해 줄 걸 하는 걸껄하는 인생이 요즘은 되어버린 듯하다.

재물은 관리를 철저히 하면 변고가 없지만 애정은 관리를 철저히 해도 변고가 생긴다는 말이 있다. 우리 부부는 풋풋한 날 꿈처럼 만나서 서로가 모든 걸 쏟아부었던 삶의 연정이 있었다.

당신을 잃고 난 후에야 알아버린 것들이 한두 가지가 아니다. 사람은 수많은 시공을 건너뛰면서 살아오다가도 제대로 아는 게 없다.

누구나 함께 있을 때는 그 사람의 소중함도 그 사람의 속 마음도 다 알고 사는 사람이 얼마나 되겠나. 오늘도 회한의 뜨락에서 내가 제일 좋아하는 봄바람이 꽃을 피우려고 이토록 살랑거리며 불어대는데 휑한 내 가슴은 가눌 길이 없어 봄바람에도 이렇게 마음이 춥고 또 춥다.

가슴이 이렇게 추운 겨울처럼 절벽을 탈 때면 나도 모르게 어디선가 들리는 소리가 있다. 내가 너를 긍휼히 여기노라 하는 주님의 음성이 잔잔한 바람을 타고 들리는 듯하지만….

그런데도 한쪽 가슴에선 이토록 해가 지고 석양이 물들 때면 참을 수 없는 그리움이 몰려온다. 오가는 계절은 새로운 해가 오면 빈 가지 속에도 알록달록 또다시 꽃이 피어나는데 예고 없이 한번 가버린 당신은 음성조차도 못 듣고 못 보니 가슴이 너무 아프다 .

참을 수 없는 하얀 그리움이 봄볕 속에 아지랑이처럼 피어나고 닭 똥 같은 눈물이 뚝뚝 떨어진다.

아픈 당신의 초라한 모습이 안타까워 당신을 그리움과 바꾸겠다며 하나님과 약속했는데도 막상 내 기도를 들어 주신 하나님, 감사한 마음 한쪽엔 이렇게 그리운 마음과 죄송한 마음이 엮여 힘겹게 내 마음에 흐느낌이 됩니다. 오늘처럼 논두렁 사이로 아롱아롱 아지랑이가 보이고 뾰족한 잎이 아기 젖꼭지처럼 어여쁘게 돋아 아양을 떠는 날이면 텅 빈 무덤 같은 내 마음은 당신이 더욱 보고 싶어요. 그 누구도 당신의 자리를 채워 줄 사람이 없다는 게 현실입니다.

힘든 날 주님에게 기도하면서 약속했던 말들이 어김없이 허물어지고 평안한 멍석을 깔아 줬는데도 불구하고 나는 하나님 앞에 부끄럽도록 당신이 보고 싶고 놀고 싶고 말하고 싶은 그리운 날들입니다.

내가 나를 보며 사람이란 동물이 이렇게 변덕스럽고 간사하다는 게 무척이나 놀랍고 부끄럽습니다.

생각하면 생각할수록 가슴에 앙금처럼 남아 부끄러운 이기심, 여보 미안하고 또 미안했습니다.

병든 당신이 내겐 너무 버거워서 포악을 떨면서 당신을 홀대 아닌 홀대를 했던 나였습니다. 가끔 하나님께 날씨 좋고 편한 곳으로 데려가 달라고 떼쓰듯 기도한 것도 왜 이리 미안한지요.

긴 병에 효자 없다고 부족한 나도 당신의 아픔이 너무 버거워 철없는 기도를 했습니다. 당신은 조금이라도 더 나와 함께 하고 싶었을 그 마음도 뻔히 알면서도….

아니 그러고 싶다고 나에게 고백을 했는데도 불구하고 병들어 수발하기 힘들다는 이유로 당신을 하나님께로 보내고 싶은 기도를 했습니다. 당신의 아픈 모습이 너무 초라해 견딜 수가 없었습니다.

그렇게 망가져 버린 당신의 모습이 너무 안타깝고 불쌍하고 또 나도 너무 힘이 들었습니다. 그래서 나는 하나님께 염치없는 까만 마음으로 기도를 했었습니다. 못난 나를 용서하세요.

당신이 사는 하늘엔 더 이상 아픔과 고통이 없겠지요?

이젠 내 그리움 따윈 괜찮아요, 당신을 떠나보내고 온몸의 물이 다 빠지도록 울고 또 울었건만 아직도 당신만 생각하면 미안해서 울고 가슴 아파 울고 나는 당신 때문에 이젠 울보가 되었습니다.

이럴 줄 알았으면 하나님께 다른 기도를 했을 걸 하는 뻔뻔한 생각까지도 지금은 가끔 해 봅니다. 그래도 당신은 세상에서 나와 사는 동안 최고의 남자다운 남자로 내 멋진 남편이었습니다.

세상의 어떤 남자보다 나를 사랑했고 부족한 나를 좋아해 주었는데 철없는 나는 댕깡어린 기도로 나를 아끼고 사랑해 주었던 당신을 보냈습니다. 그래도 끝까지 당신은 나와 함께 한 이 세상이 행복했다고 고백했던 그 말이 너무 고마웠습니다.

어느 날 아들이 엄마 아빠 보고 싶으시죠? 하고 묻는 말에 쥐구멍이라도 들어가고 싶도록 미안해서 어찌 보고 싶다는 말을 솔직하게 하겠습니까? 나는 대뜸 대답하길 보구 싶긴 너희 아버지 천국에서 편하게 살 텐데 뭐가 보고 싶냐고 대답했어요.

그리고 부활해서 혹시 나 힘들게 할까 봐 나는 겁난다는 말을 하면서 속으론 당신이 그리웠습니다.

소중한 자녀들도 형제들도 많지만 늘 나와 함께 있어준 건 당신뿐이었는데 이 세상에서 항상 내 곁에서 당신만큼 내 말이라면 잘 들어 주는 사람이 또 어디 있겠습니까.

자식도 형제도 친구도 같이 있고 싶다고 같이 있을 수 없는 게 세상이치고 요즘의 삶이 아닌가요. 그럼에도 부부는 당당하게 영원히 함께 살 수 있는 특권의 아름다움을 하나님이 주셨는데.

당신이라는 단어 속에 부부만은 늘 편하고 가장 좋은 친구였는데 당신은 늘 내 편이었는데….

얼마 전에 당신과 함께 그 옛날 함께 드라이브하던 당신과의 추억이 있는 백암사에 들렀습니다. 당신과 함께 즐겨보던 갈대도 감나무도 많이 없어졌지만 그런대로 추억이 서려 있었습니다. 함께 한 지인들은 나름대로 즐거운 기행으로 떠들고 노는데 내 귀엔 아무것도 들리지 않았습니다.

오로지 옛날 당신과 내가 걷던 자리에 앉아 놀던 추억 그 모든 기억들을 찾기에 급급했습니다.

언제나 나 천국 가서 당신을 볼까요? 그땐 내 자녀들을 두고 가는 게 아쉬워 나도 못 갈 듯하지만.

당신도 그랬겠지요? 이제 당신이 그렇게 살고 싶어 했던 고운 그 마음을 더욱 선명히 알듯 합니다. 그날도 내 맘 편하게 하기 위해 떠나는 날 내가 주는 한병의 요구르트를 받아먹고 간 당신 그것을 먹지 않으면 내가 마음 편하게 나가질 못할 것 같으니까 얼마나 힘들게 삼켰겠습니까?

끝까지 날 아껴준 나만을 사랑한 부부라는 이름으로 살아준 당신인데. 정말 미안합니다. 그리고 내 남편으로 살아준 당신도 감사하고 정말 존경하고 사랑합니다.

우리들이 늘 나누었던 말대로 그곳에서 빌딩 사놓고 기다린다고 우스갯소리였지만 잊지 마세요.

나는 꼭 그렇게 믿고 희망으로 살고 있으니…. 이제 와 생각하니 세상에서 가장 슬픈 건 사랑하는 사람의 이름을 불러도 대답이 없을 때라는 걸 이제 알았습니다. 맛있는 것도 함께 먹고 경치 좋은 곳도 함께 가고 싶은데 그 사람이 세상에 없을 때 우린 가장 슬프다는 걸 왜 이렇게 지나간 후에야 뼈저리게 깨닫는지 모르겠습니다,

사람은 그래서 미련하고 이기적 동물인가 봅니다. 이렇게 당신이 떠난 후 나는 가슴이 답답하고 가끔씩 그리움으로 헤매는 인생이 되었습니다,

내 마음에

어떨 때는 하늘이 너무 파랗고 맑은 날에도 불구하고 내 마음이 쓸쓸할 때면 가끔 슬픈 가슴으로 하늘이 먹구름처럼 너무 추워 보일 때가 있습니다. 뒤틀리고 고약한 병이 도져서 마음이 까칠할 때면 남이 나를 쓸쓸하게 하는 줄 알았기 때문입니다.

그러나 이제 보니 하늘도 바람도 늘 모든 사람들까지 자기들의 자리에서 자기들의 일하기 바빴는데 내 가슴에 차가운 마음이 몰래 숨겨져 들어와 넉넉한 마음이 모자라서 늘 세상 바람과 맞서 싸우느라 힘이 들었습니다. 따뜻한 가슴이 바람나서 가슴에서 가출을 하다 보니 남에게 배려와 다가가는 마음이 없었기 때문입니다.

내 마음이 속상할 때면 나는 늘 남을 보고 탓만 했습니다. 남이 나를 속상하게 하는 줄 알았기 때문입니다.

그러나 이제 보니 내 가슴이 콩알만 해서 옹졸하고 비겁했습니다. 남 때문이 아니라 나 때문인 걸 잊었습니다.

내 속에 이해라는 비타민이 부족함 때문입니다라고 생각하니 부끄러움이 몰려오는 날입니다. 내 마음이 서럽고 외로울 때면 하늘만 쳐다보며 남이 나를 외면하는 줄 알았습니다.

이제 생각하니 내가 외롭고 허전한 것은 남 때문이 아니라 내가 지각이 없고 사랑이 없었기 때문입니다.

이렇게 가끔 내 마음에 미움이 쌓일 때면 나는 늘 남을 탓하기만 했습니다. 남의 미운 것만 연구하는 사람처럼 원망하는 마음으로 미움만 남모르게 거미처럼 키웠습니다. 내가 남에게 미운 짓 한 건 까맣게 잊어버리고 가끔 내 마음이 허전할 때면 나는 늘 홀로 산을 걸었습니다. 속으론 잘난 척하면서 터벅터벅 걷는 길이 내가 만든 길인 양 고마운 마음도 하나도 없이 분명히 길을 닦은 수고로운 사람들이 있었을 텐데도 살난 척만 하고 교만한 마음이었습니다.

친구가 하나도 없는 사람처럼 외로움을 나무와 바람에게 넋두리하면서 그래 좋다 너희들이 없어도 행복하다 하는 허세 속에.

그러나 이제 보니 나에게 친구가 없는 것이 아니라 내 까칠하고 메마른 가슴이 사람을 갖고 이것저것 따지면서 저울질 했기 때문입니다.

내 마음에 행복의 환한 웃음이 피어나려면 모든 부정적인 생각들을 긍정적으로 돌리면서 남 때문이 아니라 내 마음에 사랑이 없고 감기처럼 까칠함이 시도 때도 없이 걸리기 때문이라는 것을 나는 깨닫고 살아야 될 것 같습니다,

오늘부터 나는 사랑이라는 이름의 씨앗 하나 주워서 내 마음의 행복한 넝쿨 하나 만들고 싶습니다. 사랑과 복음의 씨앗도 함께 심어 하나님의 멋진 열매를 맺고 골방에 무릎을 꿇고 기도하진 못해도 파란 하늘 속에 묻힌 주님의 얼굴을 올려다 보면서 잘못 했습니다 하면서 지혜를 구하겠습니다. 그리고 나를 불쌍히 여겨 주십시오 하는 기도를 하겠습니다.

그래서 이유 없이 꼬이고 화가 나고 쓸쓸하고 외로울 때면 주님을 닮아가는 너그러운 마음으로 맑간 미소를 배우면서 익히겠습니다. 믿음이란 커다란 나무 하나 내 가슴에 심어놓고 이래도 감사 저래도 감사의 열매를 따면서 모두를 사랑하며 살고 싶습니다.

하나님, 내가 사는 날까지 내 마음에 내 별명인 제비꽃 하나 심어놓고 행복한 마음으로 살고 싶습니다.

잠이 안 오는 밤

요즘 들어 가끔씩 잠을 놓치면 영 잠을 이룰 수가 없다. 전엔 이런 일이 거의 없이 잠꾸러기였는데 나도 이제 늙었나? 가끔 이렇게 잠이 안 오는 밤이년 지루하고 너무 견디기가 힘들다. 아무리 잠을 청하려 해도 또렷하게 눈이 뜨이고 머리만 아프고 영 잠이 안 온다.

책을 보려 해도 머리가 무겁고 이런 날은 글도 별로 써지지도 않고 무엇인가 쓸데없는 번민이 밀려오고 온갖 사람들의 생각으로 내 머리는 더 바쁘게 근무를 하는 날이다. 오만 가지 고민과 생각 속에 뚜렷한 이유 없이 내 영혼은 바쁘게 방황한다.

사람이 사는 데는 바른 인생관에 의해 바른 생존이 가능하고 옳은 인생관에 의해 옳은 생활이 있는 법이지만 가치 기준의 생각을 떠나 이럴 땐 놀아줄 애인 같은 친구라도 하나 만들어 내가 전화를 하면 놀아주면서 서로 정겨운 대화 속에 시간을 보내고 싶은 마음이다.

이렇듯 가끔 웃기는 공상도 해본다. 잠이 안 오니 한밤중에 곁에 남편이 있어도 쿨쿨 잠자는 시간일 텐데 누군들 놀아주겠나.

얼마 전에 한 친구가 카톡으로 보내온 문자들이 내 머리를 스친다. 그 지인 말이 자기는 자기 마음을 너무 몰라주는 남편한테 한평생 살면서 이젠 포기했다고 한다. 이렇듯 그냥 외로우면 외로운 대로 살 거라고 이젠 더이상 자기 마음을 몰라주는 남편한테 기대도 없고 한계를 느꼈다고 한다, 그런 자기 맘을 주고 받으려 하다간 괜히 다투기만 한다고 차라리 포기하고 사는 게 속 편하고 조용히 사는 길이라며 호강스러런 푸념을 한다. 그런 말을 주고받으면서 나 역시 연실 답장에다 미투,미투를 외쳐주던 생각이 났다,

나한테 속 있는 말을 하는 친구에게 예우를 곁들인 대꾸지만 그 지인의 말에 전적으로 동감하는 건 결코 아니다.

부부란 함께 평생을 살면서 대화가 통하고 서로의 마음을 속속들이 알아주면서 산다면 얼마나 행복하겠나? 그런데 과연 이집 저집 친한 지인끼리 속내를 토로하다 보면 그런 부부가 몇이나 될까 싶다. 함께 몸을 맞대고 살면서 가슴은 따로따로 흔들리고 한공간에서만 산다는 것뿐이지 눈길은 다른 곳을 보는 부부들이 이 땅엔 얼마나 많은가? 가끔 잘난 척하면서도 왜 최고의 자기가 아껴야 할 자기만의 동반자의 마음을 읽고 알아주는 데는 그리도 인색하고 부족한지?

마음이 통하지 않으면 마음을 닫고 말이 통하지 않는다고 치부하면서 혼자 외로워하고 괘씸하다고 가슴으로 토악하면서도 살진 않았나

한편 그런 것이 인생이고 주어진 일이려니 하는 체념 속에 우리 부부들은 살아가고 있지 않았는가?

그렇게 세상에 많은 부부들이 포기라는 단어 속에 서서히 물들어가고 있다. 그저 오랜 세월 속에 신뢰 하나만 갖고 병 아닌 병을 앓고 사는 부부들이 이 땅엔 아마도 적지 않을 것이다. 물론 알콩달콩 행복하게 사는 부부들도 많이 있지만….

부부들의 속내를 보면 그저 부부란 이름으로 잠시 좋은 감정 때문에 그러려니 하면서 묵은 정으로 자식 정으로 묵묵히 자기 자리를 지키면서 살아가는 부부들이 많다 그리고 사랑하던 부부정을 온갖 애들 키우는 데만 다 쏟고 사는 게 우리 부부들 아닌가 싶다. 그렇게라도 참으며 자리를 지키며 사는 부부들은 그래도 모범이다.

요즘이야 툭하면 졸혼이다 혼밥이다 아니면 이혼도 밥먹듯 하는 시대가 아니던가?

일나 선 친구와 카톡으로 주고받던 이야기를 생각하면서 나도 그 친구 못지않은 외로운 밤이구나 하는 생각을 한다. 남편이 있든 없든 외로움 밤은 마찬가지구나 하는 생각을 하니 참 인생이 어느 것이 정답이 없는 듯하다.

쓸데없는 공상 속에 나도 누군가 마음이 통하는 사람과 남모르는 꿈도 그려 본다. 내 생애 그런 일은 꿈이겠지만 혼자 쓸데없는 로망에 젖어보는 잠 안 오는 밤이다. 이렇게 잠이 안 오니깐 이런저런 주책스런 번민이 몰려와 내 머리만 영화를 찍어대듯 바쁘게 움직이게 한다.

이런 시간에 나와 놀아줄 사람도 없고 내가 놀아달라고 할 사람도 없는 게 나를 더욱 고독한 밤으로 몰고 간다.

이럴 때는 그 옛날 남편의 코 골던 소리도 그리운 밤이다. 전에는 대포 소리같이 내게는 공해로 들리던 그 코 골던 소리가 이렇듯 그리울 줄 몰랐다.

이런 날이면 내가 잘못된 생각인지 몰라도 다시 태어나면 나는 부잣집에 예쁘게 공주처럼 태어나 평생 연애만 하며 살고 싶은 마음이다.

결혼은 해도 좋지만 안 해도 좋을 듯하다는 생각이 드는 외로운 밤이다. 어차피 오늘은 모두가 다 쓸데없는 생각과 공상이 나를 갖고 노는 잠 안 오는 밤인걸. 무슨 생각인들 못하랴. 생각도 못하면 바보가 될 것 같아 지루한 나의 마음을 짜집기 해본다.

당신은 누구신가요?

프랑스 속담에 "진실만큼 마음을 거스르는 것도 없다."라고 했다.

그것은 즉 진실만큼 쪽팔리고 얼쩍은 것을 말한 것 같다.

하지만 진실만큼 마음을 움직이는 것도 없을 것이다.

고로 지금도 나는 당신이 누군지 모르는 것이 당연하고 지금도 매우 궁금합니다. 그동안 적지 않은 세월 속에 나는 당신을 알고 지내온 듯 했는데 당신에 대해 아는 게 하나도 없습니다. 정말로 당신과 알고 지내고 싶은데 알 길이 하나도 없습니다. 지금껏 이미 알았다는 말은 틀린 것 같습니다. 이제부터라도 알고 싶어요.

있는 그대로를 믿기엔 나는 많이 영악스러운지 몰라도 아니 어리숙한지도 모르죠. 이렇게 미련을 갖는다는 건 현실을 망치는 일이고 소득없는 무의미한 짓인 줄 몰라도 이것이 사람의 의구심이고 바라는 마음이고 알고 싶은 호기심과 욕구가 아닐는지요? 그리고 이것이 인생이고 삶이 아닐는지요?

세상에 가장 최고의 지식인은 자기를 아는 거라 했는데 나는 나를 알기 보다 당신이 누구십니까?를 묻고 싶은 모자란 사람 같습니다.

늙고 매력 없는 나를 보고 아름답다고 하고 과히 잘나지도 못한 나를 보고 제비꽃같이 단아하고 곱고 짙은 향기를 닮은 사람이라고 칭하며 볼 것 없는 나를 보고 항상 멋지다고 과한 말을 해주는 당신은 도대체 누구십니까?

나는 당신을 이해할 수가 없습니다. 싱싱하고 어여쁜 여인도 아니고 능력을 골고루 갖춘 여류도 아니고 잘난 여사도 결코 아니고 최고로 실력 있는 유명 작가도 아닌 나를 최고라고 말해주는 당신은 누구십니까? 그리고 나를 존경하고 사랑한다고 하는 그런 당신은 누구십니까? 정말 당신은 나를 그렇게 존경하고 사랑하십니까?

나는 잘나지도 어여쁘지도 싱그럽지도 못하고 능력도 뛰어나지도 못한 사람인데 나를 그토록 칭찬과 사랑으로 말해주는 당신은 도대체 누구십니까?

내가 당신의 그 황홀하고 달콤한 말을 믿어도 될는지요? 내겐 전혀 어울리지 않는 듯한 내겐 좀 어색한 그런 아름다운 말들을 정말 믿어도 될는지요? 내가 당신을 모르니깐 어떻게 그런 과분하고 아름다운 말들을 해석할까요? 나를 행복하게 가끔 가슴 뛰게 하는 당신은 진정 누구신지요?

나는 당신을 모릅니다. 그래서 나를 좋아한다는 당신을 알고 싶어요.

그러다가 어느 날 당신도 갑자기 내게 안티가 되는 건 아니겠죠?

요즘 세상에 살아간다는 것은 어떨 땐 가식 속에서 연극을 하는 기분입니다.

빠르게 발달되는 과학문명 앞에 또 다른 상념과 의문 속에 빠져든다. 인터넷과 스마트폰 속에 주고받는 카톡 등 여러 기능 속에 이렇게 한 번도 마주 보지 못하고 커피 한잔 나누지 않은 사람들과 이렇듯 한 십 년은 사귄 사람들처럼 정겨운 말들이 오고 가는 이런 시대에 우리는 살아간다. 한 번 만난 적도 스친 적도 없지만 인터넷 블로그로 홈피로 또는 페이스북으로 온천지 사진첩 속에 나를 띄워 놓고 많은 인터넷 속에 온갖 사람들의 눈길과 마음의 물결을 탄다.

그리고는 가끔은 생면부지 사람들과 온갖 대화를 우린 쉽게 나눈다. 사진첩에 또는 글 속에 많은 댓글들을 주고 받는다. 아름다운 정이 오고 가는 댓글도 있고 때론 안티들도 많다. 기껏해야 인터넷이나 스마트폰 카톡 등 사진으로만 접했을 뿐인데 상대에 대한 느낌들을 다 알고 있는 양, 아낌없이 판단하고 퍼붓는 댓글들 속에 우린 살아가고 있다. 어찌 보면 얼마나 위험한 세상에 살고 있나? 한 번도 만나 보지도 사귀어 본 적도 없는 사람들끼리 정이 들어 주고받는 가슴이 보인다는 건? 글쎄 요즘 세상만이 겪는 색다른 일이 아닌가 싶다. 서로 겪어봐도 모르는 게 사람 마음인데 보지도 못한 허상의 세계에서 많은 사람들은 아주 정겨운 사람들처럼 정겨운 멘트로 사정없이 정이 오고 가고 있다.

그러다가 또는 간혹 못된 안티들로 인해 힘들어하고 아파하며 우린 그런 세상에서 상처받고 가슴졸이며 극도로 심한 스트레스로 인한 사고도 간혹 일어나는 모습들을 보면서 또는 많은 문제들이 발생하는 어찌 보면 허상의 세상에서 착각의 꿈을 꾸는 듯한 시간을 겪는다. 그렇다면 외면할 수 없는 현대 문명 속에 편리하고 신기하고 좋기도 하지만 때론 또 다른 갈등과 번민 속에 시달리는 것도 없지 않다. 과연 좋기만 한건 아닌 듯한 지금의 세상이다. 물론 보이지 않으니 더더욱 좋은 멘트만 해야 되겠지만 또 반대로 보지 않았다는 이유로 조금 맘에 안 들면 가차 없이 곧바로 안티로 돌변하는 어찌 보면 무서운 인터넷 세상이 아니던가?

그래도 편리함이 더 많은 혜택 속에 살아가는 세상이기도 하다. 나도 언제나 습관처럼 인터넷을 켜고 어느덧 내 마음은 집배원을 기다리는 마음이 되어 슬그머니 정겨운 댓글을 검색하는 습관에 아마도 나 역시 인터넷 중독이 아닌가 싶다. 오늘은 누가 나에게 멋진 댓글로 나를 행복하게 해 주나? 마음속으로 집배원을 기다리듯 은근히 기다리면서…. 이렇듯 인터넷 중독 속에 살아가는 우리들의 세상 앞에 나는 오늘도 많은 생각을 한다. 요즘은 또 젊은이나 늙은이나 할 것 없이 스마트폰으로 온갖 정신을 빼앗기는 세상 같다. 집에 오면 가족들과의 정겨운 대화도 놓치고 스마트폰만 들여다보고 아니면 인터넷 속에 빠져 도마뱀 같은 마우스를 손가락 사이에 두고 부지런히 댓글을 찾아 읽으면서 그곳에서 어떤 쾌감을 찾는 시대 같다 .

또다시 가슴 저편에서 당신은 누구십니까? 하는 요즘 세상의 진풍경 같다. 아마도 가슴 깊은 곳에서 그 무엇으로도 채워지지 않는 요즘 현대인들이 남모르는 쓸쓸함이 이렇듯 이런 모습들로 채우려고 갈망하고 있는 건 아닐는지, 아니면 또 다른 가슴은 외로움에 지쳐 정겨운 멘트가 사실이었으면 하는 희망의 꿈을 꾸며 찾아다니는지도 모른다. 그래서 가슴을 억지로라도 데우고 싶은 현대인들의 공허한 마음이었는지도 모른다. 오늘도 가슴에선 조용히 당신은 누구십니까? 물어보지만 사실은 나 역시 대답은 이미 가슴이 알고 있을 것이다.

그러면서도 혹여 아름다운 당신의 손끝이 비켜갈까 은근히 두렵기도 할 때가 있는 건 아닐는지, 보이진 않아도 당신들의 아름답고 행복한 멘트는 우리를 늘 행복하게 한다.

이렇듯 보이는 곳이나 보이지 않는 곳에서나 인생은 연극 속에 살아가면서 행복한 보물이 숨겨져 있는 듯하기도 한 세상이다. 오늘도 나 역시 현대문명의 괴물 앞에 앉아 또 다른 당신들의 아름다운 멘트로 한 번도 뵌 적은 없지만 가슴을 따뜻하게 해 주는 시간 속에 마음을 녹인다. 나를 사랑하고 존경한다는 당신의 말이 허상인 줄 알면서도 은근히 기분이 좋은 건 사실이다.

이렇듯 또 다른 현대 문명 앞에 속으면서도 소통이 좋아서 감사하는지도 모른다.

그래도 이런 좋은 말들은 세상을 살아가는데 가끔 비타민 같은 보이지 않는 행복을 주는 소중한 말들이지만 부족한 마음이 험악한 세상 속에 살다 보니 늘 한 번쯤 물어본다.

이런 댓글에 중독이 되다 보면 자신도 모르게 착각할 수 있는 상황도 생겨 판단이 흐려질 수 있다. 나는 혼자 가끔씩 물어본다.

이렇게 정말로 나를 사랑하십니까? 이렇게 물어보고 싶습니다. 나를 미친놈 취급 마시고 부족함이 보여도 당신은 절대 안티는 되지 마시길 바라며 영원히 아름답고 고운 멘트로 우리가 뵌 적은 없어도 지금처럼 많은 이들의 가슴을 따뜻하게 만드는 멋진 사람이길 바랍니다. 내가 잘 모르는 당신도 분명히 멋진 분이실 것이 틀림없을 것입니다. 그리고 당신은 누구십니까?

백 번을 물어도 영원히 멋진 사람으로 기억되는 고운 사람으로만 알게 해 주세요. 이것이 우리들이 기계 문명 속에서 만난 허상 속에 사는 현대인들의 진풍경이지만 갖춰야 될 매너입니다.

어리석은 자아도취에 빠지지 않도록 오늘도 나는 '저 사람은 과연 누구일까' 하는 질문 속에 중독된 기계문명을 다루면서 가슴은 늘 의문 속에 거니는 날이다.

허무한 인연

그 옛날 꽃 피는 봄이었던 것 같습니다. 평범하고 지극히 평범하던 내 인생에 어느 날 바람을 타고 한 사람이 내 가슴을 노크했습니다. 그는 상냥히고 친절해 보이는 사상한 사람이었습니다. 나와는 모든 감성이 아주 잘 맞는 사람이었습니다. 때론 가끔 우수에 젖은 듯한 불쌍한 느낌도 매력이 있는 그런 사람이었습니다. 많은 인연들이 있지만 시기적으로 만나는 사람도 감성이 다를 수 있다.

외로울 때 만난 사람, 행복할 때 만난 사람, 다 생각마다 다를 수 있으니, 어쩌면 그때 그 당시의 내 마음이 다람쥐 쳇바퀴 같은 내 무료하고 힘든 생활이 그 사람만큼 나도 불쌍한 가슴이었는지 모르겠지만 그 사람과의 만남이 나는 가슴으로 마음이 잘 통했습니다. 그리고 그 느낌이 참 좋았습니다.

지금껏 보지 못한 아름다운 눈동자를 그에게서 보았습니다. 그의 눈은 가끔 슬픔이 찬 약간 우수적이었고 표정은 언제나 다정다감했고 우수 어린 눈동자 속엔 알지 못할 어떤 방황 속에 외로움이 엿보였습니다. 그의 몸짓은 어딘지 모르게 약간 어색했고 그의 언어 속엔 약간 평정이 없는 듯해 보이기도 했지만 그래도 다듬어진 듯한 그 사람의 매너와 깔끔한 교양은 몸에 밴듯 자연스러웠습니다.

그 사람은 누굴까? 하는 의문에 사로잡혔습니다. 뭐하던 사람일까? 가족은 직업은? 뭐 이런저런 의문 속에 밤늦도록 궁금증에 시간이 갔습니다. 인터넷을 하며 알게 된 그는 오프라인으로 그후 한두 번 차 한잔씩 나누면서 이런저런 대화 속에 우리들은 조금씩 친해졌습니다. 물론 처음엔 혼자가 아니고 다른 아는 지인들과 함께 작은 예술가들의 소모임에서 만나게 되었지요. 그러한 사귐 속에 서로 아는 지인으로 편하게 많은 날이 흘렀습니다.

이젠 그 사람과 허물없는 친구처럼 정이 들었습니다. 서로 허물없은 우정의 관계와 대화 속에도 그 사람은 여전히 상냥하고 인정이 넘치는 좋은 사람이었습니다. 어쩌다 내가 일부러 격없는 농담을 던져도 그 사람은 되받는 것이 없이 반듯한 반응 속에 정겨운 미소로 답하는 그런 매너가 좋은 사람이었습니다. 어찌 보면 참 순수한 사람이었습니다.

그런데 진솔한 듯하면서도 살포시 포장된 테두리가 가끔씩 엿보였습니다. 그런 그 사람이 한편으론 의아했지만 그 사람이 사는 방법이려니 하면서 억지 이해 속에 어떨 땐 진솔하게 오픈된 듯했습니다. 또 어떨 땐 열리지 않는 그 사람의 가슴이 보일 때도 있지만 사람 사는 게 그리고 지인들이라고 별다를 게 없는 세상이니 별생각 없이 그런 가운데 가끔은 그의 고독한 한숨이 보일 때는 가엽기도 했습니다. 그 사람은 내게 한껏 마음을 연다고 하지만 나는 그에게서 늘 숨겨진 가슴이 엿보였고 그곳엔 언제나 그 사람의 자존심으로 가득 메운 거짓말이 살포시 엿보이는 것 같을 때도 있었습니다. 이 나이가 되면 눈치가 백단은 못 되도 꽤 되지요. 그럴 때마다 나는 관심과 의심이 남보다 많은 터라 나 혼자 늘 의문을 하고 궁금하게도 생각했습니다. 냉정하지 못한 내 가슴은 그때마다 무슨 걱정이 있냐고 솔직히 묻고 싶었지만 혹여 그 사람이 무안해 하고 자존심을 건드릴까 봐 조심스러운 맘에 묻지 않았습니다. 그것이 매너라 생각하면서….

그러면서도 가끔은 나를 믿고 진솔한 듯 가정과 자신의 숨겨둔 마음을 털어놓을 때도 있지만 눈치 백단의 내 생각은 또 다른 모습이 엿보여 가끔씩 그사람을 의문 나게 하는 건 사실이었습니다. 그래도 그 사람은 내게 정말로 나를 소중한 친구로 좋아한다는 말을 아끼지 않았습니다. 자주 듣지 못한 고맙고 행복한 소리지만 어쩐지 내게 맞지 않는 말 같았고 그런 말이 익숙지 않아 속으론 감사하면서도 영 어색했습니다.

가끔 속 있는 얘기를 들을 때면 그 사람의 보일 듯 말듯한 우울한 표정을 훔쳐볼 땐 불쌍하고 공연히 가여운 마음이 들었습니다. 그 사람은 왠지 모르게 측은해 보이는 사람이었습니다. 그 사람 고백으로도 이 세상에 정말 좋은 친구는 별로 없다고 말했습니다. 내겐 숱하게 많은 친구가 있지만 이렇게 불쌍하게 보이는 사람에게 측은지심의 마음이 되었습니다. 한편으론 그 사람이 좀 더 솔직한 친구이기를 가슴으로 바라는 마음도 없지 않아 있었습니다. 저렇듯 다정다감한 마음이 왠지 의구심이 들면서 진심으로 진솔하길 바라며 내 마음이 의심이 많은 사람이었는지 모르지만….

그래도 이것도 인연인데 좋은 친구로 곁에 두고 싶은 욕심은 있었습니다. 그리고 저런 좋은 친구를 만나게 됨을 하나님께 감사했습니다. 그러나 모든 인연도 하나님의 뜻이 있나 봅니다. 그건 무리였죠. 사람과의 인연도 삶도 다 모르는 게 우리 인생이고 모든 사람이 나와 같을 순 없는 게 우리 사는 모습이죠.

서로 많은 시간을 접하다 보니 깊은 속은 몰라도 그 사람은 가끔씩 경제적으로 허덕임이 보였고 캄캄하게 꿈을 꾸는 듯한 모습도 보였습니다. 나는 마음으로 조금은 안타까웠습니다. 내가 어떻게 도와주지 못하는 것이 조금 미안했습니다. 그러는 동안 나는 사서 고생을 하듯이 필요 없는 고민을 날마다 머리를 쥐어짜며 그 사람의 장래를 속으로 걱정하는 오지랖이 넓은 사람이 되었습니다. 아니 어쩜 의리있는 착한 내 마음의 문이 열린 것이겠죠. 인생을 살면서 이런 마음의 오지랖과 착함 때문에 많은 어려움도 겪어 보았는데도 여전히 타고난 버릇인지 그 잘난 인정에 늘 마음이 짠했습니다.

그 사람을 위해 기도해주고 싶었습니다. 그 사람이 간혹 도움의 뉘앙스를 비춰도 못 들은 척하는 냉정한 가슴도 내겐 힘들고 쉽지는 않았습니다. 친할수록 돈거래는 금물이라는 걸 나는 잘 알았습니다. 옛말에 돈거래란 '돈 잃고 친구 잃고 사람 잃고.'라는 말이 있습니다. 다행한 것은 그 사람의 깔끔한 성격 속에 그다지 나에게 부담을 주는 사람은 아니었습니다.

하지만 내 마음은 어쩐지 안쓰러운 마음에 용기를 심어 주고 싶었습니다. 부모도 진정으로 자식을 사랑하면 고기를 잡는 법을 알려 준다고 했는데 하는 생각 속에 작은 배려랄까? 나는 필요도 없지만 그 사람에게 일을 만들어 물건을 만들게 해야겠다는 생각을 했습니다. 다행히 그는 재주가 많은 사람이었습니다. 하지만 이런 내 최선의 방법이 그의 마음엔 별로 각인 되질 않았는지 나의 모든 수고는 물거품이었습니다. 모든 게 다 내 착각이었는지 모릅니다. 지금에 와 생각하니 무엇을 바라고 했던 건 아니지만 마음을 알아주길 아마도 나는 바랬나 봅니다. 하지만 그 사람 생각은 나와 생각이 다를 수도 있었겠지요. 섭섭한 생각일랑 왜 없었겠습니까?

언제부터인지 그 사람이 나름대로 혼자 사업의 지경을 넓혀 돈도 벌고 형편이 나아지면서 서서히 달라져 가는 마음이 엿보였습니다. 전에처럼 친구는 나 하나라고 하면서 나만 친한 척했던 사람이 아니었습니다.

사람처럼 무서운 게 없고 사람처럼 간사한 게 없다지만 나는 조금 섭섭하고 사람의 간사함에 실망이었습니다. 알게 모르게 그 사람의 다른 모습을 접하면서 속으론 많은 생각과 실망 속에 의구심 속에 설마? 지금까지의 우정이 그가 힘들고 외로울 때 나를 이용하기 위한 거짓 행위였나? 하는 생각이 울컥 났습니다. 그러면서도 결코 믿고 싶지 않았습니다. 아마도 내가 그 사람 마음에 알게 모르게 섭섭한 마음을 간직하게 한 것이 있었겠지요.

그렇게 좋은 쪽으로만 생각하고 싶었습니다. 같이 살던 부부도 살다가 헤어지는 게 세상이고 형제자매도 어긋날 때가 있는데 사람 관계란 좋다가도 싫고 하는 게 인간의 모습이라는 생각을 하면서 그냥 이해하는 쪽으로 살았습니다. 난 누구든 사람과의 인연 속에 먼저 배신하는 몫은 하기 싫었습니다. 차라리 내가 배신 당하는 게 늘 편하다고 생각하며 사는 사람입니다. 굳이 해준 게 무엇이냐고 따지면 할 말은 없지만 가슴에서 섭섭한 맘이 드는 건 사실이었습니다. 그동안 나름대로 잘 되길 기도해준 걸 생색이라도 내는 양 나는 철없이 섭섭한 마음이 들었습니다.

세상사 모든 건 영원할 수 없다는 것. 그리고 사랑도 우정도 만남도 마음까지도 영원할 순 없겠지만, 이것이 인간관계라는 게 씁쓸했습니다. 이래서 사람은 사랑할 대상이지 믿는 대상은 아니라는 목사님의 설교 말씀도 갑자기 생각이 났습니다.

인간이 어떤 면에선 미물만도 못한 동물이구나? 하는 씁쓸한 생각마저 들었습니다. 요즘 세상에 물 한 모금도 공짜가 없는 속 좁은 사람으로 보이는 게 나도 싫었습니다.

어쩌면 그러기엔 나도 마음이 많이 섭섭했는지 모르겠지만, 직접적으로 물질로 도와주진 못했어도 마음을 써 줬는데 하는 생각에 괘씸 했습니다. 또 한편으로 나만 이해하고 나만 좋다고 모든 인연이 연결되는 건 아닌가 봅니다. 인연도 한계가 오면 내 뜻대로 안되는 게 인생인 듯합니다.

돈을 버니 바쁘기도 하겠지만 그렇게 우린 마음이 멀어졌습니다. 많은 세월 친하게 지내온 세월이 무색하도록 한 번에 상한 마음은 우리를 돌려놨습니다. 유리병보다 더 약한 게 사람의 마음이라더니. 나는 그래도 지금에 와서 생각하니 내가 너무 기특했습니다. 그 친구에게 몇

푼 꾸어주면서 도와줬더라면 그 당시야 좋았고 또 지금 그 사람이 날 섭섭한 마음으로 오해하는 것은 없을 테지만 그 사람 맘이야 냉정한 나를 섭섭하게 생각할 수도 있겠지만, 세월이 조금 더 지나고 보면 섭섭했던 가슴도 조금 잊히겠죠.

그래도 가끔 햇빛 좋은 한가한 날이면 가슴 깊은 곳에선 아직도 작은 우정의 미련이 있는 건지 서로가 아무런 대화도 없이 멀어져 갔지만 지금도 마음 한구석에서 그 사람이 가여웠던 시절에 마음을 주었던 것이 생각나면 전에 처럼 가난하고 외로울 땐 그리도 살갑게 하던 모습도 그 모든 것들의 인간의 간사한 마음들을 나도 잊어버리고 싶습니다. 그리고 내 마음을 몰라줘도 좋습니다.

나는 이제 사람의 인연을 통해 사람의 가슴을 통해 또 다른 공부와 학습을 배워 좋은 수업을 받았으니까요. 그리고 미워하지도 않을 겁니다. 사람한테 거는 기대란?

무모한 걸 이제 조금 깨달았기 때문입니다. 모든 인연도 마음도 우리를 지으신 하나님 뜻대로 사는 게 우리들이니까요.

그런저런 사람들이 스쳐가며 사는 게 세상이고 사람의 마음과 인연도 마음대로 되는 게 아니라는 것도 깨달았습니다. 그 사람이 생각하기엔 냉정한 친구로 나를 생각할지 몰라도 그래도 난 착한 마음으로 인생의 잠시 인연이란 생각 속에 씁쓸한 미소가 지어질 때도 있지만 그 또한 인연의 한계였겠죠,

어느 봄날 홀연히 바람을 타고 잠시 내 가슴을 노크해 또 다른 인생도 알려주고 많은 삶의 교육도 알려주고 간 사람이었습니다. 잠시 머물

다. 간 그 사람을 나는 오늘 가만히 마음속에서 잠시 떠올리며 참 사람의 만남과 인연 속에도 수많은 숙제로 사는 게 우습다는 생각이 듭니다. 그래도 혹여 세상 사람들이 다 그 사람 같지는 않겠지만 예전의 그 사람이 가난할 때는 너무 살갑고 나랑 소통이 잘된다고 생각하면서 잘 맞는 친구로만 생각한 그때가 가끔씩 생각나면 순박했던 그때가 그립기도 합니다.

어찌 보면 지금의 그 사람의 모습이 진정 솔직한 인간의 모습이었을는지도 모릅니다. 사람의 보이지 않는 또 하나의 이기적인 두 모습 속에 가면을 한 껍질 벗은 그의 모습을 본 듯한 느낌 속에 알쏭달쏭한 수수께끼 같은 생각에 어쩌면 돈이 요물이라는 생각이 듭니다. 설마 하는 생각 속에 고개를 저으면서도.

사람이 가치있게 살려면 바른 공유를 찾아야 하며 약자와 함께 해야 하고 의미 있게 살려면 빈자와 함께 해야만 한다는 말도 있다. 나는 이 일로 인해 그것이 크나큰 인간에 대한 연구도 되고 나에 대한 숙제도 되었습니다. 나 역시 뒤돌아 보니 그저 사람한테 가끔 정을 주는 어리석고 모자람이 많았습니다.

사람은 너무 없어도 마음이 메마르고 위선의 날개가 달리게 마련이고 너무 많아도 교만하기 마련인가 봅니다. 지금 생각하니 우리 둘은 두 가지 잘못을 보이지 않게 소유했었는지도 모른다는 생각도 해봅니다. 그래서 세상에 끼리끼리란 말도 생겨났나 봅니다. 그리고 가슴이 너무 외롭고 힘들어도 무모한 정이 흐르나 봅니다. 그래도 어찌 생각하면 지금도 가끔 생각나는 속으론 불쌍한 사람입니다.

흐르는 세월 속에 변치 않는 게 없다 하지만 이런 조용한 날이면 가끔씩 원치 않게 내 기억 속에서 놀러 나와 여러 가지 색깔로 잊지 못할 사람이라는 건 틀림없습니다. 바람처럼 잠시 와서 내 가슴에 머물다 간 그 친구도 곰곰이 삶의 자리에서 생각하면 그래도 아쉬운 추억의 느낌 속에 이렇듯 모든 걸 잊고 살아가는 게 인생인가 봅니다.

사람이 인생의 가치를 모르면 산송장과 같으며 인생의 의미를 모르면 폐기물이나 다를 바 없다고 했기에 나는 잠시 내 인생과 내 삶의 무대 속에 함께 연극을 마치고 자기 나름대로 고향으로 갔다고 생각되면서도 가끔씩 이런 한가한 한낮이면 가만히 생각이 납니다.

나 역시 부족함이 많은 사람이지만 왠지 가끔가다 바람이 불듯 가슴에서 그 사람의 인연이란 두 글자 속에 바람 같은 그림 한 장만 남기고 갔습니다. 그가 남긴 그림은 가끔씩 나를 많은 생각 속에 씁쓸하게도 하지만 그럴 때마다 또 다른 미묘한 아쉬움과 그리움의 도가니로 몰고 갈 때도 있으니 세월이란 참 만병통치약 같습니다. 그래도 나는 내 인생 무대에서 머물다 간 사람이 기억날 때마다 서운한 가슴을 만지면서 가만히 기도하는 아쉬운 마음이 듭니다.

이제 내 삶에 다시는 그런 사람처럼 허무한 인연이 없길 간절히 바라며 오지랖 넓은척하면서 사람을 사귀지 않겠다는 마음을 다시금 다짐해 보지만 사람이 어디 맘대로 사는 게 하나나 있겠습니까. 다 인연도 이별도 하늘의 뜻이겠죠.

때에 따라 주어지는 인연을 잘 소화하며, 사는 법을 터득하며 살고 싶습니다.

인생은 공수래공수거空手來空手去

주일날 큰아들 내외가 왔다. 현관문을 들어서면서 엄마 하는 소리가 정겹고 사랑스럽다. 들어오자마자 대뜸 아들은 나에게 얼마 전 하늘나라로 간 지 아버지 영전 사진을 보면서 엄마, 아빠 보고 싶지 않아? 하고 묻는다. 뜬금없이 묻는 아들에게 아휴 너네 아빠 다시 살아올까 봐 걱정이다 하고 유머스러운 대답을 했다.

아들 내외는 내 그런 유머에 까르르 웃으며 알아들었는지 내 속 마음을 아는지 애들 웃음 속에 분위기는 만남의 기쁨으로 번졌다.

남편의 병간호로 인해 힘들었던 엄마의 고생을 조금은 헤아려 주는 듯한 모습들이다. 남편이 살아 있을 때 긴 병으로 나를 힘들게 하고 본인도 힘든 모습을 볼 땐 차라리 고생을 덜하고 어서 천국에 갔으면 하는 마음이었다.

그런데 막상 남편이 떠나고 난 자리는 너무나 커다란 빈자리가 나를 허무하게 만든다. 이렇듯 아이들이 방문할 적마다 아이들도 아버지의 빈자리가 느껴지니까 그냥 우스갯소리 공간을 메꾸려는 멘트가 가끔씩 남모르게 서로의 가슴이 그리움으로 물든다는 게 느껴진다. 애들이 올 적엔 그래도 부부가 같이 맞이하는 게 얼마나 좋았던가.

훨씬 그림도 좋고 마음도 편했다. 홀로 남고 보니 공연히 애들이 와도 혼자 있는 어미에 대해 걱정하는 염려나 끼치지 않나 해서 때론 어색하리만치 씩씩하게 보이려고 애를 쓰는 내 모습이 어떨 땐 내가 생각해도 내가 불쌍하도록 애처롭다,

남편을 하늘나라로 떠나보내고 나니 허전하고 쓸쓸함은 어떻게 말로 다 하랴마는 지금 남편이 없는 빈자리에서 지난날 우리 부부의 삶이 주마등처럼 머리에서는 필름으로 돌아간다.

우리 부부는 처음엔 침 꿈도 많았다. 직업 군인으로서 복무를 마치고 또 다른 퇴직을 하면서 우린 어느 정도 애들을 다키우고 출가시키고 나면 우리 부부는 작은 시골마을로 가든 아니면 고향을 가든 일단 도시를 벗어나 작은 교회라도 섬기며 조용히 살고 싶었다.

나는 피아노를 배워 교회 아이들을 맡아 봉사하며 살고 싶었고, 그림 같은 작고 아름다운 교회를 지어 작은 텃밭을 가꾸며 예쁜 잔디가 깔린 마당에 온갖 꽃도 심고 아름다운 놀이터도 만들어 놓고 순수한 농촌 분들과 꿈을 키우고 싶었다. 농촌에서 농사일로 바쁜 분들의 노인들과 애들도 봐주고 작은 도서관도 꾸며놓고 즐거운 노후생활을 꿈꿨다. 우리 부부의 꿈과 하나님 생각은 아마도 다르셨나 보다.

우리 부부는 그렇게 한때는 참 그런저런 얘기 속에 부부만의 아름다운 꿈도 많았다.

그래서 남편은 바쁜 와중에도 신학대학교 졸업증을 따놓고 나 역시 피아노를 배우려 했었다. 하지만 직장 때문에 애들 공부시키랴 먹고살기 위해 주말부부 생활하랴 늘 동분서주하는 생활이었다. 그러는 가운데 아이들도 어느 정도 성장할 무렵 숨을 좀 쉬며 살까 했는데 느닷없이 남편에게 찾아온 불행은 우리를 정신없이 병원생활로 헤매게 했다. 건강을 잃고 나니 꿈도 사라지고 모든 게 엉망이 되어 바라던 영혼도 육신도 다 바빠서 아무런 생각없이 뛰어왔다.

한때 꾸었던 꿈도 다 잊어버렸다. 우리 부부의 마음도 피폐해졌다.

사람은 아무리 강해도 건강을 잃으면 그 모든 걸 다 잃는다는 말이 꼭 맞는 말이다. 건강을 읽으면 돈도 사랑도 영혼까지 메말라 버린다. 그래서 누군가 삶의 노예가 되는 건 불행한 일이고 사랑의 노예가 되는 건 기꺼운 일이라 했나 보다.

이렇게 세월이 흘러 우리들의 꿈은 물거품이 되고 병마에 시달리다 결국엔 남편도 떠나가고 그 사람 없는 빈 집에서 나는 홀로 남게 된 세월 앞에 이제 가만히 그 세월을 뒤돌아 생각해 본다. 그래도 그나마 지금껏 살아온 나날들이 다 하나님 앞에 고맙고 감사한 일들뿐이라는 생각을 한다. 산다는 건 참 모두가 공수래공수거空手來空手去라는 말이 갑자기 생각나면서 허무하다.

인간이 죽을 때 갖고 가는 게 무엇이 있단 말인가?

우리의 꿈도 결국은 우리의 행복을 위해 꾸었던 꿈은 아니었는지?

난 그땐 분명히 누구를 위해 아름다운 봉사의 꿈을 꾸었던 것 같았는데 지금은 그 꿈에 의문이 든다. 그렇게도 욕심을 부리던 돈도 사랑하는 가족도 천국 가는 그 시간에 제대로 배웅도 못 받고 떠난 사람.

그게 인생이다. 그것만 생각하면 너무 허무하고 한쪽으론 미안해 죽겠다. 이 모든 것도 다 하늘의 뜻이련만 인간은 미련해서 무엇이든 지나고 나서야 깨달으니. 그래서 성경에 보면 사람이 계획을 아무리 해도 이루어 주시는 건 하나님이 하셔야만 된다는 것이다.

그래서 사람은 살아 있을 때 많이 베풀고 많이 행복하게 살으면 좋으련만 인간의 욕심이 그렇게 현명하게 사는 사람들이 얼마나 되겠나. 천년만년 살듯이 움켜쥐고 살다가 결국에 쓰지도 못하고 빈손으로 가는 게 인생이다. 그리도 인색하게 살 필요가 없으련만 얌체짓을 하면서 사는 사람들도 우리네의 어리석은 마음이 아니던가.

하나님 말씀에 세상 사람들은 다 뿌린 대로 거둔다고 했다.

한세상 살면서 무엇이 소중하고 어떻게 살다 가야 잘 살다 가는가 하는 생각에 잠겨본다. 과연 남편과 살면서 나는 얼마나 웃는 날이 많았는가? 늘 투정을 부리고 이기적으로 살진 않았나. 서로 사랑한다면서 우리 부부도 숱한 상처를 서로에게 입히며 살아온 세월이 아니었는지.

화내는 일들을 웃음으로 승화할 줄 모르면서 늘 욕심을 앞세워 서로에게 상처를 주며 산 날들이 지금 생각하니 더 많은 듯하다. 아프다고 구박하고 사랑을 더 많이 받기 위해 앙탈하며 꼭 전쟁터같이 살벌하게 싸우기도 해가며 살아오지 않았나. 별것도 아닌 걸 갖고 자존심 싸움은 늘 서로에게 상처를 입혔고 그 가운데 누가 승자도 패자도 필요하지 않건만, 부부는 한 몸이라며 돌아서면 남처럼 했던 기억들이 너무나 어리석게 살았다는 후회 속에 지금은 그리움으로 그 모든 일들을 돌아보며 후회뿐이다.

다시 우리 부부에게 기회가 주어진다면 나는 남편에게 더 많이 져주고 더 많이 사랑하고 싶다. 더 많이 보듬어 주고 더 많이 아껴주고 더 많이 그 사람을 위해 웃어주고 싶다.

그런 날이 없으니 물론 그런 생각을 하는지 모르지만 사람이 아프지 않고 80년 산다면 26년 잠자고 21년 일하고 9년 먹고 마시고 웃는 시간은 겨우 20일뿐이라고 한다. 그런 글을 어느 통계학론에서 읽은 적이 있다. 또한 화내는데 5년 기다림에 3년 이런 통계학은 누가 했는지 몰라도 난 그렇게 믿지는 않지만 확실한 건 우리가 웃고 사는 것보다는 화내는 일이 많았던 것 같긴 하다. 부부가 얼마나 서로 마주 보며 까르르 웃으면서 살아온 날들이 과연 얼마나 많았던가? 생각하니 정말 우리의 인생이 어리석기 그지없었던 것 같다.

우린 사랑한다면서 왜 서로를 보며 늘 웃어주질 못했을까? 그런 생각하니 참 사람처럼 비 논리적이고 이상한 일도 없다는 생각이 든다. 남편이 떠나고 난 자리는 텅 비었지만 단지 후회하는 건 빈자리보다 마음이 더 시리다. 왜 좀 더 잘해주지 못하고 표현하지 못했나 하는 후회가 나를 더 씁쓸하게 하고 더 아프게 한다.

여전히 지금도 이 정도의 작은 질그릇이다. 자식이나 남에게도 여전히 감정을 다 드러내지 못하고 그저 내 못난 자존심 만큼 모든 걸 다 움켜쥐고 사는 나는 아직까지도 맹꽁이 같은 가슴에 못난 삶이다.

우리 부부가 함께 꾸었던 꿈도 함께 사랑했던 것도 모두 잃고 나니 이제 내가 생각하는 건 모두가 껄껄하는 후회 속에 인생이 참 공수래공수거-空手來空手去라는 말이 가슴에 와 닿는 날이다.

인생은 일순간 내리는 여름날 소낙비 같고 일순간 내리는 눈보라 같다는 생각이 든다.

아무리 훌륭한 영웅이라도 청운의 꿈을 품었다 사라져 가고, 호걸이라도 세월 앞에 사라져 가는 게 우리의 인생이다.

발문跋文

| 발문 跋文 |

마지막까지 희망을 주는 담쟁이덩굴의 포용력

– 이영순 수필집 《다원의 뜨락》

정종명

(소설가 · 한국문인협회 제25대 이사장 역임)

이영순 수필가는 담쟁이문학회 회장을 맡아 문단에서 열심히 봉사하면서 시와 수필을 쓰고 있는 작가입니다. 이영순 수필가가 세 번째 수필집 《다원의 뜨락》을 상재합니다.

미국 소설가 오 헨리의 작품 중에 〈마지막 잎새〉라는 단편소설이 있습니다. 주인공 존시는 가난한 화가 지망생입니다. 존시가 폐렴에 걸려 죽어갑니다. 이웃집 담쟁이덩굴의 잎이 모두 떨어지면 자신의 생명도 다한다고 생각하며 하루하루 절망 속에 살고 있습니다. 비바람이 휘몰아친 다음날, 담쟁이덩굴에 마지막 잎새 하나가 그대로 붙어 있는 것을 보고 다시 삶의 의욕을 가지며 기운을 차립니다.

친구인 수우가 그 마지막 잎새는 이웃의 늙은 화가가 밤새워 담벼락에 그려 넣은 진짜 이 세상의 마지막 잎새라는 것을 알려주는 내용의 소설입니다.

담쟁이덩굴은 무엇이든 가리지 않고 다른 물체에 붙어서 자라는 덩굴나무입니다. 줄기에서 잎과 마주하면서 돋아나는 공기뿌리의 끝이 작은 빨판처럼 생겨서 아무 곳에나 착 달라붙는 편리한 구조를 가지고 있습니다. 빈 공간이 있으면 위나 옆은 물론 아래쪽으로 뻗는 것도 주저하지 않습니다. 서로 다투지 않고 협조하며 서로 부둥켜안고 질서 있게 양보하면서 잘 자랍니다. 누군가에게 때로는 의지하고, 때로는 포용하면서 곱게 자라나서는 예쁜 색 옷으로 갈아입습니다.

담쟁이는 세상이라는 벽을 붙들고 공존하며 살아가는 상생입니다. 끝까지 오르기를 멈추지 않는 노력과 베풀며 포용하는 자세는 우리가 본받아야 하지 않을까요.

마지막까지 희망을 주는 담쟁이덩굴의 포용력을 닮은 이영순 수필가의 수필을 읽고나면, 코로나19 때문에 힘들어하는 요즘 우리 삶에 위로가 됩니다.

마음이 몰래 숨겨져 들어와 넉넉한 마음이 모자라서 늘 세상 바람과 맞서 싸우느라 힘이 들었습니다. 따뜻한 가슴이 바람나서 가슴에서 가출하다 보니 남에게 배려와 다가가는 마음이 없었기 때문입니다. 내 마음이 속상할 때면 나는 늘 남을 보고 탓만 했습니다. 남이 나를 속상하게 하는 줄 알았기 때문입니다. 그러나 이제 보니 내 가슴이 콩알만 해서 옹졸하고 비겁했습니다. 남 때문이 아니라 나 때문인 걸 잊었습니다.

내 속에 이해라는 비타민이 부족함 때문입니다 라고 생각하니 부끄러움이 몰려오는 날입니다. 내 마음이 서럽고 외로울 때면 하늘만 쳐다보며 남이 나를 외면하는 줄 알았습니다. 이제 생각하니 내가 외롭고 허전한 것은 남 때문이 아니라 내가 지각이 없고 사랑이 없었기 때문입니다.

–〈내 마음에〉 중에서

수필은 개성적인 글입니다. 자기만의 정서, 자기만의 특별한 경험이나, 참신한 내용으로 자기만의 색깔로 표현해야 합니다. 특히 체험과 느낌을 잘 배분해서 글을 써야지 경험만 나열하면 좋은 수필이 될 수 없고 그저 기록문에 머물고 맙니다. 수필에는 작가의 인격이 고스란히 드러나기 때문에 가능하면 정제된 언어로 세련된 표현을 해야 좋은 수필이 됩니다. 좋은 수필을 쓰기 위한 특별한 왕도는 없지만, 어떤 조건보다는 다독多讀, 다상多想, 다작多作을 손꼽습니다.

누구에게든지 나도 남에게 따뜻한 길목으로 살다 가고 싶습니다. 저무는 인생이라도 새벽을 기다리는 마음으로 영원히 당신이라는 고운 마음의 멋진 뜨락에 향기 나는 꽃을 피우고 싶습니다. 따사롭고 향기로운 길목에서 삶의 노곤함을 쉬었다 가는 내 마음이 오늘따라 몹시도 고맙습니다. 눈부시게 아름다운 길목이지만 이 길목에도 언젠가는 흐르는 세월 속에 분명히 또 한 번의 어둠은 깔리겠죠. 아무리 그때라도 당신의 향기가 있는 이 길목만큼은 영원히 없어지지 않기를 조용히 하늘에 기도합니다.

—〈다원의 뜨락〉 중에서

다원의 뜨락에서 60여 편의 수필을 읽으며 편안하게 마음을 정화할 수 있었으면 좋겠습니다. 이영순 수필가의 열정과 성실함과 포용력에 폭 빠졌다 나오면, 아무리 힘겨운 세상도 희망과 행복한 삶으로 순환될 것 같습니다. 앞으로 더욱 크게 문학적 성과를 이루어 수필 문단에 큰 족적을 남기시기 바랍니다.

계간문예수필선 118

다원의 뜨락

초판 인쇄 2021년 4월 10일
초판 발행 2021년 4월 15일

지 은 이 이영순
회 장 서정환
발 행 인 정종명
편집주간 차윤옥

펴낸곳 도서출판 **계간문예**
편집부 03132 서울 종로구 삼일대로 30길 21 종로오피스텔 1209호
주소 03132 서울 종로구 삼일대로 32길 36 운현신화타워 305호
전화 02-3675-5633 팩스 02-766-4052
인쇄 54991 전북 전주시 완산구 공북1길 16, 신아출판사
이메일 munin5633@naver.com
등록 2005년 3월 9일 제300-2005-34호
ISBN 978-89-6554-238-4 04810
ISBN 978-89-6554-133-2 (세트)

값 15,000원